//厦门大学
哲学社会科学繁荣计划
2011—2021

# 厦大中文学报

Journal of Chinese Studies, Xiamen University

【第十辑】

代迅 李无未 主编

厦门大学出版社 国家一级出版社
XIAMEN UNIVERSITY PRESS 全国百佳图书出版单位

## 图书在版编目（CIP）数据

厦大中文学报. 第十辑 ／ 代迅，李无未主编. -- 厦门：厦门大学出版社，2023.12
ISBN 978-7-5615-9235-9

Ⅰ．①厦… Ⅱ．①代… Ⅲ．①厦门大学-学报 Ⅳ．①C55

中国国家版本馆CIP数据核字(2023)第251800号

责任编辑　王鹭鹏
美术编辑　李夏凌
技术编辑　朱　楷

出版发行　厦门大学出版社
社　　址　厦门市软件园二期望海路39号
邮政编码　361008
总　　机　0592-2181111　0592-2181406(传真)
营销中心　0592-2184458　0592-2181365
网　　址　http://www.xmupress.com
邮　　箱　xmup@xmupress.com
印　　刷　厦门集大印刷有限公司

开本　787 mm×1 092 mm　1/16
印张　11
插页　2
字数　280 千字
版次　2023 年 12 月第 1 版
印次　2023 年 12 月第 1 次印刷
定价　60.00 元

本书如有印装质量问题请直接寄承印厂调换

## 庄钟庆

（1933—2023）

生于福建惠安，1949年6月参加党领导的地下斗争，历任闽粤赣边纵八支四团惠安大队东青武装工作队队员、小学教员。1955年毕业于厦门大学中文系，任人民文学出版社编辑、《唐山劳动日报》编辑。1961年6月起在厦门大学中文系任教，历任厦门大学中文系讲师、教授。曾任中国现代文学研究会理事及茅盾研究会副会长、丁玲研究会副会长、福建省文学学会副会长、福建省社科联理事、厦门市东南亚华文文学研究会会长等。

1985年起分别赴东南亚多个国家讲学并进行学术交流，由于为高等教育事业做出突出贡献，从1992年10月1日起享受国务院发给的特殊补贴。

主要从事中国现当代文学学科教学和科研工作。担任《鲁迅全集》修订编辑委员会委员，参加《鲁迅全集》注释工作，合作撰写《〈两地书〉(厦门—广州)集注》；在茅盾研究方面成绩突出，中国茅盾研究会特发给茅盾研究一等奖，有专著《茅盾的创作历程》《茅盾的文论历程》《茅盾史实发微》《茅盾的文学风格》等，主编或合编"茅盾研究丛书"等17部；丁玲研究方面，编选"丁玲研究丛书"，组织出版15部相关图书，个人著作《丁玲创作个性的演变》；在东南亚华文文学方面，著有《新加坡华文文学等在前进中》，主编《东南亚华文新文学史》、"东南亚华文文学丛书"等，在国内及东南亚华文文学界内很有影响；重视交叉学科，主编出版"文学语言研究丛书"。

# 编委会

**主　　　编** 代　迅　李无未

**执 行 主 编** 徐　勇

**编辑部主任** 苏永延

**编辑部成员**（按姓氏笔画排序）

　　　　　　　王　悦　师雅惠　苏永延　李婷文
　　　　　　　胡行舟　钟雪珂　徐　勇　景欣悦

## 视 点

| 2 | 樊 星 | 什么是中国的"国民性" |

## 特 稿

| 8 | 洪子诚 | 作为当代文学事件的《红与黑》讨论 |
| 15 | 张志忠 | 怎样建构中国化的海洋文学理论——我的读书札记 |

## 厦大中文学案

| 26 | 苏永延 郑楚 | 在学科建设的夹缝中徐行——庄钟庆教授学术成就简介 |
| 32 | 吴在庆 | 《唐大诏令集·帝王类》及相关典籍丛考 |
| 57 | 李无未 | 胡朴安"形音义派"文字学的汉语音韵学史"开局"意义 |

## 百家评谭

| 76 | 吴桐 | 东北方言里"V哒"及其重叠式的摹态表达 |
| 83 | 徐刚 | 建构一种城市"共同体社会"——论"十七年"电影中的"城市陌生人"想像 |
| 94 | 胡少卿 | 绿色坚韧:一种新的乡镇想像力 |
| 101 | 龙其林 | 中国生态文学的世界环境问题书写及反思 |
| 112 | 姜瑀 | 中国现代小说的非战时性暴力叙事 |

| 123 | 俞　航 | 新女性、文学产品与两性互动——陀思妥耶夫斯基关于女性身份的现代言说 |
| --- | --- | --- |
| 135 | 周师师 | 新的情感主体的诞生——论拉甫列涅夫《第四十一》与宗璞《红豆》中的革命书写 |
| 147 | 任勇胜 | 汉字圈世界文学视域中的甲午战争小说——桃水痴史《续风吹胡砂》文学谱系初探 |

## 厦大中文学术汇展

| 162 | 汪银峰 | 百年回溯,书海遗珍——读《任尔西东:〈国语学草创〉原理》有感 |
| --- | --- | --- |
| 167 | 李婷文 | 李婷文学术研究自述 |

视 点

*Journal of
Chinese Studies,
Xiamen University*

# 什么是中国的"国民性"

## 樊 星

**摘 要**：关于中国的"国民性"，不同作家有不同的看法。林语堂在演讲时提到中国人的国民性与英国人的国民性相通，罗曼·罗兰也认为中国人重感情、好想像、多奇思，颇富浪漫之风，与法国人的国民性相近；歌德也认为德国民族既崇尚理性也追求激情的双重性格也与中国人极其相通。这说明，不同民族之间具有可以交流、可以互相理解、可以求同存异的心理基础。鲁迅等人关于"改造国民性"的议论则倾重于批判，出发点大不相同。研究中西文化的相似或相异之处，能使我们扬长避短。

**关键词**：国民性；文化心理；中西文化

什么是中国人的"国民性"？

在鲁迅笔下，是自欺欺人的"阿Q精神"，是华老栓、祥林嫂的愚昧、麻木不仁，是孔乙己的迂腐可笑。鲁迅呼唤"改造国民性"，但就在他呼唤"摩罗诗力"，喝问"今索诸中国，为精神界之战士者安在？有作至诚之声，致吾人于善美刚健者乎"的同时，一部分志士仁人已经觉悟，一边为"新文化运动"推波助澜，一边着手实践改造中国的理想——孙中山等人以一系列暴动为推翻帝制而奋斗，张謇已经开始了"实业救国"的事业，黄炎培、马相伯也在"教育救国"的道路上开创出新的局面，陈独秀主编的《新青年》在青年学生中掀起"新文化"的热潮……在这些力量的共同作用下，中国开始发生巨变。而在巨变中，对于何为中国的"国民性"，也有了各种说法——

例如林语堂就在牛津大学发表的演讲《中国文化之精神》（1932）中认为："中国民族为最近人情之民族，中国哲学为最近人情之哲学……中国民族之特征，在于执中，不在于偏倚，在于近人之常情，不在于玄虚理想。中国民族，颇似女性，脚踏实地，善谋自存，好讲情理，而恶极端理论，凡事只凭天机本能，糊涂了事。凡此种种，颇与英国民性相同。"[①]很有道理，但读着上面这些文字的时候，你的脑海中马上会浮现出中国人的偏激——从"食肉寝皮""斩草除根"到"宁我负天下人，不让天下人负我""存天理，灭人欲"，还有中国人的玄虚——从"长生不老""得道成仙"到"不问苍生问鬼神"。不过，"与英国国民性相同"也很能开阔人的思路：都不重理论，而重实际——把自己的日子过好。都喜欢喝茶、看戏，都注重经商（中国统治者虽然一向"重农抑商"，却挡不住"十大商帮"的出现），也都重视教育（从孔夫子的"有教无类""惟有读书高"到武训"行乞兴学"）。然而，林语堂并未忽略中国人民族的劣的一面："政治之贪污，社会纪律之缺乏，科学工业之落后，思想与生活方面留存极幼稚野蛮的痕迹，缺乏组织

---

[①] 林语堂：《中国文化之精神》，《申报月刊》1932年第1号第1卷。

团体治事的本领,好敷衍不彻底之根性等。"①这样的议论,世事洞明,人情练达,也引出了一个研究的课题:中国人的国民性与英国人的国民性的相通。

有趣的是,曾经留学法国的诗人梁宗岱在《忆罗曼·罗兰》(1936)中则回忆了罗曼·罗兰看了梁宗岱翻译的陶潜诗后的感动:"这已经不是第一次了,我发觉中国的心灵和法国两派心灵中之一(那拉丁法国的)许多酷肖之点。这简直使我不能不相信或种人类学上的元素底神秘的血统关系——亚洲没有一个别的民族和我们底民族显出这样的姻亲关系的。""唯独中国人,头脑底清晰,观察底深刻,和应对底条理,简直和一个智识阶级的法国人一样。"当时的罗曼·罗兰正密切关注中国的苏维埃运动,认为"这么一个伟大的实验,实在是一种最高的理想主义,也是任何醉心于理想主义的人所必定深表同情的。不过我们文人究竟心场较软,对于他们底手段总觉得不能完全同意"②。显然,罗曼·罗兰的感慨来自他的切身体验,而且非常简单。"头脑底清晰,观察底深刻"其实也是许多作家共有的长处。可是,法国人对中国文化的浓厚兴趣却实在真切:如雨果就曾经写过题为"中国花瓶"的诗,收藏中国瓷器,还创作过一组"中国题材画";在雨果故居博物馆三层,就有他收藏的瓷器、家具、丝绸组成的"中国客厅";还有另一位文豪萨特,也和他的女友波伏娃在1955年访问过中国,萨特写下了《我对新中国的观感》一文③,盛赞新中国的新气象。波伏娃则出版了《长征》一书,记录了中国之行的观感。到了思想解放的1980年代,对中国青年影响最大的思想家首推萨特。连法国前总统希拉克也一直喜爱中国文化,对中国历史有浓厚的兴趣,还想过写一本关于李白的电影剧本,请巩俐出演杨贵妃。其情之真,由此可见一斑。

法兰西文化的一大看点是浪漫:从卢梭的浪漫主义思想到雨果的浪漫主义文学,一直到巴黎时装、法国香水、电影、埃菲尔铁塔……泰纳就在《艺术哲学》中如此谈论:"我们的祖先高卢人,罗马人说他们有两件事情自命不凡——打仗凶狠,说话漂亮。"他从"我们的文学作品和风俗习惯中"看出了"快乐与俏皮的法国人,自己要开心,也要别人开心,话说得流畅而太多,懂得跟女人谈心,爱出风头,为了充好汉而冒险,荣誉感很强,责任心比较淡"④。罗曼·罗兰则在他的名著《约翰·克里斯朵夫》中探索了法国的"两面性之谜":一方面,"每个人都想做一个自由人,谁都不愿意受到约束……他们不愿意被人组织,与人联合……保持着用孤独这种宗教式的热情来渗透到自己革命性中去的能力","另一方面也保持着经常革命化地更新自己信仰的能力"⑤。自由、平等、博爱的理想因此活力长在。革命的激情(从大革命到巴黎公社,从1968年五月风暴到21世纪的频繁罢工,连同文艺新潮的此起彼伏——从自然主义、超现实主义到"新小说",从印象派到实验艺术,从存在主义到女权主义)也常常喷涌而出。因此足以使人联想到中国源远流长的浪漫主义精神——从庄子、屈原、陶渊明到李白、苏东坡、吴承恩、蒲松龄,想到历代农民起义"替天行道"的革命热情,还有"究天人之际""为天地立心""为万世开太平""吾侪所学关天意"的学术传统(如司马迁、张载、陈寅恪),以及老百姓平凡生活艺术化的各种活法(从祭祖、拜月、敬神、许愿到垂钓、雅集、远足、看戏)……可谓丰富多彩、代代相传。中国人重感情、好想像、多奇思,多浪漫之风,山高水长。

---

① 林语堂:《翦拂集·大荒集》,人民文学出版社1988年版,第152~153页。
② [法]罗曼·罗兰:《诗与真·诗与真二集》,外国文学出版社1984年版,第214~215页。
③ 文章发表于《人民日报》1955年11月2日。
④ [法]丹纳著,傅雷译:《艺术哲学》,江苏凤凰文艺出版社2018年版,第290页。
⑤ [奥]茨威格著,姜其煌、方为文译:《罗曼·罗兰传》,湖南人民出版社1984年版,第152~153页。

其实，在罗曼·罗兰之前，歌德就曾经谈到过中国人的国民性与德国人的国民性的相通处。《歌德谈话录》中就记载了歌德的一段话："中国人在思想、行为和情感方面几乎和我们一样，使我们很快就感到他们是我们的同类人，只是在他们那里一切都比我们这里更明朗，更纯洁，也更合乎道德。在他们那里，一切都是可以理解的，平易近人的，没有强烈的情欲和飞腾动荡的诗兴……他们还有一个特点，人和大自然是生活在一起的。"①歌德这样的读后感的确道出了中国古典文学中温柔敦厚、天人合一的特色，也使人很自然地想到歌德那些欣赏风花雪月的诗篇，想到德国作家施托姆优美感伤的小说《茵梦湖》（曾被郭沫若、巴金等人译成中文，影响极广），想到霍夫曼的《胡桃夹子》，还有赫尔曼·黑塞的《彼得·卡门青》……只是，歌德显然没有读过杜甫的《兵车行》、罗贯中的《三国演义》、施耐庵的《水浒传》，不了解中国文学的另一面。不过，他的确触及中德文化比较的问题。中国文学对哲理与智慧的感悟（如苏东坡、冯至的"哲理诗"）与德国文学对哲理与智慧的沉思（从诺·瓦利斯、歌德到海涅的诗歌）可谓异曲同工；而德国思想家康德、黑格尔、尼采也一直在中国拥有众多的追随者，因为他们关于人与历史、思想革命与自我救赎的主张非常适合中国文化人的胃口；德国人既崇尚理性也追求激情的双重性格也与中国人极其相通。

陈寅恪先生曾经在日本、德国、瑞士、法国、美国留学，他也认为："西洋各国中，以法人与吾国人，性习为最相近。其政治风俗之陈迹，亦多与我同者。美人则与吾国相去最远，境势历史使然也。然西洋最与吾国相类似者，当首推罗马。其家族制度尤同。皆以男系为本。而日耳曼人（今英美）之家族，则以女系为本，或二者杂用并行。稍读历史，则知古今东西，所有盛衰兴亡之故，成败利钝之数，皆处处符合。"他还说过："中国古人，素擅长政治及实践伦理学。与罗马人最相似。其言道德，惟重实用，不究虚理。其长处短处均在此。长处即修齐治平之旨；短处即实事之利害得失，观察过明，而乏精深远大之思……中国人，当可为世界之富商。然若冀中国人以学问美术等之造诣胜人，则决难必也。"②陈先生这一番比较文化的高论，有几点引人思考：一是中国文化与法国、罗马文化的相似，其中首推罗马。关于罗马，孟德斯鸠的看法很有代表性"罗马人注定和战争结下了不解之缘，他们把它看成唯一的艺术"，因此他们"爱荣誉，不怕死，有顽强的胜利意志"③。这一段话令人联想到中国历史上尚武的传统、漫长的战争史，尽管，同时中国也是礼仪之邦。罗素也曾经指出："罗马人始终是一个耕牧的民族，具备着农夫的种种德行和劣点：严肃、勤劳、粗鄙、顽固又愚昧。""罗马人没有创造过任何的艺术形式，没有形成过任何有创见的哲学体系，也没有做出过任何科学的发明。他们修筑过很好的道路，有过系统的法典以及有效率的军队。"④美国学者海斯等人在《世界史》中指出：读着这些文字，很容易使人想到中国人的一些文化特质。二是中国人品格与法国人、罗马人的相似，连同林语堂关于中国人与英国人的相似，可以引出不同民族在不同生存环境中生活，也能有不少相似之处的思考。这些相似之处是人性的证明，是不同民族之间可以交流、可以互相理解、可以求同存异的心理基础。而这样的思考已经与鲁迅等人关于"改造国民性"的议论很不一样了。鲁迅注重的是"批判"，而林语堂、陈寅恪等人注重的

---

① ［德］爱克曼著，朱光潜译：《歌德谈话录》，人民文学出版社1982年版，第112页。
② 吴学昭：《吴宓与陈寅恪》，清华大学出版社1992年版，第9～10页。
③ ［法］孟德斯鸠：《罗马盛衰原因论》，商务印书馆1962年版，第8,15页。
④ ［英］罗素：《西方哲学史》上卷，商务印书馆1963年版，第351页。

是"相似之思"。就如同钱锺书也在博览群书后得出了"东海西海,心理攸同"(《谈艺录·序》)的结论,思路也不同于鲁迅。至于"美人则与吾国相去最远"的结论也值得商榷。尽管美国是移民国家,中国是历史悠久的古老国度;美国人一向有"上帝的选民"的优越感,中国人则素重谦和、礼让的美德;而美国人的勤劳、质朴、达观、热情也都与中国人的类似性格悠然相通,尽管如此,我们还是可以看到中美国民性的相通——

美国的白人文化源于英国,因此林语堂关于中英国民性相通的论述就可以验证于此:美国人脚踏实地、务实、重商,他们的实用主义也朴素易行;中国人也有务实的一面,从儒家讲修身齐家到墨子讲"节用",一直到泰州学派主张的"百姓日用是道"(王艮)、顾炎武的"喜谈经世之务"、林则徐的重民重商思想,一直到民间的"听其言、观其行""言必信,行必果""出水才看两腿泥",都是务实传统源远流长的证明。中国虽然一向有"重农抑商"的国策,可民间重商之风历来畅行——从范蠡经商致富到各地商帮"走西口""下南洋",一直到"无徽不成商""晋商""闽商""浙商"的种种传奇……此外,都说美国人重个性,中国人重集体,好像不错。其实美国人的民族主义激情一向高扬,而中国人的个性也随处可见——那些率性而活的人们、那些离经叛道、言必己出的文人,都证明中国人的集体主义常常不那么简单,一方面,的确有"打虎亲兄弟,上阵父子兵""兄弟齐心,其利断金""军民团结如一人""一切行动听指挥"的佳话;另一方面,所谓"兄弟阋于墙""一盘散沙""各人自扫门前雪,哪管他人瓦上霜""一个和尚挑水吃,两个和尚抬水吃,三个和尚没水吃""你吹你的号,我唱我的调""人出一百,形形色色",也都是中国社会中常见,也很值得研究的现象:为什么长期的集体主义教育(包括政治教育、家庭教育、社会道德,从"老吾老以及人之老,幼吾幼以及人之幼"到"团结就是力量")常常不敌膨胀的私欲、可怕的野心?仅仅因为古往今来无数防不胜防的悲剧在不断警醒着人们不可轻信那些豪言壮语吗?

至于"新儒家"的代表人物梁漱溟别开蹊径,他在1922年出版的《东西文化及其哲学》一书中将人类文化发展路径分为西洋、印度、中国,认为西洋文化尚理智、主功利的文化,印度文化重超脱、盼来世的文化,各有千秋;中国文化则有自己的传统优势,那便是重人情,讲调和。值得注意的是,梁漱溟也并不忽略传统文化之短——"中国人……一向总偏阴柔坤静一边,近于老子,而不是孔子阳刚乾动的态度",因此,他倡导"刚的态度……提倡一种奋往向前的风气,而同时排斥那向外逐物的颓流。"[1]这里,梁漱溟不仅显示了开阔的比较文化视野,而且对中国传统文化的复杂性有清晰的洞见:中国人的文化理想是"刚柔兼济",可在历史的动荡中,常常是专制的霸道碾压良知的刚强,迫使人们只好寻找"以柔克刚"的出路。尽管"以柔克刚"引出"四两拨千斤""出奇制胜""以弱胜强"的种种智慧,但也常常被异化为各种算计、权谋、手段,以至于朱熹曾经感慨:"何故君子常少,而小人常多?"黄宗羲也在《明儒学案》中指出,"阳宗孔子,实与之悖,而阴用佛老,袭以权术"已成风气。[2] 历史上也常常出现刚直不阿、叱咤风云的英雄好汉,虽然下场常常悲凉,却前赴后继,谱写出令人感动的历史华章。梁漱溟本人就经历过许多坎坷,至死保持传统士大夫"威武不能屈"的气节,为他的主张做出了表率。现代有许多留过洋的知识分子为改造中国殚精竭虑,身体力行,显示了西方文化影响的强大。也有好些不曾留洋的士大夫从中国传统文化的遗产中寻找到振兴的灵感和

---

[1] 梁漱溟:《梁漱溟文选》,上海远东出版社1994年版,第128页。
[2] 刘康德:《术与道》,四川人民出版社2018年版,第21、44页。

力量。梁漱溟、熊十力就是这一部分人的代表。还有不少留过洋的知识分子,回国后以学贯中西的功力,在中国传统文化中重新发现"其命维新"的智慧,陈寅恪、钱锺书即他们中的代表,这些先驱者为后来一代又一代的"寻根人"开辟了道路。鲁迅在晚年不是也写过《中国人失掉自信力了吗》,为故国召魂吗?——"我们从古以来,就有埋头苦干的人,有拼命硬干的人,有为民请命的人,有舍身求法的人……虽是等于为帝王将相作家谱的所谓'正史',也往往掩不住他们的光耀,这就是中国的脊梁。""这一类的人们,就是现在也何尝少呢?他们有确信,不自欺;他们在前仆后继的战斗,不过一面总在被摧残,被抹杀,消灭于黑暗中,不能为大家所知道罢了。"①作为"新儒家"的代表人物,梁先生对中国传统文化的新阐释具有特别的理论意义:既不同于"全盘西化",也不同于"保护国粹",而是独具慧眼,倡导积极进取的阳刚之气。然而,他老人家恐怕不会想到,那阳刚之气在相当长的一段历史时期里白白耗费了,而不是用于脚踏实地地和平建设。过于狂热的阳刚之气终于耗尽了一个民族的能量,使"世纪末情绪"迅猛扩散。经过改革开放几十年的奋斗,中国发生巨变,才重新焕发出经济建设、文化振兴的活力——这才应该是阳刚之气的正常状态。

正因为中国民族有悠久的历史根基,还有过开放包容外来文化的辉煌记录,还有四海为家、入乡随俗的生活态度,才有了对中国人国民性与世界各国(尤其是西方各国)人国民性的比较这一视角。这些比较有的指出中西文化的相似,令人想到中国人能够接受西方文化影响的心理基础;或注意中西文化的不同,认真琢磨如何取人之长,补己之短;还有的强调中国文化传统的优势,尤其是那些被忽略的长处,努力使之重放光芒。各种见解,都富有独到的发现,给人以智慧的启迪。

而在漫长的中国移民史上,古往今来有无数中国人为了生活和梦想背井离乡,下南洋、走西口、闯欧美,都能扎下根来,建设新的家园,创造融汇中外文化的新观念、新活法,也与中国"到哪座山上唱哪支歌"、随遇而安的生活态度、灵活机动的生存策略、与各民族都能和谐相处的情怀密切相关。所以,中国人会有与英美人的务实、法国人的浪漫、罗马人的勇武、德国人的认真与心心相通的丰富品格,但没有他们尚武、好斗的民风,还没有发展出那么发达的民主与法制,甚至在学习民主与法制的同时尽可能规避其中可能潜藏的社会矛盾,因此反而导致社会矛盾的积重难返,与建立和谐社会的理想常常南辕北辙。有的中国人在民族危急中卖身投靠外国侵略者,出卖民族利益,堕落成为汉奸;也有的中国人为了移民西方,别有用心地全盘否定中国文化,肆意抹黑祖先,显得奴颜婢膝……每一种国民性都呈现出十分复杂的表现形态,就如同英国人的重商终于导致鸦片战争,日本人的武士道也终于催生"大东亚共荣圈"的迷梦,而德国,这个"雄心勃勃,又时有怀疑;坚信奇迹,又……富于浪漫主义……对外梦想统治世界,对内转向音乐的"②的民族不是因为崇尚理性也渴望浪漫而成为两次世界大战的策源地吗?

---

① 鲁迅:《且介亭杂文》,人民文学出版社1993年版,第119页。
② [德]艾米尔·路德维希:《德国人——一个具有双重历史的国家》,生活·读书·新知三联书店1991年版,第56页。

特 稿

*Journal of Chinese Studies, Xiamen University*

# 作为当代文学事件的《红与黑》讨论

洪子诚

（北京大学 中文系）

**摘　要**：本文将中国20世纪50年代末对《红与黑》的讨论视为"当代文学事件"，以考察当代文学在建构自身的主体性时，如何面对处理外国文学（特别是19世纪西方现实主义文学）的难题。当时学界对《红与黑》的讨论，体现了当代文学对包括19世纪欧洲文学在内的外国古典文学的基本态度：肯定它们对封建神权，对非人道的阶级压迫、剥削的批判，对下层社会"小人物"命运的同情、关切。但在社会主义文学语境中，对其可能发生的危害也高度警惕。苏联的爱伦堡怀抱着"19世纪情结"，这与中国对社会主义文学性质和发展道路的想像和实践都有分歧。中国也有类似爱伦堡情结的人们，他们在20世纪60—70年代已经或逐渐被边缘化了，导致出现文艺激进派的运动局面。

**关键词**：红与黑；文学事件；爱伦堡；19世纪情结

1959—1960年，中国文学界对两部法国长篇小说展开过讨论。一部是罗曼·罗兰的《约翰·克里斯朵夫》，另一部是司汤达的《红与黑》。讨论的焦点是如何评价这两部作品，如何看待约翰·克里斯朵夫和于连·索黑尔的性格和生活道路，在社会主义时代，它们的积极意义和可能产生的消极影响。这个讨论对我们观察当代的文化、文学问题有一定的价值。现在我们的回顾、清理，可以从不同的方面进行，可以有不同的观察视角。下面我着重谈关于《红与黑》的讨论，分五个问题。

## 一、观察的角度

现在回顾当年对《红与黑》的讨论，可以有不同的角度。一个是外国文学研究的角度，讨论当年如何评价司汤达这位作家和他的作品《红与黑》，当年的评价的时代特征。二是比较文学的角度，50—60年代进行的讨论与《红与黑》在中国翻译、传播的情况的关系，包括文字文本的阅读和改编为电影的传播的情况。三是作为"当代文学事件"的角度，通过《红与黑》的讨论，看当代文学在建构自身的主体性时，如何面对处理外国文学（特别是19世纪西方现实主义文学）的难题；如果外国文学可以作为当代文学建构的文化资源的话，需要进行怎样

---

\* 2023年5月15日洪子诚教授在厦门大学的讲座录音稿修订。感谢录音整理的厦大研究生罗文婷、张莉萍、王雅萍、郭良千同学。

的筛选—阐释性过滤。我下面的分析,主要是从第三个角度,也就是从当代文学主体建构的层面来讨论这个问题。

## 二、当代对"外国文学"的分析

需要事先说明的是"当代文学"的含义。"中国当代文学"是一个饱受争议、质疑的时期概念,这里不可能仔细讨论,只是简要交代我在这里是怎样使用这个时期概念的。1997 年我曾出过一本小书,叫《中国当代文学概说》(香港青文书屋)。前些年北京出版社再版,改书名为"中国文学 1949—1989"(2020 年北京出版社"大家小书"系列丛书之一)。这个书名显示了我对"当代文学"时间起讫的理解。我把 20 世纪 50 年代到 80 年代的内地中国文学称为"当代文学",主要的依据是:在这个时期,30 年代的"左翼文学",经由 40 年代延安的"改造说"形成的"工农兵文学""人民文艺"形态,在 1949 年之后成为在中国具有支配地位的、一体化的文学规范,而到了 80 年代,出现规范的崩裂和解体。

另外一个要说明的是,和"现代文学"时期不同,50 年代以后的当代文学,尤其是前三十年,是国家管理的文学,也可以说是"国家文学"。有学者对此有不同看法。李杨教授认为,这样的描述是不恰当的,因为"国家文学"的对立面是"个人文学";如果以"国家文学"来命名"中国当代文学",那么,是否"当代文学"要极力超越的"中国现代文学"可以贴上"个人文学"的标签呢?他质疑"国家文学"与"个人文学"这种二元对立的设定,并认为,在近现代,不仅西方的如英、法,而且俄、德,以及"非西方"的中国,进入"现代"的唯一方式就是将自己变为"民族国家","用杜赞奇的话来说,就是只能'从民族国家拯救历史',包括锻造出作为'民族国家'认同基石的'个人'"。[①]李杨正确指出:"在这一意义上,'个人'根本不能外在于'民族国家',它本身就是'民族国家'所创造出来的一个他者……所有的'现代文学'都是在'民族国家'的框架中生成的。"[②]不过,这里可能存在误解。我用"国家文学"的说法,不是在"个人文学"对应的意义上,指的是这个时期文学"整体"的存在方式,国家、执政党的文学管理方式,也就是从文学制度的层面着眼。中国的"现代文学"时期,国家自然也试图引导、控制文学的方向和进程,但是采用的方式,这种努力的覆盖面和达到的效果,和"当代"的有极大差异。当代的"国家文学",指的是由国家制定统一的文艺路线和创作方法,全面管理、控制文艺报刊、出版机构以及文艺评价系统,这是 20 世纪社会主义制度国家普遍采取的,实施其文化战略的制度。

因此,当代文学在方针路线和具体的策略上存在一种我们现在常说的"顶层设计";如何处理、对待中国古代文学和外国文学,也属于这一设计的范围。左翼文学对外国文学的区分,30 年代和延安时期就已经开始。50 年代逐渐明确划分为可接受、有限度接受和批判排斥的各个部分。这从当时的评论、翻译、出版的状况可以看出。我在《1954 年的一份书目》这篇文章中讨论过这个问题,它被收入在《当代文学中的世界文学》(北京大学出版社 2022 年版)这本书中。这个书目的全名是"文艺工作者学习政治理论和古典文学的参考书目",刊登在 1954 年第 5 期的《文艺学习》上。虽然《文艺学习》是普及性文学刊物,但书目是面对文

---

① 李杨:《何为"中国当代文学"? 何谓"世界文学"》,《文艺争鸣》2022 年第 11 期。
② 李杨:《何为"中国当代文学"? 何谓"世界文学"》,《文艺争鸣》2022 年第 11 期。

艺工作者的,而非一般文学爱好者,而且它是经过中国作协主席团讨论通过的,具有权威性质。书目开列各类书籍150多种,两大部分:马克思列宁主义理论著作和中外古典文学名著。文学名著包括中国和外国的。外国分设两个单元:俄罗斯、苏联和其他各国。俄罗斯、苏联开列书籍34种,其他各国63种。这显示了当年中国的世界想像:"外国"就是两个部分,一个是俄国、苏联,另一个是"其他各国"。

从这个书目可以看到,当时对外国文学评价、遴选尺度的意识形态和冷战地缘政治的依据。尺度包含空间、时间两个层面。地理空间是以东西方,社会主义阵营与资本主义、帝国主义阵营为界,时间则以19世纪和20世纪之交为界限。这样,当代文学就把外国文学划分为三个板块。第一个板块是俄罗斯、苏联文学。对待俄、苏文学有一个变化过程,开始是采取一边倒,以苏联为榜样的政策,但随着中苏关系恶化,国际共产主义运动内部分裂,50年代末到70年代出现"去苏联化"的倾向。第二个板块是19世纪以前的西方古典文学,包括希腊悲剧、史诗,文艺复兴、启蒙时代的作品,特别是19世纪的现实主义。对它们的态度有点复杂,既承认它们的部分价值,也批判其"消极影响";下面谈及对《红与黑》的讨论时会具体涉及。第三个板块是20世纪现代西方文学,除了"进步作家"、倾向社会主义阵营的左翼作家——如德国的托马斯·曼,法国的罗曼·罗兰、阿拉贡、艾吕雅,美国的德莱塞、马尔兹、法斯特,英国的林赛,日本的小林多喜二、宫本百合子、德永直,土耳其的希克梅特,智利的聂鲁达,巴西的亚马多等——之外,许多都被列为疑惧、排斥、批判的对象,特别是所谓现代派的作家(作品)。80年代初袁可嘉、董衡巽、郑克鲁编的《外国现代派作品选》(上海文艺出版社1981年版,共四册八卷)收录的20世纪现代派作品,绝大多数在当代前三十年间都被屏蔽,只有极少量在60年代曾作为内部书翻译出版。

提供这些背景材料,是为了将当代《红与黑》讨论的意义放在一个可供拓展的位置上。

## 三、作为事件的《红与黑》讨论

在前三十年,当代文学界发生多次大小不一的针对某一作家、作品、现象的讨论、批判事件,如电影《武训传》批判,俞平伯《红楼梦》研究批判,《我们夫妇之间》(萧也牧)讨论,赵树理《锻炼锻炼》、杨沫《青春之歌》讨论等等。涉及中国古典文学的讨论也有多次(王维、李清照、山水诗)。外国文学方面,除了《红与黑》《约翰·克里斯朵夫》之外,1964年批判了苏联"新浪潮"丘赫莱依、塔可夫斯基等人的电影(《第四十一》《士兵之歌》《晴朗的天空》《伊凡的童年》等),讨论过德彪西的《克罗士先生》,"文革"期间批判肖洛霍夫,批判电影《中国》《乌扎拉·德尔苏》《这里的黎明静悄悄》。60年代对苏联作家、电影的批判,是前面提到的文学"去苏联化"的组成部分。

这里强调是个"事件"有这样的含意。一是多人参与,也有"过程性",更重要的是,讨论虽然是个别、具体的事情,但性质和意义超出对这个作品的阐释本身。关于《红与黑》的讨论发生在1958—1960年,文章主要刊登在《文学评论》,更多的是在《文学知识》上,共有20多篇。另外,《中国青年》《羊城晚报》《光明日报》《文史哲》《扬州师范学院学报》《开封师院学报》《江海学刊》等报刊也都发表了讨论文章。《文学知识》这个刊物是当时的中科院文学所主办的,从1958年10月到1960年7月出刊22期。1954年中国作协主办的,由韦君宜、黄秋耘主持的《文艺学习》,因为"百花时代"大力提倡文学革新,批评文艺创作与文艺批评的教条主义,组织了对王蒙《组织部新来的青年人》的讨论,在反右运动中受到批评,1958年它被并入《人民文学》——实际上是撤销停刊。《文学知识》应该承续了普及性文学刊物的定位,这个刊物组织了几次讨论,除讨论《红与黑》之外,还讨论巴金的作品。对巴金说是"讨论",其实是批判的性质。批判巴金20—30年代的创作,是上海的姚文元发起的。1958年《中国青年》第19期(10月1日出版)登载了姚文元的《论巴金小说〈灭亡〉中的无政府主义思想》。同月出版的《读书》《文学知识》等刊物,和上海的《文汇报》,也出现巴金作品讨论专栏。姚文元后来还写了《论巴金小说〈家〉在历史上的积极作用和它的消极作用——兼谈怎样认识觉慧这个人物》《巴金作品的讨论,分歧的实质在哪里》等文章。据严家炎先生回忆,邵荃麟私下曾气愤地说,姚文元批判巴金,也不跟作协打招呼,巴金正在国外做团结亚非作家的工作,国内却批判起他来!①1958年秋天,在当时苏联的塔什干(现在乌兹别克斯坦首都)召开亚非作家会议,巴金是中国代表团团长。

　　与《红与黑》有关的讨论中发表的文章,既有一般读者自发写就的,更多是有意识地组织的,约请有权威地位的作家、学者撰写的,如李健吾、梁宗岱、唐弢等。《文学知识》上的讨论最后以唐弢发表《司汤达和他的于连——读小说〈红与黑〉的讨论有感》(《文学知识》1960年 第7期)作为总结。这个讨论于1960年告一段落,但此后直至70年代,仍不断有文章发表,如柳鸣九的《正确评价欧洲19世纪资产阶级文学中的个人反抗形象》(《文学评论》1965年第6期),甚至古代文学史学者刘大杰也发表文章《读〈红与黑〉》(《学习与批判》1975年第1期)。

　　《红与黑》和《约翰·克里斯朵夫》的讨论不是偶然的事件,是由当年的社会思潮推动发生的。50年代,这两部作品在青年知识分子中影响很大。它们都描写有才华的青年的生活道路。《红与黑》写出身下层的青年为改变自己命运的个人奋斗中遭遇的挫折,陷入的困境。社会阶层等级造成的不平等,体现在阶级、财富、地域、族群等各个方面。首都与外省,贵族与平民,城市与乡村……显然这是超越时代、地域的普遍性的现代问题。这个作品产生影响,除了小说流行导致,也与改编的电影在中国热映有关。50年代出版的《红与黑》的中译本并不多,只有赵瑞蕻40年代的节译本和罗玉君的全译本。1950—1957年,平明出版社和新文艺出版社的罗玉君译本共印行两万册,讨论期间的1959—1961年,上海文艺出版社发行一万三千多册。当时在中国放映的电影《红与黑》是法国、意大利1954年合拍的,第二年就有汉语的配音版。于连由法国著名演员菲利普扮演。菲利普(1922—1959)主演的影片《郁金香芳芳》(中文配音版为《勇士的奇遇》)在中国也有很大反响。钱拉·菲利普政治上有左翼倾向,亲近社会主义阵营,1957年他和妻子曾访问中国。电影在中国上映后,《大众电影》《中国电影》《国际电影》《解放日报》《北京日报》等报刊上发表了不少评论文章。

　　从社会思潮的脉络上说,讨论是反右运动思想批判的延续。1958年,在总结反右运动经验的时候,周扬、邵荃麟、冯至、张光年等在不同场合的报告和文章中都一再指出,一些青年知识分子"堕落"为右派,受西方资产阶级作品宣扬的人道主义、个人主义影响是重要原因。周扬1958年发表《文艺战线上的一场大辩论》,他1960年7月在第三次文代会上做的报告《我国社会主义文学的道路》、邵荃麟的《修正主义文艺思想一例》、冯至的《略论欧洲资产阶级文学里的人道主义和个人主义》都强调这一点。周扬说:"这些作品中所描写的人物,很多是个人主义的'英雄',他们或者像《红与黑》中的于连,由于个人的野心得不到发展而对

---

① 贺桂梅:《从"春花"到"秋实"——严家炎教授访谈录》,《文艺研究》2009年第6期。

社会进行报复性的绝望的反抗;或者像约翰·克利斯朵夫,信仰个人的人格力量,以自己的孤独为最大的骄傲。如果青年读者把这些人物当作榜样,不但不可能培养新的集体主义的个性,相反地,只会破坏这种个性。"①冯至的文章也点了这两部小说的名。这次讨论,唐弢在总结文章中也说:"就像宋朝理学家'坐在禅床上骂禅'一样,司汤达是站在资产阶级上反对资产阶级,因而他不得不终于又肯定他曾经否定了的东西,使于连的实际上是非常丑恶的性格涂上了一层反抗、勇敢、进步的保护色,输送给青年。"②

讨论得出的"结论"有三个方面:第一,认为像《红与黑》这样的19世纪欧洲文学,是高尔基所说的"资产阶级浪子文学",它们与无产阶级、社会主义文学有本质上的区别。第二,文艺复兴、启蒙时期,特别是19世纪现实主义文学,在它们诞生的年代具有揭露封建主义和资产阶级本质的积极意义,写到的个人主义英雄的反抗精神也值得肯定;但到了社会主义时代,虽具有认识上的价值,消极的作用将更突出,特别是宣扬的人道主义、个人主义的消极影响不可低估。第三,受西方文学很大影响的中国新文学,要建构当代社会主义文学,既要重视转化文艺复兴时期、启蒙时期和批判现实主义文艺的遗产,也特别要强调超越,从它们的阴影中走出。

对《红与黑》这一具体作品的讨论,勾勒了当代文学对包括19世纪欧洲文学在内的外国古典文学的基本态度:肯定它们对封建神权、对非人道的阶级压迫、剥削的批判,对下层社会"小人物"命运的同情、关切——在当代文学设计者心目中,这些思想、艺术资源可以在批判性分析和鉴别之后,组织进社会主义文学中。但是也需高度警惕它们可能产生的危害。因而,它们可以说是双刃剑;既可以转化为批判封建主义、帝国主义、殖民主义的武器,而内涵的个人主义、人道主义观念,也会对阶级论和集体主义带来损害,影响社会主义新个体的创造。

## 四、分叉的道路

《红与黑》的讨论大致情形就是这些。不过,这里要引入表面看来与这次讨论无直接关联的人物和事件,我指的是苏联作家爱伦堡这个时期写的有关司汤达的文章以及同是社会主义国家、同样信奉社会主义现实主义的苏联的文艺动向,作为讨论的参照。

爱伦堡文章名字叫"司汤达的教训",写于1957年。中译刊于《世界文学》1959年第5期。1962年2月,《世界文学》编辑部编印的"内部读物"《爱伦堡论文集》收录这篇文章。显然,这篇文章的性质在中国经历了被认可、公开发表到成为有问题、被批判的转换,这从一个侧面反映了中苏关系变化,以及两国在意识形态上发生的分裂。这篇文章虽然被译成中文,但讨论中并没有被引入。这里将它引入形成对话,目的是揭示这个讨论的更深层的意义。

伊利亚·爱伦堡(1891—1967)生于乌克兰基辅,犹太作家,中学时期参加革命活动被沙皇宪兵逮捕,释放后流亡巴黎,开始文学创作。俄国革命胜利后,在较长时间里作为苏联报纸派驻欧洲(法国、西班牙、德国等)的记者,长期生活在国外。40年代回到苏联,参加卫国战争,40年代末到50年代,作为苏联著名文化人士参与苏联主导的社会主义阵营保卫和平活动,与

---

① 周扬:《我国社会主义文学的道路》,郭沫若、陆定一、周扬:《中国文学艺术工作者第三次代表大会文件集》,人民文学出版社1960年版,第65页。

② 唐弢:《司汤达和他的于连——读小说〈红与黑〉的讨论有感》,《文学知识》1960年第7期。

西方左翼知识分子关系密切。主要作品有长篇小说《暴风雨》《巴黎的陷落》《巨浪》，还有大量政论文字。可以把爱伦堡看作苏联社会主义文学的"内部质疑者"。毫无疑问，他是社会主义文化的捍卫者；冷战时期与西方左翼知识分子一起参与反对帝国主义政治和资产阶级文化的运动。但自40年代后期开始，对苏联实施的文化政策和社会主义现实主义教条持续发出质疑、修正的声音。1953年，他发表了自1948年开始撰写的长文《谈作家的工作》，就对苏联当年文艺理论和政策的教条主义提出批评。斯大林死后，他在文学变革的潮流中扮演了重要角色。1954年，他发表著名的中篇小说《解冻》。《解冻》第一部出版于1954年，第二部出版于1956年，中译本迟至1963年才有"内部发行"的黄皮书版。这个中篇并不直接描写政治事件，但表达的情绪、观念显示一个"新的时代"的到来，"解冻"也成为有关政治、文化变革的隐喻意象以至政治符号。如丘赫莱依导演的电影《晴朗的天空》，在斯大林逝世后的场面出现冰河解冻的场景，如1963年叶夫图申科的长诗《娘子谷》中写道："有什么动静？／别害怕——这是春天／自己的喧响——／她向我们走来。／……房门被损毁？／不，这是融化的流冰……"以及拉赫玛尼诺夫《第二钢琴协奏曲》在"文革"刚结束时的传播，第二乐章里钢琴那种酷似春汛不断泛出地面的旋律，"想像一下冰河的解冻，一点点的融化和侵蚀，慢慢涌动的暗流……冰河的大面积坍塌"①。爱伦堡自己谈到他1953年写作《解冻》时的心境，在俄罗斯的4月，"有的地方还可以看到灰色的雪堆，但是……一株株的草儿，未来的蒲公英的娇嫩的星形芽儿正在穿透地面"②。自然界的情景、声响，转化为转折年代人的感情体验，成为不限于单个人的一种"精神气候"。

  1957—1958年，爱伦堡发表十几篇文学论文，如《必要的解释》《重读契诃夫》《司汤达的教训》，为茨维塔耶娃、巴别尔、莫拉维亚、艾吕雅的小说集、诗集撰写的序言。这些文章在当时的苏联文学界都引起争议。《司汤达的教训》所描绘的司汤达图像，对这位作家和《红与黑》的评价，和中国当时批评家的有很大不同。爱伦堡既不谈中国批评家着重强调的《红与黑》的历史、阶级局限，也不谈于连·索黑尔会破坏社会主义国家青年集体主义的个性焦虑；相反，他强调其积极意义，说，"我们谈到它时，要比谈我们同代人的作品觉得更有信心"，"《红与黑》是一篇关于我们今天的故事，司汤达是古典作家，也是我们的同时代人"。他还说，如果说莎士比亚的悲剧还能够使共青团员们深深感动，那么，今天没有极端保皇分子的密谋不轨，没有耶稣会神学校，没有驿车，于连·索黑尔的内心感受在1957年的人们看来仍然很好理解……爱伦堡对《红与黑》"长久不朽"生命力的信心来自两个方面。一，虽然《红与黑》是"法国1830年记事"，却表现了超越特定时代的"基本主题"：憎恶专制、阿谀奉承，憎恶用强力、伪善和威胁扭曲人的心灵。二，认为《红与黑》为今天——他指的是的苏联——的文学提供了经验，最可宝贵的一点是"在于它那格外的真实性"。如果说作品是一面镜子，那么，这面镜子不仅反映出蔚蓝的天空，也时而反映出泥泞、水洼和沟辙。事实上，根据爱伦堡的介绍，《红与黑》在当时的法国也受到"歪曲现实""污蔑法国社会"的指责。

  如果将中国人关于的《红与黑》讨论和爱伦堡的司汤达阐释放在一起，那么，可以发现这里的分歧有关社会主义文学的发展道路。这里显示出对于社会主义文学性质和发展道路，想像和实践都有分叉。分歧的关节在于对待文艺复兴、启蒙时代，对于19世纪现实主义的

---

  ① 曹利群：《拉赫玛尼诺夫：没有门牌的地址》，《爱乐》2011年第7期。
  ② ［俄］伊利亚·爱伦堡：《人·岁月·生活——爱伦堡回忆录》（下卷，第二版），海南出版社2008年版，第610页。

文学的不同,社会主义文学努力摆脱这个幽灵,警惕它们消极面的侵蚀,还是将社会主义文学建立在人类伟大文学传统上,特别是承继19世纪现实主义的批判精神和人道情怀上,怀着对弱者的同情,把人性、人道主义作为文学的思想精神的根基?爱伦堡的文章摘引了于连被判处死刑后在狱中的著名独白:

> 一个猎人在树林里开了一枪,猎物腾空而坠,他急忙跑过去捡,不意鞋碰到一个高可两尺的蚁窠,窠毁,蚂蚁和蚂蚁蛋被踢出老远。蚂蚁中连最有学问的那几只也不明白这黑乎乎的庞然大物是什么东西。猎人的靴子以难以置信的速度突然冲进它们的住所,先是听见一声巨响,接着又喷出红色的火花……
> 
> 在长长的夏日中,一只早上九点出生的蜉蝣到傍晚五点就死去了,它又怎能理解黑夜是怎么回事呢?①

爱伦堡的文章还不指名道姓地引用英国诗人布莱克《天真的预言》里的诗句——一颗沙里看出一个世界,一朵野花里一座天堂,把无限放在你的手掌上,永恒在一刹那里收藏,着重提出时间和永恒的问题。爱伦堡认为,司汤达在"描写热情、野心和犯罪的时候,从来不曾忘掉过政治",他并不忽略时代的急迫问题,回避现实的政治,但是他善于眺望,他竭力要理解"夜"对于蜉蝣来说是怎么回事,从瞬息中去发现恒久事物,"或者像诗人所说的那样,去发现永恒"。司汤达这位出身新闻记者的作家,显然十分重视"瞬息""时间"。但瞬间、现实并不天然具有"永恒"的价值,瞬间的"永恒性"要放到历史的整体中衡量才能发现。经历"黑夜",才能理解所经历的"白天";而只生活在白天的蜉蝣无法了解这一点。

这也可以看作某一特定人群无法释放、解脱的"情结"。在《人·岁月·生活》这部在当代中国有很大影响的回忆录的最后,爱伦堡写道:"我是在19世纪的传统、思想和道德标准的熏陶下长大的。如今连我自己也觉得有许多东西已是古老的历史。而在1909年,当我在笔记本上写满了歪诗的时候,托尔斯泰、柯罗连科、法郎士、斯特林堡、马克·吐温、杰克·伦敦、布鲁阿、勃兰兑斯、辛格、饶勒斯、克鲁泡特金、倍倍尔、拉法格、贝蒂、维尔哈仑、罗丹、德加、密奇尼科夫、郭霍……都还健在。"②经历了半个世纪的时代和个人生活的转折之后,爱伦堡的19世纪"情结"并未解开,反而有了新的经验内涵;他并接着说:"如今教育在各处都超过了修养,物理学把艺术甩在自己后面,而人们在即将掌握原子发动机的同时却没有被装上真正的道德的制动器。良心绝非宗教的概念,契诃夫虽非信徒,却具有(19世纪俄罗斯文学的其他代表人物亦是如此)敏锐的良心。"③这不仅是爱伦堡个人的选择,也是一个既定时代的特定人群——那些具有深厚文化素养的试图创造无产阶级新文艺的人们——的价值选择。进行这一选择的人,也出现在中国现代文学里。

(责任编辑　徐勇)

---

① [法]司汤达:《红与黑》,张冠尧译,人民文学出版社1999年版,第539～540页。
② [苏]爱伦堡:《人·岁月·生活》下卷,海南出版社1999年版,第491页。
③ [苏]爱伦堡:《人·岁月·生活》下卷,海南出版社1999年版,第491页。

# 怎样建构中国化的海洋文学理论
## ——我的读书札记

张志忠

（山东大学 人文社科青岛研究院）

**摘　要**：中国化海洋文学的概念如何界定，其要义何在，一直是近期海洋文学研究的焦点之一。当前常见的海洋文学研究，过于倚重欧美海洋文学这一标杆，忽视西方中心主义文化霸权造成的弊端。对于本土的海洋文学论述，可从历史、文化与美学的相关研究最新成果方面去建构"中国型海洋美学"，既包括文学艺术各门类，更要涵盖生活与文化各领域，是目标明确的交汇性美学。

**关键词**：海洋文学；西方中心主义；中国化

海洋文学，中外学人致力研究有年，成果颇为丰厚。拜读之余，激起我思想的火花，现就建构中国化的海洋文学理论之相关问题略陈一二，就教于诸位方家。

## 欧美海洋文学之标尺的适用性质疑

中国化海洋文学的概念如何界定，其要义何在，一直是近期海洋文学研究的焦点之一。但是，怎样对其进行贴合创作实践、具有充分可行性的阐述，却耐人寻味。

首先，要弄清楚关于浩瀚海洋与世界各国之关系的差异性，由此给各国海洋文学造成的不同样貌。

譬如，过于倚重欧美海洋文学的发展状况及论述，遂不假思索地将其移用到中国海洋文学研究之中，而忘记胶柱鼓瑟、郢书燕说的弊端。段波认为："真正意义上的海洋文学，指以大海作为叙事发生的主要背景或故事场景，以大海、水手、船只、岛屿（间或穿插用以反衬或映射人与大海关系的陆地，但这仅仅是为了凸显或者反衬海洋的价值）等要素作为小说的主要元素，以水手为主要角色，以航海叙事、海洋历险、海上探险、船难等为题材或根据海上的体验写成的生动展现了大海与人类、人类与自然、人类与社会的多维关系的文学作品。"[①]进一步地，段波认为海洋文学应以水手作为叙事的主要角色，以航海叙事、海洋历险、海上探险、船难等为题材或根据海上的体验写成，其所援引的例证荷马史诗《奥德赛》、麦尔维尔的《白鲸》、海明威的《老人与海》，皆为欧美文学作品。这样的论断，来自对欧美海洋文学及相关研究成果的借鉴与挪用，

---

① 段波：《"海洋文学"的概念及其美学特征》，《宁波大学学报》2018年第4期。

如何对应中国海洋文学研究的本土语境呢？欧美海洋文学的标尺，是否就可以不假思索地应用到中国文学的研究和创作中，并且不由自主地感到自惭形秽、望"洋"兴叹呢？

无独有偶，在一篇讨论日本海洋文学的高引用率的文章中，作者写道：

> 真正意义上的海洋文学是，主题与海洋具有的特性密切相关，并受海洋的特性支撑的文学作品。给人们的心灵带来特殊的文学兴趣和感动的海洋特性，笔者将其简单地概括为"人们在理性、感性和意志方面对海洋具有的特殊兴趣"。①

依照作者的解释，支撑其理论的作品，理性层面以凡尔纳的《海底两万里》为标高，感性层面以海洋抒情诗为大宗，意志方面表现以大海为舞台的人们的社会生活；英国作家康拉德的《青春》等兼及以上三个层面，成为世界海洋小说的代表作。颇具反讽意味的是，此文谈论的是日本的海洋文学，但是，用从欧美海洋文学传统承接而来的海洋文学价值观考察日本海洋文学，能够入得作者法眼的作家作品屈指可数。②

援引欧美海洋文学的标尺评价日本海洋文学，始作俑者是近代以来的日本学界。19、20世纪之交，日本正处于"脱亚入欧"的高潮，在军事上则以海军为先锋进行对外扩张，先后染指朝鲜和中国，通过旅顺口和对马海峡两场海战，在日俄战争中挑战俄罗斯在东亚的霸权并取而代之。以颇具侵略扩张性的海权意识为核心，去衡量日本本土的海洋文学，当然所见寥寥。直到20世纪80年代，日本学界这种向欧美学界取法的倾向仍然没有根本性的改变。西方视角为日本学者进一步思考日本海洋文学提供了较好的经验，可以说"南进"和"西方"构成日本海洋文学研究最重要的关键词。③

明确地描述这种自惭形秽心态的是日本学者尾崎秀树，其为《海的文学志》所作"代后记"《海洋历史小说的可能性》中说："日本被称为海洋国家，但海洋文学意外地薄弱。历史文学中亦鲜有涉及海战者，更何况海洋历史小说就更加寥寥可数了，这是为什么呢？虽有以国家权力、垄断资本为背景的虚张声势的海洋雄飞，但缺乏特立特行之举，便无法酝酿出海洋文学传奇。大航海时代的存在给予了我们诸多的梦想，并成为历史小说的上好素材，但还有必要继续创作出更多作品。"④

所谓"南进"，指日本军国主义发动太平洋战争，这样的侵略战争早已被历史否决。与之相关的是海战，就历史而言，日本经历的海上战争确实有限，自明治维新以来到第二次世界大战的数次海战，就人类正义而言乏善可陈，虽然有《山本五十六》《日本海大海战》《啊海军》这样鼓吹军国主义的影片，但也鲜有文学佳作。大航海时代，哥伦布发现美洲导致的欧洲殖民者竞相瓜分和掠夺美洲大陆，催生的相关文学作品，如笛福的《鲁滨逊漂流记》、史蒂文森的《金银岛》等，这仍然是对欧洲海洋文学理念的挪用；这两种海洋文学关键词显然不是我们应该无条件地加以肯定的。

中国的近邻日本，是典型的海岛国家，在其数千年的文学史上，对于海洋的状写不为少见，

---

① 龙夫：《回归大海的倾诉——日本学者论海洋文学的发展》，《海洋世界》2004年第7期。在中国知网用"海洋文学"做检索词，本文在被引率上排位第6，引用23次。用"日本海洋文学"做检索词，则位列被引率第一。2023年3月11日查询。
② 龙夫：《回归大海的倾诉——日本学者论海洋文学的发展》，《海洋世界》2004年第7期。
③ 邱雅芬：《日本海洋文学研究现状及展望》，《外国文学研究动态》2018年第5期。
④ 邱雅芬：《日本海洋文学研究现状及展望》，《外国文学研究动态》2018年第5期。

从早期的《古事记》(712年)，经《土佐日记》到现代文学中的小林多喜二、三岛由纪夫等人的作品，皆可以为证。日本在元帝国初期两次击败从海上来犯的忽必烈大军，挽狂澜于既倒，维护了自身的独立。在明朝万历年间，日本军队有过与中国、朝鲜之间的跨海作战，但是直到19世纪晚期之前，日本的大趋势，是以海洋为纽带，与一衣带水的中国的友好交往，这是其主调，从遣唐使入唐求师，到鉴真东渡传法和朱舜水旅日避清，日本接受中国文化的教化和影响，是其大宗。阿倍仲麻吕与李白、王维、储光羲等的诗歌赠答，成为中日文化交流史的佳话。日本最早的历史文献作品《古事记》，记载了海洋岛国日本的创世纪，从海岛的形成到岛民的降生，亦颇具东方特色。要将其强行纳装进近代以来欧洲海洋文学的框架中，削足适履，也显得过于勉强。

## 大航海时代及其文学的辨析

首先需要辨析的是大航海时代，然后延及文学及其他。

其一，什么是大航海时代。无论是西方的学者，还是中国和日本的学者，几乎都不假思索地对大航海时代及其相应的文学予以完全认同。但是我们常常忘记了大航海时代的历史背景与时代语境，忘记了它是一个早期资本主义强国通过海洋开拓与掠夺海外殖民地的时代，其内在本质是西方文明对世界上其他文明的践踏与毁灭，比如那条著名的"教皇子午线"，就是1493年5月在罗马教皇亚历山大六世仲裁下，西班牙和葡萄牙瓜分已经发现和将要发现的海外殖民地的分界线。就像马克思、恩格斯在《共产党宣言》中所言："美洲的发现、绕过非洲的航行，给新兴的资产阶级开辟了新天地。东印度和中国的市场、美洲的殖民化、对殖民地的贸易、交换手段和一般商品的增加，使商业、航海业和工业空前高涨，因而使正在崩溃的封建社会内部的革命因素迅速发展……大工业建立了由美洲的发现所准备好的世界市场。世界市场使商业、航海业和陆路交通得到了巨大的发展。这种发展又反过来促进了工业的扩展。同时，随着工业、商业、航海业和铁路的扩展，资产阶级也在同一程度上得到发展，增加自己的资本，把中世纪遗留下来的一切阶级排挤到后面去。"[①]

《鲁滨逊漂流记》被看作西方海洋文学的经典，作品主人公鲁滨逊被认定为一个海洋上的冒险者，一个靠自己的聪明才智在孤悬的海岛上生活下来并且进行拓荒垦殖的创造者。但是，荒岛上的鲁滨逊被恩格斯称为"一个真正的资产者"，如其所言："我在岛上现在已经有了居民了，我觉得我已经有了不少百姓了。我多么像一个国王。第一，全岛都是我个人的财产，因为我具有一种毫无疑义的领土权。第二，我的百姓都完全服从我；我是他们的全权统治者和立法者。"[②]许多人因为鲁滨逊对"星期五"的生命拯救而称赞他，但是恩格斯说，他"手持利剑"将"星期五"变成他的奴隶，他教"星期五"学英语，教他说的第一个单词就是"主人"(master)。

康拉德在海洋文学史上的地位，可以说是空前绝后，如果说，笛福是近代以来海洋冒险者的第一个书写者，康拉德或许可以称作海洋冒险者书写的终结者。在康拉德看来，蒸汽动

---

① [德]马克思、恩格斯：《共产党宣言》，《马克思恩格斯选集》第1卷，人民出版社1972年版，第252页。
② [英]笛福著，徐霞村译：《鲁滨逊漂流记》，人民文学出版社2002年版，第186页。

力船的出现和对于帆船的替代,刚好祛除了海洋冒险者与大自然搏斗的致命魅力。他笔下的吉姆爷,就像海洋上的堂吉诃德,老是梦想着拯救沉船上的众人,在飓风中砍断桅杆,系着缆绳游过波峰浪谷;或者成为唯一的船难幸存者,光着脚,半身赤裸,走在光秃秃的礁石上,搜索贝壳类海鲜当食物,以免自己饿死,遇见热带海域的野人,平息远洋航行的暴动,在一叶扁舟上鼓舞那些绝望的人们重振信心——"总是梦想着成为一名恪尽职守、坚定无畏的英雄,就像书里描写的那样"。于是康拉德将对海洋上的探险描写转向对于航海者的日常生活心理的透析。如《黑暗的心》中的叙事人马洛那样,一步步走向大地深远处,走向一个畸曲暗黑的灵魂。但是,康拉德笔墨中自觉地或者半自觉地涌动的良知,让他对英国殖民者虐待和掠夺土著黑人的暴行的厌恶,不时地涌动出来。马洛出海前,帮助他实现航海梦想的姨妈对着他大谈"帮助那数百万无知的土人戒除陋习"时,马洛明确地说公司并没有这么伟大,不过就是为了赚钱而已。马洛也讲到英法殖民者用廉价工业产品向当地土人换取大量象牙的丑陋行径。马洛看到山林中被迫从事非人劳动的土人生命垂危的情形,惊呼进入了"阴森森的地狱":

> 他们正在慢慢地死掉,很显然。他们不是敌人,不是犯人,也不是尘世活人——只是一些黑色的、疾病与饥荒的影子,横七竖八地躺在绿色的幽暗中。凭着一纸定期合同的所有合法性,他们被从所有海岸的深处带出来,丢在水土不服的环境中,吃着无法适应的食物,直到生起病来,干不动了,才被允许爬去休息。这些垂死的人形像空气一样自由了——也几乎像空气一样瘦薄。我开始能看清树下那些眼睛的微光。然后,我向脚下扫了一眼,看到跟前的一张脸。一架黑色的身骨整个弯曲着,一只肩头靠在树上,缓缓抬起眼皮,拿深陷的眼睛向上看着我,那眼睛茫然地大睁着,像是瞎了,眸子深处泛着白光,正慢慢地消逝。那人看上去还年轻——几乎还是个孩子——不过你们知道,很难分辨他们的年纪。除了把我口袋里、那好心的瑞典人船上的饼干给他一块,我找不到别的事情可以做。手指慢慢合拢,把它抓住——之后,就再也没有别的动作和眼神了。他在脖子上系着一圈白色的毛线——为什么呢? 他在哪里得到的这东西? 它是一个记号,一件装饰,一道符咒,还是一种安慰? 有何意义呢? 这一截来自海外的白线,缠绕在他黑色的脖颈上,显得如此突兀。①

请注意这里的几个关键词——合法性、自由、来自海外的白线,这些词语所指,都是来自英法的殖民者,有空洞的概念,有极简的物质,在这样的地狱般的场景中出现,谴责的意味一目了然。虽然说,这样的描写,并不是《黑暗的心》的主题所在,但是,它却在似乎不经意的偶然一瞥中,展示了作家的愤怒之火。马洛这次探险的目的所在,是寻找一位曾经抱着救世情怀深入非洲腹地的英国殖民者库尔兹;库尔兹在无情的现实中堕落成为黑暗的恶魔,为所欲为,予取予夺,他宣称:"我的未婚妻,我的象牙,我的贸易战,我的河,我的……"他成了主宰一切的暴君,疯狂地为掠夺非洲丛林中的象牙而不择手段。

由此,大航海时代伴随着资本主义原始积累时期的原罪,欧美的海洋文学却在很大层面上对这种原罪予以深刻的揭露。拜伦的《唐璜》是如此,唐璜在海上的奴隶贸易中被卖到异国他乡为奴隶,在地中海沿岸各国的宫廷与战场上亲历种种苦难;康拉德的《黑暗的心》也是

---

① [英]约瑟夫·康拉德著,梁遇春等译:《黑暗的心》,北京理工大学出版社2018年版,第22~23页。

如此,作为新来者的马洛,看到非洲腹地土人的悲惨命运,目睹狂纵不羁的殖民者的贪欲与疯狂;麦尔维尔的《白鲸》也是如此,陷入迷狂状态的亚哈船长比残暴的大白鲸要更为残忍,更为邪恶,不惜牺牲全船水手的性命以满足其复仇的执念……

其二,欧美的海洋文学观及其海洋文学史叙述,内在的逻辑并不能够自洽,而彰显建立在西方中心主义之上的文化霸权,值得我们高度警惕。

欧美的海洋文学论述,从《奥德赛》开始,有其自身的叙述之需要,但未必就有充足的理据。美国学者玛格丽特·科恩在其著作《小说与海洋》中指出:卢卡契认为,古典史诗中所描绘的英雄是古时社会环境和宇宙万物的一部分,奥德修斯的形象就处于史诗传统之中,现代小说则表达一种现代意识上的"超验的无家可归状态"。这个世界中的主角们与自然、社群相隔离,他们启程远航是为了探寻内在、心理和"本质"。卢卡契的传人西奥多·阿多诺和马克斯·霍克海默则把奥德修斯视为启蒙运动理性主义的先锋,因为他从物质世界和自然界中抽离出来,是"经济人","视理性为万物本原;因此奥德修斯已经是一个鲁滨逊式的人物"。[①] 这些西方马克思主义者对于奥德修斯的现代阐释固然有为启蒙运动寻找远期渊源的意图,其寻根追源为自己的理论壮大声势的迫切之情可以理解,但是将奥德修斯看作大航海时代以降的鲁滨逊等人物系列的引领者,是一种后设视角,是要为鲁滨逊等人寻找一种历史的脉络。把奥德修斯称作"经济人",则有些匪夷所思。奥德修斯头脑清醒,能够用清晰的判断、冷静的决策让自己一次次地从困境中解脱,例如他破解海妖塞壬的歌声诱惑的方式,审慎可行,自我保护能力极强,从而得以回到故乡。但"理性人"和"经济人"并不是可以互换的词语。而且,他并不是一个自愿的冒险者,没有开拓海岛当岛主的野心,从事十年远征也不是为了"抱得美人归";特洛伊战争结束,他以一个普通的远行者的身份颠沛流离,是一个心情急迫思归若渴的归乡者。神话时代的冒险还乡,也与资本主义早期的征服、掠夺者的主动"进取"有所不同,即便流落在海岛上,奥德修斯也未在小岛上驯服奴隶,不曾开发海岛经济。而且,从奥德修斯到鲁滨逊,其间近两千年的断层,民族的、文化的断层,也不是说连接就连接得上的。就如牛津大学学者彼得·弗兰科潘在其著作《丝绸之路:一部全新的世界史》中所指出的,大航海时代以降对于希腊罗马的缅怀与追认,其中有很多自我美饰的成分:人们的思维进程在近代早期发生过一系列变化,这些变化是由15世纪末的两次海上重要探险——哥伦布跨越大西洋,达·伽马绕非洲南端的航行远航到印度——引起的,这改变了交流和贸易的格局,造成世界政治经济中心的重大转移:突然之间,西欧从一个闭塞之地变成全球交通和贸易的支撑点;一夜之间,欧洲成为东西方之间新的中心。"欧洲的崛起触发了一场激烈的权力竞争——同时也是一场历史解释权的竞争。伴随着资源和海上通道主宰权的争夺,人们也在重新强调某些可用于意识形态斗争的历史事件、思想和观念。重要政治人物和身着托加长袍(toga)的将军塑像被频频竖起,他们看上去都像是历史上的古罗马英雄;具有古典风格的辉煌建筑被不断兴建,象征着自己与古代世界的荣耀一脉相承。历史被扭曲,被利用,人们制造出一种假象,似乎西方的崛起不仅是自然天成、无法避免,而且是由来已久、顺势延绵。"[②]

我从这个角度对西方的海洋文学进行评述,当然不是要否定其价值,而是要表明,对于

---

① [美]玛格丽特·科恩著,陈橙、杨春燕、倪敏译:《小说与海洋》,上海译文出版社2017年版,第17页。
② 搜狐读书:《丝绸之路:一部全新的世界史》(1),https://www.sohu.com/a/140334770_488463,访问日期:2023年7月25日。

西方的海洋文学建构及相关评价,不必照单全收,要有我们自己的观察角度。我们固然不应该有"万物皆备于我"的错觉,不应该闭关自守盲目自大,但是处处以欧美文学作为标尺,肯定是行不通的。

其三,对于海权论与欧美海洋文学的关系,是相关言说中的重要方面,相应地,所谓中国和日本的海洋文学的欠缺,也容易从海权意识的缺失讲起。但是,从马汉提出海权论,迄今百余年,对海权论的质疑不绝如缕。《海洋与权力:一部新的文明史》的作者安德鲁·兰伯特[①]指出,美国并不曾像英法等国那样依赖于海洋,美国的身份是由其巨大的规模以及国内经济资源塑造而成的。在第二次世界大战中,美国有效地利用了制海权,但它没有成为一个海权国家。同样的逻辑也适用于俄罗斯和中国,它们不是海权国家,海权国家都是一些依赖海洋的弱国。但这三个国家都承认,制海权作为其国家安全的一部分,具有战略价值。虽然中国与海洋存在长期而重要的关系,但海洋从来不是中国身份的核心。在任何政治体系当中,最强大的国家总是把精力集中在陆地上,而把海洋留给相对弱小的海权国家;而且,那些海权国家都相继衰落了。[②] 如安德鲁·兰伯特所言,直到19世纪中叶之际,中国历史上具有决定性意义的事件都发生在陆地上。土地和人口一直是中国的首要问题:中国面临的主要威胁来自陆地,长城的建造就证明了这一点。[③] 这成为我们评价中国古代的海洋文学之优劣成败的一个新的参照点。

与此相关联,《中国社会科学》2023年第2期上的一篇文章——胡波的《从霸权更替到"多极制衡"——16世纪以来的海上格局演变》,也在海权等论题上做出最新的阐释。胡波指出,1500年至2000年的绝大多数时间里,海上格局基本上是一个单极的霸权体系而非均势体系,葡萄牙、西班牙、荷兰、英国和美国先后成为世界海洋霸主,特别是英国称霸海洋长达两个世纪,而基于海洋的外部制衡/联盟制衡十分稀缺。但是单纯的海权并不是决定性的要素。其间,海上行动多作为陆战的支援或辅助,其本身并不足以决定国际格局和秩序的走向。海上霸权兴衰主要是各国力量发展的不平衡及欧洲大陆权力博弈的间接产物,而非因为海权争夺或海上制衡。20世纪中叶以来发展酝酿的军事技术、国际规范和海洋复杂性等因素正在世界各地区推回、牵制或稀释各大国的海上权力,譬如海战中防御性力量逐渐占据优势,地区性的大国也可以对于占有进攻性力量优势的海上霸权国家进行制衡、挑战和反击,全球正在进入"海上多极"的时代。但是,它遭到当今海上霸权——美国的抵制,也给中美带来巨大挑战。中国的崛起,无疑是全球海上多极格局的重要推力。为此,各海洋强国都需要做出相应的战略调试以适应新的海洋战略趋势。

借鉴胡波的论断,我们应该从至今仍然陷于海权迷思的窠臼中解脱出来,与时俱进,在新的国际政治与海洋制衡的大环境下去理清我们的思路。

---

① 安德鲁·兰伯特,英国著名的历史学家、伦敦国王学院劳顿教席教授、英国皇家历史学会成员、海洋研究学会安德森奖章获得者。他在海军史、军事战略史、科技史等几大领域耕耘了将近40年,主要研究方向为世界海军史及海陆地理框架下的文明史。

② [英]安德鲁·兰伯特:《海洋与权力:一部新的文明史》中文版序,https://book.douban.com/annotation/105896665/?_dtcc=1,访问时间:2023年7月25日。

③ [英]安德鲁·兰伯特:《海洋与权力:一部新的文明史》中文版序,https://book.douban.com/annotation/105896665/?_dtcc=1,访问时间:2023年7月25日。

## 本土化的海洋文学论述之评议

当然,问题的是与非,不能用中与外、东与西的二元论方式去求解。事情的另一极是,对于本土的海洋文学论述,怎样做出恰如其分的评价,同样是检验我们的学术眼光的一道难题。

许多本土学人把中国当代对海洋文学的倡导与阐释之首功,归诸台湾诗人朱学恕1975年在《大海洋》诗刊创刊号上发表的《开拓海洋文学的新境界》。在这篇创刊词中,朱学恕将海洋文学分为"外在海洋"和"内在海洋",并且从后者生发出海洋文学的四大特性:一,多彩的人生,情感的海洋;二,内在的视听,思想的海洋;三,灵智的觉醒,禅理的海洋;四,真实的水性,体验的海洋。有论者这样夸奖说:"我们正是从这由外抵内、极富生机的博大气象中,体会出海洋精神的伟大涵盖意义。笔者以为,朱学恕们所推举的海洋精神,实际上就是内在海洋和外在海洋在生命结合点上的灵动表意,它包容了处在宇宙万象中的海洋的全息,寓示着海洋归属于活的生命体系的现实。"①

恕我浅陋,对于上引的这段赞辞,我无法表示完全认同。朱学恕的海洋文学观,其价值所在,就是它有意识地与欧美海洋文学观念进行区分,更多地是从人的心灵世界对海洋的情感、体验、思想、禅悟的方面加以阐发,对欧美海洋文学中常见的冒险、拓殖、掠夺、征服等命题进行规避。但是,这样分野,更多的是时代使然——大航海时代早已经结束,海外殖民地和"冒险家的乐园"都已经不复存在,更无法重现在海洋文学作品中。如果说,中国现当代文学关于海洋文学的论述起步较晚,那也不必自卑自叹,更不必因此就认为从朱学恕的倡导中能够得到多么高大上的启迪。其一,所谓"外在海洋"与"内在海洋"之分说,没有太多的微言大义,它是曾经风行一时的"内宇宙""外宇宙"理论的活学活用。这种说法,在1980年代初期中国文坛曾经被用来为所谓的"意识流""心理分析"等现代派文学做辩护,强调人的心灵世界浩瀚广博与个人情感的存在合理性,以消解曾经盛行多年的现实主义一家独大的尴尬局面。但是,时过境迁,用"外在""内在"的方式划分两个世界,回过头来看,不过是权宜之计。其二,朱学恕并不是严谨的学者,他所提出的内在海洋的四个特性,纯然是诗意的畅想,语焉不详,从理性思考上来说未见其长处。情感、思想、灵智、体验,都是心理学中的常规术语,对海洋文学、海洋美学的建构并没有振聋发聩的指导性意义。

其实,关于海洋文学理念的提出,并不是自朱学恕始。有关研究发现,1920年代,中国文坛在介绍拜伦、康拉德等人的作品时,就采用了海洋文学的概念。1940年代,出现建设本土海洋文学的倡导及理论建构的热点话题,其主要背景是正在进行中的抗日战争,中国海军虽然弱小,但在抗战中仍然展现了舍生忘死轰轰烈烈的报国情怀;相关人士为了鼓舞士气动员民众,借助文学以张扬中华民族抗战到底的战斗意志,进而把"海军文学"论述作为海洋文学的焦点。参与过五四时期中国乡土文学创建的老作家蹇先艾于1941年讲到,他的几个研究海军的朋友"颇有志于提倡海洋文学,内容不仅描写海军抗战情形,连海上生活,沿海渔民

---

① 吴其盛:《"海洋精神"的诗歌 实践 意义——兼论朱学恕的海洋文学理论》,《台港与海外华文文学评论和研究》1995年第1期。

状况,海外华侨的史实,都包括在内"。他认为这是"很可喜"而"非常必要"的事情,因为它一方面可以"宣扬许多海军民族英雄的丰功伟烈",另一方面"还能唤起国人对于海军的注意,努力地建设起海军的国防"。①②

这种认识在《中国海军》所刊《海洋文学征稿小启》上也有较为明确的表述:"海洋文学乍看似乎是新鲜名词,其实,卑之并无高论,它是海洋国家的自然产物,旨在唤起人们对海洋的认识与爱恋,借此促进海军建设,所以,它的范畴甚为广阔,一切海军文艺作品以至于一切以渔民生涯华侨史实为题材的文艺作品均在其列。"③④

对中国海洋文学理论做出重要贡献的是柳无忌,现代名士柳亚子之子。柳无忌负笈海外,1930年代初在耶鲁大学获英国文学博士学位。他有感于抗日战争的现实,在1942年写出《海洋文学论》,进行积极的理论建构。柳无忌的论说要点有三。其一,"从文学作品中给予读者一种'海洋的意识',使人们切实地认识海洋,爱好海洋,因对于海洋发生兴趣而从事于航海的工作,以及海防的爱国工作";其二,以浩荡、雄壮、敬畏、严厉、神秘等词语概括文学作品中海洋的美学特征,对海洋文学的审美特性进行较为严格的区划;其三,对拜伦、康拉德、史蒂文森等英国海洋文学作家进行评介,以为实证。⑤ 这成为柳无忌言说海洋文学的文学史根基。⑥

## 在广泛的历史、文化、审美语境中拓展视野

怎样从世界海洋文学的版图中,勾摄出中国海洋文学的特性,发现后者是怎样讲述中国的海洋故事,怎样崭露出鲜明的中国特色,这是建构中国海洋文学理论的入门之径。因此,中国本土的海洋文学理论,应该是像鲁迅所言,"外之既不后于世界之思潮,内之仍弗失固有之血脉,取今复古,别立新宗"⑦。梳理中国古代和近现代海洋文学的脉络,成为当前中国海洋文学研究的重要领域。我则想跳出文学的拘囿,从历史、文化与美学的相关研究最新成果方面做一点补充。

当西方的大航海时代来临之际,中国及其毗邻的东亚的海洋版图是什么状况呢?历史

---

① 寒先艾:《如何建设海军文学》,《海军建设》1941年第2卷第10期。
② 王伟:《民国海洋文学史述略》,《文学研究》2015年第1卷第2期。
③ 编辑部:《海洋文学征稿小启》,《中国海军》1947年第2期。
④ 王伟:《民国海洋文学史述略》,《文学研究》2015年第1卷第2期。
⑤ 柳无忌:《海洋文学论》,《海军建设》1942年第2卷第12期。
⑥ 王伟:《民国海洋文学史述略》(徐兴无、王彬彬主编:《文学研究》2015年第1卷第2期)、陈绪石《柳无忌的海洋文学理论》(《文学评论》2022年第4期)。关于柳无忌的评介,笔者参考和转引了这两处文献。此外,杨鸿烈1953年出版的《海洋文学》(香港新世纪出版社)是我国第一本海洋文学论著,杨鸿烈(1903—1977),生于云南省晋宁县。1919年考入北京高等师范学校史地部,后转入英语部,1925年考入国立清华大学国学研究院,曾师从梁启超、王国维研究文史,后成为著名法学家。其著作有《中国法律发达史》《中国法律思想史》《中国法律在东亚诸国之影响》等。叶树勋选编的《杨鸿烈文存》收录其在法学、史学等研究领域的文章,对我们了解其治学为人均有帮助。
⑦ 鲁迅:《文化偏至论》,《鲁迅全集》第1卷,人民文学出版社2005年版,第57页。

文化学者葛兆光,近年来提出东亚海域交流史的理念并且做出深度阐释。葛兆光在新近发表的论文《作为一个历史世界——蒙古时代之后的东部亚洲海域》中指出,自从蒙古大帝国完结之后,一方面是经由西域通向中东的陆路因为战争再度阻断,一方面是在中国及东南沿海周边国家之间,形成一个东亚海域的历史世界。① 这一概念,整合东北亚和东南亚两个板块,以明清帝国为中心,环东南海诸国,构成东部亚洲海域,形成政治上的朝贡圈、经济上的贸易圈以及文化上的知识圈,重新叠加成一个纵横交错而又互相联系的"历史世界"。葛兆光指出,很多人知道明初曾严厉实行海禁,但这种海禁只针对民间,并不限制海上的官方往来。《明太祖实录》卷二三二记载,洪武二十七年(1394)四月朝廷更定"藩国朝贡仪","是时四夷朝贡:东有朝鲜、日本;南有暹罗、琉球、占城、真腊、安南、爪哇、西洋、琐里、三佛齐、渤泥、百花、览邦、彭亨、淡巴、须文达那,凡十七国"。而且,在朝贡体制的背后,是众多周边国家借朝贡之名而进行大规模海上贸易,将南海诸国的香料奇珍与中国的丝绸瓷器等物品相互交流,进而形成以琉球为中转点的贸易航线,其辐射范围到达印度、斯里兰卡、加里曼丹、伊朗及非洲海岸,出现一个活跃繁荣的政治、商贸、文化多重叠合的地理板块。葛兆光提醒说,研究这个地理板块,要跳出中国中心论的局限,要看到所谓的朝贡体系很大限度上是国人的自我描述,其背后是沿海诸国对中外通商贸易的利益需求。我要补充的是,它和西方的大航海时代同行并进,是否也可以看作一种中国特色以及东亚特色呢?它在文化和文学上的表现是否可以做出新的发现呢?

无独有偶,与葛兆光的东亚历史观相呼应,来自宝岛台湾的文化学者龚鹏程,在2023年初所作的专题演讲《新加坡的道与术》中,以郑和下西洋为要点,勾勒中国及东亚诸国历史交往的脉络及其文化价值选择——与西方大航海时代的武力征伐异邦、大肆进行物质财富掠夺的"霸道"相比较,中国古代对海洋周边各国施行的是秩序井然仁政远达的"王道"。这种朝贡体系本来就是非霸权(无论是军事、政治、经济,还是宗教、意识形态各方面)的国际政治体系,宗主国和强国有扶弱抑强的责任,它直到19世纪遭受西方冲击而逐步崩溃。此后南中国海就充满杀戮、侵占、攻伐、商战、剥削,西方列强在其中合纵连横,杀人无数。西班牙、葡萄牙、荷兰、英国、法国在东南亚的肆虐史,其实皆是大航海运动之后的欧洲争霸史之延伸,磨刀霍霍,以东南亚人民为鱼肉。回溯起来,郑和下西洋比哥伦布发现美洲大陆早87年,比达·伽马早92年,比麦哲伦早114年。在航海技术、船队规模、航程之远、持续时间、涉及领域等各方面均领先于同一时期的西方。但真正的奇迹,还不在上述各种技术层面,而在"道",真正体现王道精神。因为郑和出洋,并不是为了战争或对抗,也不掠夺财货。明清时期,众多的中华儿女远赴周边地域,兴邦立国,一派新气象,传播中华文明。反过来,20世纪初的新加坡,在政治上接受孙中山的革命理念,为其后援,在文化上接受梁启超的保守主义,为中华传统文化续命,并且反作用于台湾地区与中国大陆的传统文化回归。这是中华文化圈内政治、文化互动的重要一面。龚鹏程指出,现在学界对郑和下西洋的研究,偏好中西对比,尤其是倾向于用西方的航海模式否定东方,这应当是受到"欧洲中心论"束缚的体现。②

---

① 葛兆光:《作为一个历史世界——蒙古时代之后的东部亚洲海域》,《文史哲》2022年第4期。
② 龚鹏程:《新加坡的道与术》,https://baijiahao.baidu.com/s?id=17653345166663630131&wfr=spider&for=pc,访问日期:2023年7月25日。

与之相形相生的是中国文化与美学视野中的海洋。当代著名美学家张法旗帜鲜明地提倡"中国型海洋美学"：

> 中国型海洋美学的建构，以中国以及世界的海洋审美经验和海洋观为基础。西方的海洋定位是从地理到文化，中国的海洋定位是从文化到地理。西方的海洋观是从波塞冬到科学—上帝，在人与海的二元中以海洋的客观性为基础总结而来的，中国的海洋观是从人兽合体的四海之神到兽形人性的四海龙王到神性观音再到人性妈祖，在人与海的二元中以人的理想而定型。海洋美学的建构应从现实、宗教、科学、艺术四个方面进行梳理、分析、总结，并与其他文化的海洋经验互动而产生出来。①

张法提出与中国海洋美学相关的几个层面：首先是现实中海洋的自然景观，人们在生产、生活、旅游中对中国广大海域的经验和感受，成为构成中国海洋美学的现实基础。其次是在历史上积累的生活中具有海洋因素的系列。再次是科学中的海洋，海上的航海实践形成的经验，海底的科学探测透出的景观，让海洋奇观以科学的方式呈现，并以科学为基础（即只从自然而拒绝神迹的方式）升华出审美经验。复次是宗教的海洋，海洋既有人可以掌握而产生美感的一面，又有人不能掌握而产生悲恐的一面，可以说这也是科学局限的一面和人生充满命运感的一面。在这里，海洋与宗教相结合而产生一种宗教性的海洋美学。最后是艺术中的海洋，艺术是生活中美感的集中体现，中国的各门艺术——文学、绘画、雕塑、音乐、摄影、戏剧、电影、电视……有形形色色的与海洋有关的故事，而其中包括了中国人独特的关于海洋的文化观念和审美观念，如何从古今的海洋艺术中梳理、分析、总结出中国型的审美经验，是建立中国海洋美学最为重要的一面。

张法提出的"建构中国型海洋美学"，既包括文学艺术各门类，更要涵盖生活与文化各领域，是目标明确的交汇性美学。他的再一要点是建立中国型海洋美学要强调其与当代西方海洋文化的互动性，要强化其面向世界的要素。这些论述，都对我们基于中国海洋文学的思考有相当的启迪意义。

（责任编辑　徐勇）

---

① 张法：《怎样建构中国型海洋美学》，《学术月刊》2014 年第 3 期。

# 厦大中文学案

Journal of
Chinese Studies,
Xiamen University

# 在学科建设的夹缝中徐行*
## ——庄钟庆教授学术成就简介

苏永延 郑 楚

（厦门大学 中文系）

一

"中国文学专家""中国现代文学和评论的学者"[①]"中国现代文学研究专家庄钟庆"等[②]，是国内外学术界对厦门大学中文系庄钟庆教授的称誉。庄钟庆教授主攻中国现当代文学，着重研究鲁迅、茅盾、丁玲三大作家的创作独特性，成绩斐然，其中关于茅盾的研究成果突出。他与时俱进，近年来又提倡新学科，主张多种学科交汇，如提倡文学语言新学科[③]，设立东南亚华文新文学研究等学科，在诸多交叉学科的罅隙中艰辛前行，新的成果不断问世。

庄钟庆教授 1933 年生于福建惠安，曾参加党领导的地下斗争。1949 年 6 月，他在家乡福建省惠安县加入新民主主义青年团，同时参加闽粤赣边纵八支四团惠安大队东（园）青（山）的武装工作队，开展各项革命活动，如 1949 年 9 月参加东园地区解放斗争，1950 年春参加接管当地龙苍小学并担任教员。因早年参加革命活动，他获得"庆祝中华人民共和国成立七十周年"纪念章，这是难得的荣耀。

中华人民共和国成立后，庄先生经组织批准继续就读省立晋江中学，1951 年考入厦门大学中文系。1955 年 7 月厦门大学毕业后分配到人民文学出版社工作，任中国古典文学助理编辑。1959 年在唐山劳动日报社任编辑。1961 年 6 月回到厦门大学中文系任教，主要从事中国现当代文学的教学与科研工作，他的研究成果在中国现当代文学学科中具有突破性的特色，因而使得他能够由讲师破格成为教授。迄今他已发表学科论文一百五十篇左右；出版专著九册，编著一册，约一百五十万字；选编有关学科论著三十册，为表彰他为发展我国高等教育事业做出的突出贡献，国务院特发给政府津贴。

---

\* 编者按：庄钟庆教授，厦门大学中文系教授，因病于 2023 年 1 月 28 日与世长辞，特以此文介绍他的学术成就，以作纪念与缅怀。

① ［美］德沃斯金：《美国德沃斯金教授致信庄钟庆》，《厦门日报》1987 年 2 月 25 日。

② 《出版消息》，《新文学史料》2010 年第 1 期。

③ 文学语言学科，是以汉语言学与文艺学相结合的角度来研究作家文学语言个性及艺术风格的新兴学科。

庄钟庆教授一直活跃在文学学术论坛上。他是中国作家协会会员,曾任中国现代文学研究会理事、中国鲁迅研究会副会长、《鲁迅全集》修订编辑委员会委员、中国茅盾研究会副会长、中国丁玲研究会副会长、福建省社会科学界联合会理事、福建省文学学会副会长、厦门市东南亚华文文学研究会会长等。1996年10月1日离休后,他担任中国茅盾研究会顾问、中国丁玲研究会名誉副会长、厦门市东南亚华文文学研究会名誉会长。同时他继续从事中国现当代文学及新学科的研究工作,担任中国现当代文学硕士生(海外)导师,又协助培养文学语言方向博士生,开设课程,指导论文,撰写论著等。

## 二

学术界对于鲁迅的研究既广阔而又深入,庄钟庆教授对于鲁迅的研究却少而精。他侧重从创作方法这一学界较少运用的角度探讨鲁迅杂文现实主义特色及其变化,他把多年来这方面的研究成果汇总成为一册,名之为"鲁迅杂文的现实主义衍变",由新加坡文艺协会于2008年出版。时任新加坡文艺协会会长、公共服务勋章获得者骆明为该书作序,他称赞此书表现作者独特的治学态度、专业精神以及精辟犀利的言论。有的刊物认为此书"促进了中国现代文学在海外的交流,扩大了影响"[1]。鲁迅研究老专家王士菁说此书"向海外华人宣传鲁迅著作",使他"获得一些鼓舞力量",他又说:"过去我在这方面的工作,实在做得太少了,甚至可以说没做什么工作。"[2]

庄教授在文学研究上花精力最多、功力最深、成果最为丰硕的是茅盾研究领域。在此之前,叶子铭、邵伯周、孙中田的茅盾研究较有影响。庄教授在学术界已有基础上找到突破,他抓住茅盾作品创作方法的主线,联系当时文坛实际,探讨茅盾的独特成就与贡献。他撰写的《茅盾的创作历程》《茅盾的文论历程》《茅盾的文学风格》《茅盾史实发微》等系列茅盾研究著作构成茅盾研究体系,这是别的研究者很少做的,其中学术界对《茅盾的创作历程》(《历程》)的评价很高,反响也很强烈。此书在20世纪80年代出版时,新华社报道说《历程》"是全面分析茅盾各个时期创作的理论著作"[3],《文学评论》也发表专文评论指出,在当时出版的四本论述茅盾文学历程研究专著中,《历程》是"最出色的一本","在论述茅盾成就的全面性方面,堪称细密,突破性更大","庄著出现""形成了到现在为止对茅盾认识的新的总括"[4]。中国有的学者认为《历程》是"中华人民共和国成立以来一本比较有份量的茅盾研究著作"[5],日本学者称它是"杰作"[6],美国学者认为《历程》"可称得中国现代文学研究上的一个丰碑"[7]。《历程》出版迄今,一直被高校的中国现代文学史课程列为参考书,或采用其中的章节作为教材。21世纪以来出版的有关中国现代文学研究的论著,对于庄钟庆教授的茅盾研

---

[1] 《出版消息》,《新文学史料》2010年第1期。
[2] 王士菁致庄钟庆信,2009年9月28日。
[3] 新华社1983年4月9日电讯,《人民日报》《光明日报》等刊登。
[4] 吴福辉:《茅盾研究新起点的标识——评四本论述茅盾文学历程的专著》,《文学评论》1984年第2期。
[5] 《业务简报》,人民文学出版社,1983年第3期。
[6] 日本学者相浦杲致庄钟庆信,1984年9月2日。
[7] 美国学者梅仪慈致庄钟庆信,1983年8月9日。

究的成绩给予客观评述,一致认为《历程》是"重要的著作",或"重要的茅盾研究著作"。他的《茅盾的文论历程》是茅盾文论研究领域的新开拓,被视为《历程》的姐妹篇,有学者甚至称之为"双璧"①。钟桂松认为该书"构建起来的茅盾文论体系既符合茅盾文论的思想实际,又符合时代实际,体现出马克思主义的历史唯物主义精神和辩证法光辉"②。《茅盾的文学风格》从文学风格的视角探讨茅盾的文论与创作融合的特色。《茅盾史实发微》则从史实视角探讨茅盾的生平与创作。

由于在茅盾研究领域取得突出成绩,庄教授被选为中国茅盾研究会副会长,其茅盾研究著作获中国茅盾研究会评选的茅盾研究著作一等奖。

庄钟庆教授不仅在茅盾研究方面卓有成绩,其丁玲研究也极有特色。他于1984年率先在厦门大学举办了丁玲创作讨论会,做了充分的组织工作,邀请丁玲为厦大师生作了十分重要的报告,厦门大学特聘丁玲为名誉教授。1986年丁玲逝世后,庄教授参与发起组织中国丁玲研究会,此后推动多届丁玲研讨会的召开,主持编选研讨会论文集,主编"丁玲研究丛书"(由厦门大学出版社出版)等。

庄教授的丁玲研究有多个课题,始终围绕着丁玲作品的创作时代与个性的独特性展开,如创作方法的特色、创作个性的演变。因之,学术界非常重视他的论著《丁玲创作个性的演变》。该书部分章节在《文艺报》上发表,之后中国人民大学出版资料中心加以复印,收录有关论文集。王建中、李满红认为这本著作的特色在于"全面系统地论述了丁玲创作个性的演变"③,这部著作本身就具有独特的个性。"如果说书中的'演变轨迹'在探讨丁玲创作个性是以深度取胜的话,那么,书中的'内外反响'便是探讨丁玲创作个性的广度:从'神州回响''复出新声'一直扩展到'域外众音'——国内外学者一致肯定和赞扬丁玲的创作个性。"有的刊物认为《丁玲创作个性的演变》如同《鲁迅杂文的现实主义衍变》一样"促进了中国现代文学研究在海外的交流,扩大了影响"④。《丁玲创作个性的演变》是庄教授多年来有关研究丁玲创作个性综合论述其精华,其中多篇论文已发表并引起国内外有关学术界的注视。例如美国学者对其丁玲研究非常了解,特聘请他为该校研究丁玲作品的博士评审晋级论著,可见其丁玲研究的影响之大。⑤ 对于丁玲研究,庄教授既吸取学术界已有的成果,又有创造革新的特色,因此获得好评。

庄教授不仅了解中国现当代文学主潮,还对研究方法、文学流派、现象有独到的见解。他认为鲁迅、茅盾、丁玲等中国现当代作家对于中国现代文学领域做出特殊的成绩及巨大贡献,这同作家们既坚持文学与时代与人民大众有着密切的关系,又与各自的创作特性,包括长处及短处,也有着密切联系。庄教授的《中国现代文学研究方法论与实践》,认为研究中国现当代文学必须采用多种角度,通常从政治方面考察,或从文学视角审视,不过研究文学现象应从文学的角度入手,联系政治、社会、艺术等方面,评价其得失,同时探索其缘由,他运用

---

① 罗宗义:《茅盾研究的新拓展》,《文艺报》1997年6月19日。
② 钟桂松:《二十世纪茅盾研究史》,浙江人民出版社2001年版,第302页。
③ 王建中、李满红:《关于厦门学者的丁玲研究述评》,《丁玲与中国当代文学》,厦门大学出版社2012年版,第354页。
④ 《出版消息》,《新文学史料》2010年第1期。
⑤ 《厦门日报》1987年2月25日。

这种研究方法,撰写出《论语派作品选·前言》,此文先在《新文学史料》上刊出,后被两本林语堂选集收录。《论语派作品选·前言》最初由人民文学出版社出版,由于该书被认为是"精选"本,后收录《中国文库·文学类·第五辑》,仍由人民文学出版社出版(2011年)。

## 三

庄钟庆教授对文学的学科发展有敏锐的预见性与宏阔的视野,他既重视中国现当代文学学科传统方面的创新,又支持与中国现当代文学学科有关的新学科的发展。80年代初,随着改革开放的发展,海外华文文学走进研究者们的视野,他发现这一新兴的研究领域有许多值得研究的内容,如中国现当代文学与东南亚华文新文学,既有联系又有区别,他认为东南亚华文新文学是在中国新文学的影响下出现的新学科,于是率领志同道合的研究队伍在东南亚华文文学研究方面辛苦耕耘三十多年,努力把东南亚华文文学研究推到世人面前。

1985年6月,庄教授应邀到菲律宾讲学,他在与菲律宾华文作家的交往中发现东南亚华文文学所蕴藏的巨大发展潜力,从此埋下开拓该领域文学研究的种子。1987年,庄钟庆教授在厦门大学主办首届东南亚华文文学研讨会,北京大学王瑶教授应邀与会,在大会上作了关于中国现代作家与东南亚的关系的报告,东南亚华文文学研究的帷幕从此拉开,东南亚一带以及海外其他国家的华文作家、学者及国内学者纷纷加入研究队伍,每一次研讨会的规模都在百人以上,东南亚国家的华文作家则组团来华与会,影响波及海内外。东南亚华文文学研究从无到有,克服了种种困难,才逐渐成形。到目前为止,东南亚华文文学研讨会已举办十二届,厦门成为东南亚华文文学研究的重镇,庄钟庆教授靠一股学术勇气和睿智的眼光杀出一条道路。

随着研究的深入,庄教授萌生撰写《东南亚华文新文学史》的想法,他组织了一支研究队伍,经过十年的充分准备,几易其稿,主编出版《东南亚华文新文学史》(人民文学出版社2007年),得到广泛的好评,马来亚归侨老作家萧村称其"全面深刻地反映了东南亚六国华文文学的历史和现状",是"可喜的丰收"[①]。后来该书获福建省社科二等奖。《新加坡等华文文学在前进中——兼谈中国新文学与东南亚华文文学之交》是庄钟庆教授多年来研究东南亚华文文学的成果集结,新加坡文艺协会会长骆明在该书的序言中指出,庄教授"开风气之先,在厦门召开了东南亚华文文学研讨会,揭开了研究东南亚华文文学的序幕",大力肯定庄教授在该领域的拓荒性作用。

2015年是世界反法西斯战争胜利七十周年,东南亚地区在二战期间饱受兵燹之苦,无数华人华侨为抗战的胜利做出巨大贡献,庄教授主编出版《东南亚反法西斯华文文学书卷》(三卷本),作为对这场战争记忆的回顾,中国新闻网指出,该书"深度挖掘了东南亚反法西斯华文文学的时代性、广泛性和地域性"[②]。不少研究者认为东南亚反法西斯华文文学作品不仅具有"较高的文学价值,而且还具有重要的史料价值,是历史的见证,是作家们用笔铸成的纪念碑"[③]。

---

① 萧村:《可喜的丰收——东南亚华文新文学史读后》,《华文文学》2008年第1期。
② 中国新闻网:《海内外华文文学界聚焦东南亚反法西斯华文文学》,http://culture.people.com.cn/n/2015/0823/c172318-27503546.html,访问日期:2015年8月23日。
③ 张建英:《战争文学的记忆与反思》,《华文文学》2015年第6期。

除了这两部重要著作之外,庄教授在三十年间把大量的精力放在编辑"东南亚华文文学研究辑刊"上,每一次研讨会结束之后,他就着手进行与会论文的甄选工作,与相关作者交流,经过充分酝酿、修改,编辑成书,经庄教授之手编辑刊出的已有15本。这些辑刊,是数十年来海内外东南亚华文文学研究者的劳动结晶,见证了东南亚华文文学研究一步步走向深入发展的历程。

庄教授主编的各种有关东南亚华文文学的著作,对于探讨东南亚华文新文学新学科特色发挥积极作用,受到国内外有关学界的好评,《文艺报》《新文学史料》刊发介绍评论,新华社、中新社等也予以报道。

社会不断发展,学科进行分化与重组,这是必然的结果。文学与语言学本来是一家,后来,语言学越来越向自然科学靠近。文学创作离不开对语言的使用,所以与语言学存在着天然的融合趋势。庄教授敏锐地感受到这一发展趋势,在他的努力促成下,厦大中文系率先在全国设立"文学语言"研究方向的博士点,李国正教授成为该方向的博士生导师,自2002年开始招收相关领域研究的博士生。李国正教授退休之后,李无未教授继续开展这方面的研究。近二十年来,已培养了一批文学语言研究的博士,其中不乏海外留学生。意在以文艺学和语言学的研究方法来探讨文学创作过程中语言发挥效应的规律,它对作家的风格形成的作用。这是语言学与文学交叉的学科,庄钟庆教授非常支持这样新学科。2018年,在他的主编下,一口气推出七卷本"文学语言研究丛书",汇集不同年龄层次的学者们有关文学语言的研究成果,他自己也发表了许多探讨文学语言的论文,因此文学语言研究这一新学科备受学术界的关注。这些书籍的出版前得到中国社会科学院语言研究所、清华大学、复旦大学有关专家的赞许,是我国现当代文学语言研究的拓荒性丛书。

## 附件:

### 一、庄钟庆中国现当代文学传统学科研究主要成果

(一)作家研究

**1. 茅盾研究**

《茅盾的创作历程》,人民文学出版社1982年。

《茅盾史实发微》,湖南人民出版社1985年。

《茅盾的文论历程》,上海文艺出版社1996年。

《茅盾的文学风格》,(泰国)留中大学出版社2011年。

**2. 鲁迅研究**

《鲁迅杂文的现实主义衍变》,新加坡文艺协会2008年。

《两地书·校注》,《鲁迅全集·第11卷》,人民文学出版社2005年。

《两地书·集注》(合著),厦门大学出版社2008年。

**3. 丁玲**

《丁玲创作个性的演变》,留中大学出版社2009年。

(二)文学方法论研究

**1. 文学方法论研究**

《中国现代文学研究方法与实践》,福建教育出版社1995年。

**2. 论语派研究**

《论语派作品选》(选编)，人民文学出版社 1995 年。后收录"中国文库·文学类"，人民文学出版社 2011 年。

## 二、新学科研究成果

(一)东南亚华文新文学学科

《新加坡等华文文学在前进中——兼谈中国新文学与东南亚华文文学之交》，新加坡文艺协会 2003 年。

《东南亚华文新文学史》(主编)，人民文学出版社 2007 年。获福建省社科二等奖。

《东南亚反法西斯华文文学书卷》(三卷本)(主编)，世界图书出版公司 2015 年。

《东南亚华文文学研究辑刊》(主编)15 册。

(二)文学语言学科

《文学语言学科通论》(庄钟庆选编)，世界图书出版公司 2018 年。

《作家作品文学语言特色研究》(郑楚选编)，世界图书出版公司 2018 年。

《文学语言与形象书写：丁玲笔下的母亲》(王丹红著)，世界图书出版公司 2018 年。

《映衬社会的演进——马华新文学语言特点与风格流变》(苏永延著)，世界图书出版公司 2018 年。

《文学语言与都市文化——以茅盾早期小说〈蚀〉为基点的考察》(陈天助著)，世界图书出版公司 2018 年。

《丁玲文学语言风格的演变》(杨怡著)，世界图书出版公司 2018 年。

《热带的音符、节奏与旋律——赵戎华语文学语言的勘察》(叶丽仪著)，世界图书出版公司 2018 年。

(责任编辑　景欣悦)

# 《唐大诏令集·帝王类》及相关典籍丛考

## 吴在庆

（厦门大学　中文系）

**摘　要**：宋绶、宋敏求父子纂辑的《唐大诏令集》凡一百三十卷，现存有多种版本。此书中的不少诏令，诸典籍中亦有所载录。然此书各版本及相关典籍，也时而于诏令之文题、文句、颁布时间、作者等诸方面存在歧异，且即使在上述诸方面相同，也时有错讹，或有缺载存焉。本文即就此书卷一至卷十三"帝王类"诏令为对象，分篇稽考其又见于其他典籍的文题、文句、颁布时间、作者之真实情况；也考察并补充文中某事件之背景与详情，以补充并丰富诏令之内涵，祈于读者之解读或有所裨益。

**关键词**：唐大诏令集；帝王类；相关典籍；丛考

## 一

《唐大诏令集》[①]卷一有《懿宗即位册文》。文又见《全唐文》卷八十二，题名为"命皇太子即位册文"，署名唐宣宗。此文原未标明撰写年月，然文首云"维大中十三年，岁次己卯，八月甲申朔，十三日景申，皇帝若曰"，则知册文乃颁布于唐宣宗大中十三年八月十三日懿宗即位之日。又考《旧唐书》卷十九上《懿宗本纪》载："懿宗昭圣恭惠孝皇帝讳漼，宣宗长子……本名温。大中十三年八月七日，宣遗诏立为皇太子监国，改今名。十三日，柩前即帝位，年二十七。"[②]《新唐书》卷九《懿宗本纪》则载："大中十三年八月，宣宗疾大渐……癸巳，即皇帝位于柩前。"[③]按，《新唐书·懿宗本纪》所记懿宗即位之日八月癸巳即八月十日，与《旧唐书·懿宗本纪》以及本册文所记八月十三日不同。再考《册府元龟》卷十一《帝王部·继统三》所记，

---

\* 本文为教育部全国高校古委会直接资助项目《唐大诏令集系年校笺》（项目批准号为 1914）和 2021—2035 年国家古籍整理工作规划重点出版项目（序号 136）之阶段性成果。

[①] 此文所录诏令，乃用各版本以及诸典籍校勘中华书局 2008 年所出之《唐大诏令集》者。而现存于广东省图书馆的明钞谦牧堂本，则简称《明钞本》；原北平市图书馆所藏明代旧抄本，则简称《甲库本》；《四库全书》所存之本，则称《四库全书》本；铁琴铜剑楼原藏顾广圻校旧抄本（此本后于清末光绪间由南浔张均衡据明钞本镂版行世，收入"适园丛书"中），则称《适园丛书》本；1959 年商务印书馆出版的《唐大诏令集》亦即后出之中华书局本；今人依据"适园丛书"本加以标点的简体字本，则简称《学林本》。

[②] （五代）刘昫：《旧唐书》，中华书局 1975 年版，第 649 页。

[③] （北宋）欧阳修等：《新唐书》，中华书局 1975 年版，第 255 页。

云："懿宗皇帝，宣宗长子，会昌六年十月封郓王，本名温。大中十三年八月七日，诏立为皇太子监国，十三日即皇帝位，时年二十七。"①又，《资治通鉴》卷二百四十九大中十三年八月载："壬辰，下诏立郓王为皇太子，权句当军国政事，仍更名漼……癸巳，宣遗制，以令狐绹摄冢宰……丙申，懿宗即位。"②综上所考，《新唐书·懿宗本纪》所记大中十三年八月癸巳（即八月十日）乃"宣遗制"立懿宗为帝之日，而非正式即帝位之时。其颁册书即帝位之时间应是《旧唐书》《册府元龟》《资治通鉴》以及册书所言之大中十三年（859）八月十三日景申。如此，则本册书撰写之时间当在大中十三年八月十三日稍前。

## 二

《唐大诏令集》卷三有《改元弘道诏》，文又见《册府元龟》卷八十四《帝王部·赦宥三》，亦见《全唐文》卷十三，题为"改元宏道大赦诏"，署名唐高宗。又据《全唐文》所附录《道德真经广训》卷二亦收有《改元宏道大赦诏》文，然与此文同中有异。文末未标注颁布时间。考《旧唐书》卷五《高宗本纪下》载："（永淳二年）十二月己酉，诏改永淳二年为弘道元年。将宣赦书，上欲亲御则天门楼，气逆不能上马，遂召百姓于殿前宣之……是夕，帝崩于真观殿，时年五十六。"③《新唐书》卷三《高宗本纪》载："弘道元年……十二月丁巳，改元，大赦。是夕，皇帝崩于贞观殿，年五十六。"④《唐会要》卷一《帝号上》记："永淳二年十二月四日，改为宏道元年。"⑤《册府元龟》卷八十四《帝王部·赦宥三》："弘道元年十二月丁巳诏曰：朕以寡昧……"⑥《资治通鉴》卷二百三记："（弘道元年）十二月，丁巳，改元，赦天下。上欲御则天门楼宣赦，气逆不能乘马，乃召百姓入殿前宣之。是夜，召裴炎入，受遗诏辅政，上崩于贞观殿。"⑦检弘道元年十二月甲寅朔，十二月丁巳为四日，而是月无己酉日。又比勘上述典籍所记改元弘道时间，唯《旧唐书·高宗本纪》所记永淳二年十二月己酉与诸书所记永淳二年十二月丁巳异。检诸典籍皆谓改元弘道之日，高宗崩于同一日夜。考《旧唐书》卷六《则天皇后本纪》亦载："弘道元年十二月丁巳，大帝崩，皇太子显即位，尊天后为皇太后。"⑧则《旧唐书·则天皇后本纪》所载高宗崩之日期与《旧唐书·高宗本纪下》所记不同，而与其他诸典籍所载相同，可见《旧唐书·高宗本纪下》所记"十二月己酉"乃十二月丁巳之误。据此可见，此次改元弘道之诏书乃颁布于永淳二年（683）十二月丁巳（四日），诏书之撰写时间当在此时稍前。

---

① （北宋）王钦若等：《册府元龟》，中华书局1960年影印本，第122页。
② （北宋）司马光：《资治通鉴》，中华书局1956年版，第8076页。
③ （五代）刘昫：《旧唐书》，中华书局1975年版，第111~112页。
④ （北宋）欧阳修等：《新唐书》，中华书局1975年版，第79页。
⑤ （北宋）王溥：《唐会要》，中华书局1955年版，第3页。
⑥ （北宋）王钦若等：《册府元龟》，中华书局1960年影印本，第994页。
⑦ （北宋）司马光：《资治通鉴》，中华书局1956年版，第6414页。
⑧ （五代）刘昫：《旧唐书》，中华书局1975年版，第116页。

## 三

《唐大诏令集》卷三有《改元光宅诏》。文又见《文苑英华》卷四百六十三《翰林制诏》,题为"减大理丞废刑部狱制",题下校云"一作改元光宅敕"。又《全唐文》卷九十六亦录此文,题为"改元光宅敕文",署名高宗武皇后。《旧唐书》卷四十五《舆服志》、《唐会要》卷二十六《待制官》与卷三十一《章服品第》、《资治通鉴》卷二百三光宅元年九月均有此文个别文句之节录。又,本文文末未标注颁布时间。考武后改元光宅之时间,诸典籍多有记载。《旧唐书》卷六《则天皇后本纪》载:"(文明元年)九月,大赦天下,改元为光宅。"①《新唐书》卷四《则天皇后本纪》载:"嗣圣元年九月甲寅,大赦,改元。旗帜尚白,易内外官服青者以碧,大易官名,改东都为神都,追尊老子母为先天太后。"②《资治通鉴》卷二百三光宅元年记:"九月,甲寅,赦天下,改元。旗帜皆从金色。八品以下,旧服青者更服碧。改东都为神都,宫名太初。又改尚书省为文昌台,左、右仆射为左、右相,六曹为天、地、四时六官;门下省为鸾台,中书省为凤阁,侍中为纳言,中书令为内史;御史台为左肃政台,增置右肃政台;其余省、寺、监、率之名,悉以义类改之。"③《唐会要》卷三《皇后》、卷二十六亦将此次改元敕文记为"文明元年九月五日"。按,上述典籍有将此次改元光宅记在光宅元年(亦文明元年、嗣圣元年)九月甲寅(是年九月己酉朔,甲寅为九月六日)者,然本改元敕文则谓"可大赦天下,改文明元年为光宅元年。自九月五日昧爽已前,大辟罪已下,罪无轻重"云云,则是年"九月五日"乃其颁布诏书之时间,且《文苑英华》所载本文之末有小注云"光宅元年九月五日",可见此文确实颁布于是时,记于九月甲寅(六日)乃微误。《旧唐书》卷四十五所记"文明元年七月甲寅诏",《唐会要》卷三十一记"文明元年七月五日诏"亦均误。"光宅元年(684)九月五日"乃颁布改元光宅之时,则诏书撰写时间当在此时稍前。

## 四

《唐大诏令集》卷四有《改元开元元年大赦天下制》。文又见《文苑英华》卷四百二十一《翰林制诏二》,题为"开元元年赦书",作者苏颋。《全唐文》卷二百五十四亦录此文,文题与作者均同《文苑英华》。此文《御定渊鉴类函》卷四十六《帝王部七·帝王总载十》亦有节录,其文首谓:"苏颋开元元年诏曰……"此文末标注颁布时间为"开元元年十二月一日"。考《旧唐书》卷八《玄宗本纪上》先天二年载:"十二月庚寅朔,大赦天下,改元为开元,内外官赐勋一转。改尚书左、右仆射为左、右丞相,中书省为紫微省,门下省为黄门省,侍中为监。雍州为京兆府,洛州为河南府,长史为尹,司马为少尹。国初以来宰相及食实封功臣子孙,一应沈翳

---

① (五代)刘昫:《旧唐书》,中华书局1975年版,第117页。
② (北宋)欧阳修等:《新唐书》,中华书局1975年版,第83页。
③ (北宋)司马光:《资治通鉴》,中华书局1956年版,第6421页。

未承恩者,令量才擢用。"①《新唐书》卷五《玄宗本纪》开元元年②记:"十二月庚寅,大赦,改元,赐内外官勋。改中书省为紫微省,门下省为黄门省,侍中为监。"③《资治通鉴》卷二百一十开元元年亦记"十二月,庚寅,赦天下,改元"④,云云。检开元元年十二月庚寅朔,则诸史籍所记此次改元开元在开元十二月一日同,而《唐会要》卷一记"先天二年十一月一日,改为开元"⑤,则误十二月为十一月。此改元时间与本文"改先天二年为开元元年。自开元元年十二月一日昧爽已前"云云,所显示之颁布此改元敕书之时间同。以此可见此文撰写时间,当在文末所标明"开元元年(713)十二月一日"稍前。

## 五

《唐大诏令集》卷四有苏颋所撰《改元开元元年大赦天下制》,中谓:"薛伯阳以凶魁之子,合置严刑,缘尚主之恩,特令远贬。旋念从夫之礼,深矜自我之出,宜复旧婚,再承新命,可唐州别驾员外置同正员。"按,此处"凶魁",即指薛伯阳之父薛稷,其与薛伯阳传均见《旧唐书》卷七十三、《新唐书》卷九十八。《新唐书》本传载父子两人事迹云:"稷,字嗣通,道衡曾孙。擢进士第。累迁礼部郎中、中书舍人,与从祖兄曜更践两省,俱以辞章自名。景龙末,为谏议大夫、昭文馆学士。初,贞观、永徽间,虞世南、褚遂良以书颛家,后莫能继。稷外祖魏征家多藏虞、褚书,故锐精临仿,结体遒丽,遂以书名天下。画又绝品。睿宗在藩,喜之,以其子伯阳尚仙源公主。及践阼,迁太常少卿,封晋国公,实封三百户。会钟绍京为中书令,稷讽使让,因入言于帝曰:'绍京本胥史,素无才望,今特以勋进,师长百僚,恐非朝廷具瞻之美。'帝然之,遂许绍京让,改户部尚书。翌日,迁稷黄门侍郎,参知机务。与崔日用数争事帝前,罢为左散骑常侍。历太子少保、礼部尚书。帝以翊赞功,每召入宫中与决事,恩绝群臣。窦怀贞诛,稷以知本谋,赐死万年狱,年六十五。"又:"伯阳为驸马都尉、安邑郡公,别食实封四百户。稷死,坐贬晋州员外别驾,又流岭表,自杀。"⑥

按,此诏令谓:"薛伯阳以凶魁之子,合置严刑……再承新命,可唐州别驾员外置同正员。"又按,"唐州别驾员外置同正员",《文苑英华》《全唐文》所录本诏令均作"唐州别驾员外郎置同正员",应以作"唐州别驾员外置同正员"为是。又,此处谓薛稷被贬为"唐州别驾员外置同正员",与《旧唐书》本传所载"及父死,特免坐,左迁晋州员外别驾"⑦以及《新唐书》本传所记"稷死,坐贬晋州员外别驾"不同,或"唐州"乃"晋州"之误欤?盖两《唐书》本传所记当较可信。

---

① (五代)刘昫:《旧唐书》,中华书局1975年版,第172页。
② 按,此时尚未改元开元,仍是先天二年。
③ (北宋)欧阳修等:《新唐书》,中华书局1975年版,第122页。
④ (北宋)司马光:《资治通鉴》,中华书局1956年版,第6692页。
⑤ (五代)王溥:《唐会要》,中华书局1955年版,第6页。
⑥ (北宋)欧阳修等:《新唐书》,中华书局1975年版,第3893页。
⑦ (五代)刘昫:《旧唐书》,中华书局1975年版,第2592页。

## 六

《唐大诏令集》卷四有《改天宝三年为载制》。文又见《册府元龟》卷八十六《帝王部·赦宥五》。又,《册府元龟》卷一三五、卷六三五亦各节录此文不同之一小段。《全唐文》卷二十四亦收录此文,题作"改年为载推恩制",署名唐玄宗。文末标注颁布时间为"正月一日"。考《旧唐书》卷九《玄宗本纪下》记:"(天宝)三载正月丙辰朔,改年为载。赦见禁囚徒。"①《册府元龟》卷八十六谓:"三载正月丙申朔,御含元殿,受朝贺下。制曰……"②《新唐书》卷五《玄宗本纪》记:"天宝三载正月丙申,改年为载。降死罪,流以下原之。"③《资治通鉴》卷二百一十五天宝三载记:"春正月,丙申朔,改年曰载。"④按,上述载籍除《旧唐书》将改年为载时间记于"三载正月丙辰朔"外,其余均记于"正月,丙申朔"。考天宝三载正月一日乃丙申,《旧唐书》所记"三载正月丙辰朔"实误。据此可知,此文乃颁布于天宝三载(744)正月一日,则此文撰写时间当在是时稍前。

## 七

《唐大诏令集》卷四有《去上元年号赦》。文又见《册府元龟》卷八十七《帝王部·赦宥六》,其文首谓"(上元二年)九月壬寅诏曰:为人上者"⑤,云云。《全唐文》卷四十五亦录,文题作"去上元年号大赦文",署名唐肃宗。《唐会要》卷二十三"牲牢"门、《册府元龟》卷五十四、卷五九四亦均节录本文。本文文末未标注颁布时间。考《旧唐书》卷十《肃宗本纪》上元二年九月载:"壬寅,制:朕获守丕业,敢忘谦冲,欲垂范而自我,亦去华而就实。其'乾元大圣光天文武孝感'等尊崇之称,何德以当之?钦若昊天,定时成岁,《春秋》五始,义在体元,惟以纪年,更无润色。至于汉武,饰以浮华,非前王之茂典,岂永代而作则。自今已后,朕号唯称皇帝,其年号但称元年,去上元之号。"⑥《新唐书》卷六《肃宗本纪》上元二年载:"九月壬寅,大赦,去'乾元大圣光天文武孝感'号,去'上元'号,称元年,以十一月为岁首,月以斗所建辰为名。赐文武官阶、勋、爵、版授侍老官,先授者叙进之。停四京号。"⑦《资治通鉴》卷二百二十二上元二年九月载:"壬寅,制去尊号,但称皇帝;去年号,但称元年;以建子月为岁首,月皆以所建数;因赦天下。停京兆、河南、太原、凤翔四京及江陵南都之号。自今每除五品以上清望官及郎官、御史、刺史,令举一人自代,观其所举,以行殿最。"⑧据上诸载籍,此次去上元年

---

① (五代)刘昫:《旧唐书》,中华书局1975年版,第217页。
② (北宋)王钦若等:《册府元龟》,中华书局1960年影印本,第1017页。
③ (北宋)欧阳修等:《新唐书》,中华书局1975年版,第144页。
④ (北宋)司马光:《资治通鉴》,中华书局1956年版,第6859页。
⑤ (北宋)王钦若等:《册府元龟》,中华书局1960年影印本,第1042页。
⑥ (五代)刘昫:《旧唐书》,中华书局1975年版,第262页。
⑦ (北宋)欧阳修等:《新唐书》,中华书局1975年版,第164页。
⑧ (北宋)司马光:《资治通鉴》,中华书局1956年版,第7116页。

号之时间,均记在上元二年九月壬寅。检是年九月壬午朔,九月壬寅即九月二十一日。此时间与《册府元龟》卷五九四《掌礼部·奏议第二十二》所记"至上元二年九月二十一日赦"①,以及本赦文之"自二年九月二十一日昧爽以前"云云之时间契合。故此文乃颁布于上元二年(761)九月二十一日,其撰写时间当在此时稍前。《唐会要》卷二十三"牲牢"门所记"至上元二年九月二十二日赦"②之时间稍误。

## 八

《唐大诏令集》卷四有《改元永泰赦》。此文又见《册府元龟》卷八十八《帝王部·赦宥七》,文首云"永泰元年正月癸巳朔,御含元殿,大赦天下,制曰:协五纪者,建号以体元……"③《全唐文》卷四十九亦录,题名作"改元永泰赦文",署名唐代宗。《旧唐书》卷十一《代宗本纪》亦有所节录。文末未署颁布时间。考《旧唐书·代宗本纪》将颁布此赦书之时间记于"永泰元年春正月癸巳朔"④,《新唐书》卷六《代宗本纪》亦记:"永泰元年正月癸巳,大赦,改元。"⑤《唐会要》卷一《帝号上》记:"广德三年正月一日,改为永泰。"⑥检上述史籍均记此次改元大赦在"永泰元年正月癸巳",又本年正月癸巳朔,故此时间与本赦书所谓"改广德三年为永泰元年。自永泰元年正月一日昧爽已前"所言合,以此可证本赦书乃颁布于永泰元年(765)正月一日,其撰写时间当在是时稍前。《资治通鉴》卷二百二十三永泰元年载"春,正月,癸卯朔,改元;赦天下"⑦,所记"癸卯朔"乃"癸巳朔"之误,盖是年正月癸卯乃二十一日,非一日。

## 九

《唐大诏令集》卷四有《改元大历赦》。文又见于《册府元龟》卷八十八《帝王部·赦宥七》,文首谓"大历元年十一月甲子,日长至。制曰:王者钦若昊天……"⑧《全唐文》卷四十九亦录,题作"改元大历赦文",署名唐代宗。《唐会要》卷八十五《逃户》门、《册府元龟》卷四百八十七、卷六百三十五等亦均有所节录。文末未标明颁布时间。考《旧唐书》卷十一《代宗本纪》永泰二年十一月载:"甲子,日长至,上御含元殿,下制大赦天下,改永泰二年为大历元年。"⑨《新唐书》卷六《代宗本纪》大历元年载:"十一月甲子,大赦,改元,给复流民归业者三

---

① (北宋)王钦若等:《册府元龟》,中华书局1960年影印本,第7117页。
② (北宋)王溥:《唐会要》,中华书局1955年版,第447页。
③ (北宋)王钦若等:《册府元龟》,中华书局1960年影印本,第1051页。
④ (五代)刘昫:《旧唐书》,中华书局1975年版,第277页。
⑤ (北宋)欧阳修等:《新唐书》,中华书局1975年版,第171页。
⑥ (北宋)王溥:《唐会要》,中华书局1955年版,第8页。
⑦ (北宋)司马光:《资治通鉴》,中华书局1956年版,第7172页。
⑧ (北宋)王钦若等:《册府元龟》,中华书局1960年影印本,第1052页。
⑨ (五代)刘昫:《旧唐书》,中华书局1975年版,第285页。

年。"①《资治通鉴》卷二百二十四大历元年记:"十一月,甲子,日南至,赦,改元,悉停什一税法。"②按,上述史籍均记此次改元大历在大历元年(766)十一月甲子。检是年十一月癸丑朔,十一月甲子为十一月十二日。是时恰与本文"其永泰二年宜改为大历元年。自大历元年十一月十二日昧爽已前"合,故知此赦文乃颁布于是时,其撰写时间当在是时稍前。《唐会要》卷一《帝号上》所记"永泰二年十月十二日,改为大历",时间有误,其"永泰二年十月十二日"应改为"永泰二年十一月十二日"。

## 十

《唐大诏令集》卷五有《改元大和赦》。文又见于《册府元龟》卷九十《帝王部·赦宥九》,文首谓"文宗太和元年正月乙巳,御丹凤楼,大赦天下,制曰……"③《全唐文》卷七十五亦收此文,题为"太和改元赦文",署名唐文宗。此文,《明钞本》《甲库本》均题为"大和改元赦"。文末未署颁布时间。考《旧唐书》卷十七上《文宗本纪上》大和元年春正月记:"乙巳,御丹凤楼,大赦,改元大和。"④《新唐书》卷八《文宗本纪》载:"大和元年二月乙巳,大赦,改元。免京兆今岁夏税半,赐九庙陪位者子孙二阶,立功将士阶、爵,始封诸王后予一子出身。"⑤《资治通鉴》卷二百四十三载:"太和元年春,二月,乙巳,赦天下,改元。"⑥按,据上述典籍所载,此次改元时间有"太和元年正月乙巳"与"大和元年二月乙巳"之不同。检大和元年正月癸亥朔,则是年正月无乙巳日,而二月方有乙巳日(二月十三日)。以此可见《旧唐书》与《册府元龟》所记大和元年(827)正月乙巳改元大和实误,而《新唐书》与《资治通鉴》记改元于大和元年二月乙巳属实。以此亦可见本赦书所记"可大赦天下,改宝历三年为太和元年。正月十三日昧爽已前"云云亦误"二月十三日"为"正月十三日"。据此可知,此次改元赦令乃颁布于大和元年二月十三日,则是文之撰写时间当在此时稍前。

## 十一

《唐大诏令集》卷五有《改元天复赦》,文又见《全唐文》卷九十二,题作"改元天复赦文",署名唐昭宗。文末未署颁布时间。考《旧唐书》卷二十上《昭宗本纪》天复元年四月记:"甲戌,天子有事于宗庙。是日,御长乐门,大赦天下,改元天复。"⑦《新唐书》卷十《昭宗本纪》则载:"天复元年……四月……甲戌,享于太庙。丙子,大赦,改元。武德、贞观配飨功臣主祭子

---

① (北宋)欧阳修等:《新唐书》,中华书局1975年版,第172页。
② (北宋)司马光:《资治通鉴》,中华书局1956年版,第7192页。
③ (北宋)王钦若等:《册府元龟》,中华书局1960年影印本,第1081页。
④ (五代)刘昫:《旧唐书》,中华书局1975年版,第525页。
⑤ (北宋)欧阳修等:《新唐书》,中华书局1975年版,第230页。
⑥ (北宋)司马光:《资治通鉴》,中华书局1956年版,第7854页。
⑦ (五代)刘昫:《旧唐书》,中华书局1975年版,第772页。

孙叙进之,介公、郐公后予一子九品正员官。免光化以来畿内逋负。"①《资治通鉴》卷二百六十二天复元年四月记:"甲戌,上谒太庙;丁丑,赦天下,改元。雪王涯等十七家。"②又,《册府元龟》卷九十一《帝王部·赦宥十》亦载:"天福(按,"福"应为"复")元年四月甲戌,御长乐门大赦,改元。"③按,上述典籍所记改元天复之时间有天复元年四月"甲戌""丙子""丁丑"之不同。检本赦文谓"可大赦天下,改光化四年为天复元年。四月十五日昧爽已前,大辟罪以下",则如赦文所言此改元时间无误,则此次改元乃在天复元年四月十五日。检是年四月癸丑朔,则四月十五日乃丁卯;甲戌为二十二日;丙子为二十四日;丁丑为二十五日。如此则是年四月甲戌乃在丁卯之后七日,而据上述《旧唐书》《新唐书》《资治通鉴》等所记,此次改元乃在天复元年四月甲戌"上谒太庙"之后,也就是在是年四月二十二日昭宗谒太庙之后,如此则本赦文所谓"四月十五日昧爽已前"之时间必有误。上引《资治通鉴》记:"甲戌,上谒太庙;丁丑,赦天下,改元。"四月丁丑为四月二十五日,乃在四月二十二日昭宗谒太庙之后,且与本赦文所谓"四月十五日"有正、误相关之蛛丝马迹,故《资治通鉴》所记当可信。以此而返检本赦文之"四月十五日",应是"四月二十五日"之误。据此可证此次颁布改元天复乃在天复元年(901)四月二十五日丁丑,则其赦文撰写时间当在是时稍前。

## 十二

《唐大诏令集》卷六有苏颋所撰《依王公等请上尊号制》。文又见《全唐文》卷二百五十三,题亦为"依王公等请上尊号制",署名苏颋。文末所署颁布时间,各本《唐大诏令集》(除《四库全书》外)均记为"先天二年十一月五日",而《四库全书》本则记为"先天二年十一月十五日"。此两种时间,今皆颇怀疑之。考《册府元龟》卷十六《帝王部·尊号一》载:"玄宗先天二年十一月,群臣上表请加尊号为开元神武皇帝,曰:'臣闻玄化不宰,是有强名……故臣等敢上尊号曰"开元神武皇帝"。伏惟从之。'手诏(按,此手诏即《唐大诏令集》此文上一篇《先天二年不允上尊号》)答曰:'朕观上古人主,惟称帝王一字……'群臣宗子及僧道耆艾等数百人又抗表三上,乃从之。戊子,遂行册礼,加尊号为开元神武皇帝。"④又,《旧唐书》卷八《玄宗本纪》先天二年十一月记:"戊子,上加尊号为开元神武皇帝。"⑤《新唐书》卷五《玄宗本纪》开元元年十一月载:"戊子,群臣上尊号曰开元神武皇帝。"⑥《资治通鉴》卷二百一十开元元年十一月载:"辛巳,群臣上表请加尊号为开元神武皇帝;从之。戊子,受册。"⑦按,《资治通鉴》所记辛巳所上表,盖为第三表。检开元元年十一月辛酉朔,辛巳为十一月二十一日,戊子为二十八日。据上述史籍所载,此文乃群臣三上表请加尊号后,唐玄宗"依王公等请上尊号制"之敕文,亦即《资治通鉴》所记开元元年十一月"辛巳,群臣上表请加尊号为开元神武皇

---

① (北宋)欧阳修等:《新唐书》,中华书局1975年版,第298页。
② (北宋)司马光:《资治通鉴》,中华书局1956年版,第8552页。
③ (北宋)王钦若等:《册府元龟》,中华书局1960年影印本,第1093页。
④ (北宋)王钦若等:《册府元龟》,中华书局1960年影印本,第180页。
⑤ (五代)刘昫:《旧唐书》,中华书局1975年版,第171页。
⑥ (北宋)欧阳修等:《新唐书》,中华书局1975年版,第122页。
⑦ (北宋)司马光:《资治通鉴》,中华书局1956年版,第6691页。

帝;从之"之敕文。以此观之,此敕文乃撰于先天二年十一月辛巳之后,戊子受册之前,亦即先天二年(713,即开元元年)十一月辛巳(二十一日)至戊子(二十八日)之间。今再反转检上述此文颁布于十一月五日与十一月十五日之两种不同记载,颇疑皆有误。盖此两种时间均在上考最早撰写、颁布此文之十一月二十一日之前,以此亦颇疑此文应颁布于十一月二十五日,而至十一月二十八日玄宗乃正式受册。如上考无误,则此文当撰于先天二年十一月二十五日稍前。

## 十三

《唐大诏令集》卷六有《太上皇再答皇帝上尊号并辞大圣字诰》。文末未署颁布时间。考《册府元龟》卷十六,至德三载正月戊寅,太上皇答皇帝让尊号后,肃宗再让不允,又以"大圣"二字不宜当,故太上皇又有此文后《太上皇三答上尊号并辞大圣字诰》《太上皇允上尊号诰》。后文曰:"汝孝以奉亲,明以御宇,上从君父之命,下顺黎元之欲……复当乙巳之辰,已备典章,当依来请。"并接记云:"是月乙巳,于兴庆殿册太上皇尊号曰'太上至道圣皇天帝'。"① 又考《全唐文》卷四十五有唐肃宗《再请上太上皇尊号表》,云:"陛下以宗社再安,天下交泰,付臣以神器,授臣以宝符,加臣以宠章,锡臣以徽号……陛下以无为之心,不宰万物,抑而未允,至于再三。群情禺禺,罔知所措。一昨辛卯赐诰命曰:频览章表,恳至难违,尔宝命惟新,洪名允集,用加大圣之字,克副昊天之心。若成命无渝,万国同欢于翊戴,傥固辞不已,吾亦未膺乎典册。今不许执谦,令断来表,进迫严旨,何以克堪? 退荷殊私,无任陨越。小子伏受命矣! 伏惟陛下允臣所请,则自下上上,日月之光昭,从上下下,雨露之恩广。臣已询诸龟筮,备其礼物,请以来月乙巳奉上册礼,圣恩招纳,即日付外施行。不胜恳愿之至。"② 按,上引唐肃宗《再请上太上皇尊号表》已引用唐玄宗《太上皇再答皇帝上尊号并辞大圣字诰》本文,并谓唐玄宗此"再答"诰乃是"一昨辛卯赐诰命",则唐玄宗本"再答"诰乃答于至德三年正月"辛卯"(十八日),其诏文之撰写当在是时稍前。

## 十四

《唐大诏令集》卷六有《元和十四年答南省官上尊号》。文又见《文苑英华》卷四百六十六《翰林制诏》、《全唐文》卷四百十五,题均为"答元和南省请上徽号表",署名均是常衮。《御定渊鉴类函》卷四十五亦收此文,题为"元和十四年答南省上徽号表",署名亦作常衮。《四库全书》本此文文题为"答南省请上尊号表"。"适园丛书"《学林》本文题为"答南省官请上尊号表"。《明钞本》《甲库本》文题则作"答南省上请上尊号表"。可见诸本文题略有不同,其作者《文苑英华》等三本署为常衮。本文文末已署颁布时间"元和十四年"(《文苑英华》所录此文文末所署时间同)。考元和十四年群臣请上尊号表凡四次,故唐宪宗第四次答诏(即《唐大诏

---

① (北宋)王钦若等:《册府元龟》,中华书局1960年影印本,第182～184页。
② (清)董诰等:《全唐文》,上海古籍出版社1990年版,第216页。

令集》此文后第二篇《答第四表》)方允所请。《答第四表》乃颁布于元和十四年六月七日(见此文文末所署),故《旧唐书·宪宗本纪》元和十四年七月记:"辛巳,群臣上尊号曰元和圣文神武法天应道皇帝。是日,御宣政殿受册,礼毕,御丹凤楼,大赦天下。"①以此知群臣四次所上尊号即为"元和圣文神武法天应道皇帝",且宪宗第四次答诏在"元和十四年六月七日"。据上所考,宪宗所答本文以及此下《答宰臣请册尊号第三表》,应撰于元和十四年(819)正月至六月七日前。又,"南省",乃尚书省别称。唐中书、门下、尚书三省均在大内之南,而尚书省更在中书、门下二省之南,故称南省。唐韩愈《论孙戣致仕状》:"右臣与孔戣,同在南省为官,数得相见。"②宋陆游《老学庵笔记》卷六:"唐人本以尚书省在大明宫之南,故谓之南省。"③

又按,《文苑英华》《全唐文》《御定渊鉴类函》均记此文乃常衮所撰,然所署实误。考《旧唐书》卷一百一十九《常衮传》载:"建中元年,迁福建观察使。四年正月卒,时年五十五。"④《新唐书》卷一百五十《常衮传》记:"建中初,杨炎辅政,起为福建观察使……卒于官,年五十五,赠尚书左仆射。"⑤《中国文学家大辞典·唐五代卷》中的《常衮小传》所记常衮卒年同。可见常衮于德宗建中四年(783)正月已卒,不可能在宪宗元和十四年(819)撰写此文。《文苑英华》《全唐文》《御定渊鉴类函》所记撰人均误甚。

又,《唐大诏令集》此文下一文《答宰臣请册尊号第三表》,所撰时间略晚于此文,亦元和十四年六月七日前所作,而《文苑英华》《全唐文》亦署名常衮,均为误署。

# 十五

《唐大诏令集》卷六有《长庆元年答宰臣上尊号》。文又见《册府元龟》卷十七《帝王部·尊号二》,亦见《全唐文》卷六十六,题为"答宰臣请上尊号表批",署名唐穆宗。此文文题,《四库全书》《适园丛书》《明钞本》《甲库本》《学林》诸本均作"批宰臣请上尊号表"。此文文末所署批答时间为"长庆元年四月"。考《册府元龟》卷十七载:"穆宗长庆元年四月辛卯,中书门下及文武百僚请上尊号,表曰:'臣闻上帝至尊也,其名有九,所以显高明之位……伏惟皇帝陛下钦明御历,神武纂戎,挺上圣之姿……陛下有格天之大勋,动天之大德,徽烈已冠于前古,而称号犹抑于当今,凡在朝野,敢不知罪。臣等不胜大愿,伏乞回天眷,启宸衷,择吉日,崇徽号,塞人祇慊慊之望,合夷夏颙颙之诚。'制答曰:'朕以菲德,初承大宝……朕何有焉。遽议徽名,深惧未称……勿徇虚美。'表四上,从之。七月壬子,御宣政殿受册文武孝德皇帝尊号。"⑥又,《旧唐书》卷十六《穆宗本纪》长庆元年七月载:"壬子,群臣上尊号曰文武孝德皇帝。是日,上受册于宣政殿,礼毕,御丹凤楼,大赦天下。"⑦《新唐书·穆宗本纪》《资治通

---

① (五代)刘昫:《旧唐书》,中华书局1975年版,第469页。
② (唐)韩愈:《韩昌黎文集校注》,上海古籍出版社1986年版,第632页。
③ (南宋)陆游:《陆放翁全集·老学庵笔记》,中国书店1986年版,第41页。
④ (五代)刘昫:《旧唐书》,中华书局1975年版,第3446页。
⑤ (北宋)欧阳修等:《新唐书》,中华书局1975年版,第4810页。
⑥ (北宋)王钦若等:《册府元龟》,中华书局1960年影印本,第189页。
⑦ (五代)刘昫:《旧唐书》,中华书局1975年版,第490页。

鉴》卷二百四十二所记同。据上述典籍所载,知此次群臣请上之尊号为"文武孝德皇帝",而群臣此次所上表时间为长庆元年四月辛卯,然穆宗未允,故有此答文。群臣所上表凡四次,穆宗方于第四次答文表从群臣所请。后于同年七月壬子,御宣政殿受册"文武孝德皇帝尊号"。据此,本答文最早当撰写于长庆元年(821)四月辛卯(二十五日)后。

## 十六

《唐大诏令集》卷六有《太和六年答中书门下上尊号》。文又见《册府元龟》卷十七《帝王部·尊号二》。《全唐文》卷七十二亦录,题为"却上尊号诏",署名唐文宗。此文,《四库全书》"适园丛书"《明钞本》《甲库本》诸本文题均作《答中书门下上尊号》。文末诸本多署颁布时间为"大和六年正月　日",然《四库全书》本则署"大和六年正月七日"。考《册府元龟》卷十七记文宗诸臣多次请上尊号表以及文宗多次答诏事云:"文宗太和六年正月辛亥(庆按,辛亥为十七日),中书门下及文武百官请上尊号,诏答不许。甲寅(庆按,甲寅为二十日)再上表曰:'伏以昭阐大猷,崇建明号,爰自列圣,实从人心……伏惟陛下握乾符而执左契,扫氛祲而廓夷途,时清俗平,世更于七,足以光宝祚……伏望答上帝乃眷之怀,副下人倾心之望,略抑谦之小节,奉祖宗之旧仪,臣等不胜大愿,谨上尊号曰太和文武至德皇帝。伏乞仰遵成式,俯顺群心,命有司择吉日光膺盛礼,允答天人,天下幸甚。'诏曰:'朕以否德,纂承睿图……省视奏章,难从虚美。宜断来表,深谅予怀。'庚申(庆按,庚申为二十六日),表三上,诏答不许。"①据《册府元龟》上引所记,知群臣所上尊号为"太和文武至德皇帝",而此次上表之前已上第一表,而文宗未允,故有第二次上表,文宗遂有此再答诏,仍不允所请。此后"庚申(正月二十六日),表三上,诏答不许。"则此诏乃文宗第二次答诏,其撰写并答诏时间应在大和元年(827)正月甲寅(二十日)群臣第二次上表后,至正月庚申(二十六日)群臣第三次上表之前。据上所考,《四库全书》所署"大和六年正月七日"实误。

## 十七

《唐大诏令集》卷六有《大中三年答宰臣上尊号》,文曰:"敕旨:没陷河隍,百有余载,中原封界,咫尺戎疆,累圣含容,久劳征伐。伏思元和中将摅宿愤,常欲经营,属诛锄叛臣,未暇收复。今则恭行先志,克就前功,不远征兵,不劳财力,二州之外,兼得七关,又取维州,粗成边业。尚以息民解甲,未收山外诸州,且以肆眚申恩,所以颁示天下。其御楼依所乞。大②中三年十一月二十五日。"③按,本文又见《全唐文》卷八十一,题为"允宰臣请御丹凤楼上尊号敕",署名唐宣宗。④"适园丛书"等各本《唐大诏令集》此文文题均作"答宰臣请御丹凤楼上

---

① (北宋)王钦若等:《册府元龟》,中华书局1960年影印本,第189～190页。
② "大"原作"天",显误。今改为"大"字。
③ (北宋)宋敏求编:《唐大诏令集》,中华书局2008年版,第42页。
④ (清)董诰等:《全唐文》,上海古籍出版社1990年版,第369页。

尊号"。此文文末已署答诏时间为大中三年十一月二十五日。今人主编之《全唐文诏敕考辨》引《资治通鉴》记此事于"大中三年闰十一月，丁酉"，谓，"今按，大中三年无闰十一月，《通鉴》误"，故"今姑从《大诏令》"，而系此文于"大中三年（849）十一月"[1]。庆按，谓"大中三年无闰十一月"实误，且依从本文末所署之时间系年亦误。检《资治通鉴》卷二百四十八大中三年载："闰十一月，丁酉，宰相以克复河、湟请上尊号。上曰：'宪宗常有志复河、湟，以中原方用兵，未遂而崩，今乃克成先志耳。其议加顺、宪二庙尊谥以昭功烈。'"[2]将此答诏时间记在大中三年"闰十一月，丁酉（十七日）"，与本文末所署时间不同。考《旧唐书·宣宗本纪》大中三年十二月记："十二月，追谥顺宗曰至德大圣大安孝皇帝，宪宗曰昭文章武大圣孝皇帝。初以河湟收复，百僚请加徽号，帝曰：'河湟收复，继成先志，朕欲追尊祖宗，以昭功烈。'白敏中等对曰：'非臣愚昧所能及。'至是，上御宣政殿行事，及册出，俯楼目送，流涕呜咽。"[3]又《资治通鉴》于上引闰十一月丁酉之记载后，又记云："甲戌，追上顺宗谥曰至德弘道大圣大安孝皇帝，宪宗谥曰昭文章武大圣至神孝皇帝。仍改题神主。"[4]对比《旧唐书》与《资治通鉴》上述两条记载，其所记载事情相同，即"追谥顺宗曰至德大圣大安孝皇帝，宪宗曰昭文章武大圣孝皇帝"。《资治通鉴》记此事紧接大中三年闰十一月后之"甲戌"日，并未如《旧唐书》标明乃是年十二月之事。考大中三年闰十一月后之"甲戌"日，乃是年十二月二十五日，《资治通鉴》此处疏于标明十二月，易造成误读。然《资治通鉴》《旧唐书》这两条所记载事件同，则可断定《旧唐书》是年十二月所记追谥顺宗、宪宗事之时间，尽管未标明在十二月何日，但可断定具体日子就如《资治通鉴》实际上所记的大中三年十二月甲戌（二十五日）。以此反观本答诏后所署"大中三年十一月二十五日"，尽管其十一月与十二月不同，但与《资治通鉴》《旧唐书》所记实施追谥顺宗、宪宗事之日期同为"二十五日"，故颇疑本答诏文末所署之时间乃误以实施追谥二帝之日子作为答诏之时间，且误十二月为十一月。据上文所考，本答诏之时间应为《资治通鉴》所记之大中三年（849）闰十一月丁酉（十七日），其撰文时间亦约在是时稍前。

## 十八

《唐大诏令集》卷六有《乾元元年册太上皇尊号赦》。文又见《册府元龟》卷八十七《帝王部·赦宥六》。《全唐文》卷四十五亦录，文题为"册太上皇尊号册文"，署名唐肃宗。文末未署颁布时间。考《册府元龟》本文文首谓"乾元元年二月丁卯，御明凤门大赦，诏曰……"[5]又《旧唐书》卷十《肃宗本纪》至德三载二月载："乙巳，上御兴庆宫，奉册上皇徽号曰太上至道圣皇大帝。丁未，御明凤门，大赦天下，改至德三载为乾元元年。成都、灵武扈从功臣三品已上与一子官，五品已下与一子出身，六品已下量与改转。死王事、陷贼不受伪命而死者，并与追

---

[1] 韩理洲：《全唐文诏敕考辨》，三秦出版社2017年版，第514页。
[2] （北宋）司马光：《资治通鉴》，中华书局1956年版，第8040页。
[3] （五代）刘昫：《旧唐书》，中华书局1975年版，第626页。
[4] （北宋）司马光：《资治通鉴》，中华书局1956年版，第8041页。
[5] （北宋）王钦若等：《册府元龟》，中华书局1960年影印本，第1035页。

赠。陷贼官先推鞫者,例减罪一等。今后医卜入仕者,同明法例处分。"①又《新唐书》卷六《肃宗本纪》乾元元年二月记:"丁未,大赦,改元。赠死事及拒伪命者官。成都、灵州扈从三品以上予一子官,五品以上一子出身,六品以下叙进之。免陷贼州三岁税。赐文武官阶、爵。"②《资治通鉴》卷二百二十乾元元年二月载:"丁未,上御明凤门,赦天下,改元。尽免百姓今载租、庸,复以载为年。"③按,上述典籍多记此次大赦改元事在至德三载(即后改元之乾元元年)二月丁未(五日),唯《册府元龟》记在是年二月丁卯(二十五日)。又考本文谓"可大赦天下,改至德三载为乾元元年。自二月五日已前,大辟已下",则本文此处已表明此次改元大赦在至德三载二月五日,而非《册府元龟》所记之时间。据此,则本文撰写之时间应在至德三载(758)二月五日稍前。

## 十九

《唐大诏令集》卷九有《天宝十三载册尊号赦》。文又见《册府元龟》卷八十六《帝王部·赦宥五》,文首谓:"(天宝)十三载二月甲戌,御兴庆殿,受册,尊号为开元天地大宝圣文神武证道孝德皇帝。礼毕,御勤政楼大赦天下,制曰……"④此文又见于《全唐文》卷四十,文题为"加证道孝德尊号大赦文",署名唐玄宗。文末各本均未署颁布时间。考《旧唐书》卷九《玄宗本纪下》天宝十三载记:"二月癸酉,上亲朝献太清宫,上玄元皇帝尊号曰大圣祖高上大道金阙玄元天皇大帝。甲戌,亲飨太庙,上高祖谥曰神尧大圣大光孝皇帝,太宗谥曰太宗文武大圣大广孝皇帝,高宗谥曰高宗天皇大圣大弘孝皇帝,中宗谥曰中宗太和大圣大昭孝皇帝,睿宗谥曰睿宗玄真大圣大兴孝皇帝。乙亥,御兴庆殿受徽号,礼毕,大赦天下。左降官遭父母忧,放归。献陵等五署改为台,令丞各升一阶。文武三品已上赐爵一级,四品已下加一阶。赐酺三日。"⑤又《新唐书》卷五《玄宗本纪》天宝十三载二月亦载:"甲戌,群臣上尊号曰开元天地大宝圣文神武证道孝德皇帝,大赦,左降官遭父母丧者听归。赐孝义旌表者勋两转。侍老百岁以上版授本郡太守,妇人郡夫人;九十以上郡长史,妇人郡君;八十以上县令,妇人县君。太守加赐爵一级,县令勋两转,民酺三日。"⑥《资治通鉴》卷二百一十七天宝十三载二月记:"甲戌,群臣上尊号曰开元天地大宝圣文神武证道孝德皇帝,赦天下。"⑦据上述多数典籍所记,此次上李唐诸皇尊号以及唐玄宗受册大赦,均统记于天宝十三载二月甲戌(八日),唯《旧唐书·玄宗本纪》记玄宗受册以及大赦于天宝十三载二月乙亥(九日),此记载与本文所云"自天宝十三载二月九日昧爽已前"所显示受册大赦时间相符,故诸典籍将诸事统记于"甲戌"日不妥,因所记是年二月甲戌日,乃仅是上玄宗前诸帝尊号之日,而玄宗受尊号并大赦乃在《旧唐书》所记之"乙亥"日。据此则此文撰写时间当在天宝十三载(754)二月乙亥(九日)稍前。

---

① (五代)刘昫:《旧唐书》,中华书局1975年版,第251页。
② (北宋)欧阳修等:《新唐书》,中华书局1975年版,第160页。
③ (北宋)司马光:《资治通鉴》,中华书局1956年版,第7052页。
④ (北宋)王钦若等:《册府元龟》,中华书局1960年影印本,第1027页。
⑤ (五代)刘昫:《旧唐书》,中华书局1975年版,第227～228页。
⑥ (北宋)欧阳修等:《新唐书》,中华书局1975年版,第149～150页。
⑦ (北宋)司马光:《资治通鉴》,中华书局1956年版,第6924页。

## 二十

《唐大诏令集》卷九有《广德元年册尊号赦》，中谓："令御史大夫王翊持节就衙帐册礼。"按，"王翊"，事迹见《旧唐书》卷一百五十七、《新唐书》卷一百四十三其弟《王翃传》附。《旧唐书》载："王翊，太原晋阳人也。兄翊，乾元中累官至京兆少尹。性谦柔，淡于声利。自商州刺史迁襄州刺史、山南东道节度观察等使。入朝，充北蕃宣慰使，称职。代宗素重之，及即位，目为纯臣。迁刑部侍郎、御史中丞。居宪司，虽不能举振纲条，然以谨重知名。大历二年卒。"①《新唐书》载："翃兄翊，性谦柔，历山南东道节度使。代宗目为纯臣，世称谨廉。卒，赠户部尚书，谥曰忠惠。"②按，两《唐书·王翊传》均未载王翊任御史大夫一职，可据此诏令补载。又此《广德元年册尊号赦》文中云"自广德元年七月十一日昧爽已前，大辟罪已下"云云，知此诏令乃颁布于广德元年（763）七月十一日，则此时王翊正在御史大夫任。

## 二十一

《唐大诏令集》卷十有《元和十四年册尊号赦》。文又见《文苑英华》卷四百二十二，题为"元和十四年七月二十三日上尊号赦"。《全唐文》卷六十三亦录，题为"上尊号赦文"，署名唐宪宗。然《文苑英华》《全唐文》所载乃原制诰之全文，而本文乃节录并改易《文苑英华》文而成。其所节录文字基本上同《册府元龟》所节录，并有所增减文字。故其篇幅文字大大少于《文苑英华》，并于其删减部分上下文连接处多有改易增减。又，本文文后未署颁布时间。考《文苑英华》所录本文题目为"元和十四年七月二十三日上尊号赦"，则本文似应颁布于元和十四年七月二十三日。又检《旧唐书》卷十五《宪宗本纪下》载："（元和十四年七月）辛巳，群臣上尊号曰元和圣文神武法天应道皇帝。是日，御宣政殿受册，礼毕，御丹凤楼，大赦天下。京畿今年秋税、青苗、榷酒等钱，每贯量放四百文；元和五年已前逋租赋并放。"③又《新唐书》卷七元和十四年七月载："己丑，群臣上尊号曰元和圣文神武法天应道皇帝。大赦，赐文武官阶、勋、爵。遣黜陟使于天下。"④《资治通鉴》卷二百四十一元和十四年七月载："己丑，群臣上尊号曰元和圣文神武法天应道皇帝；赦天下。"⑤又考《册府元龟》卷八十九《帝王部·赦宥八》载："（元和）十四年七月己丑，御宣政殿，群臣册上尊号，礼毕御丹凤楼大赦天下，制曰……"⑥据上述典籍所载，《新唐书》等典籍均记此次上尊号、大赦在元和十四年七月己丑（十三日），唯《旧唐书》记在是年七月辛巳（五日），《文苑英华》记在是年七月二十三日。今考

---

① （五代）刘昫：《旧唐书》，中华书局1975年版，第4143页。
② （北宋）欧阳修等：《新唐书》，中华书局1975年版，第4693页。
③ （五代）刘昫：《旧唐书》，中华书局1975年版，第469页。
④ （北宋）欧阳修等：《新唐书》，中华书局1975年版，第218页。
⑤ （北宋）司马光：《资治通鉴》，中华书局1956年版，第7769页。
⑥ （北宋）王钦若等：《册府元龟》，中华书局1960年影印本，第1070—1071页。

本文有"自元和十四年七月己丑(十三日)昧爽已前"云云,乃表明本次上尊号、大赦之颁布时间乃在是时。则《旧唐书》《文苑英华》所记之两种时间均误,不可信。本文之颁布时间应为元和十四年(819)七月十三日,其撰写时间即在是时稍前。

## 二十二

《唐大诏令集》卷十有《会昌五年册尊号赦》。文又见《文苑英华》卷四百二十九《翰林制诏·赦书十》,题为"会昌五年正月三日南郊赦文"。《全唐文》卷七十八亦录,题为"加尊号后郊天赦文",署名唐武宗。此文《唐大诏令集》各本仅节录上述《文苑英华》《全唐文》之制诰文前一小部分,而《文苑英华》《全唐文》之制诰内容相同,当是《全唐文》据《文苑英华》所录者。《文苑英华》《全唐文》所录此文篇幅,乃远多于《唐大诏令集》此制诰。又,《唐大诏令集》卷十所录此文,《唐大诏令集》卷七十一《会昌五年正月三日南郊赦》亦录,仅个别文字有异,并少"自会昌五年正月三日昧爽已前"以下一小段文字。尽管有如此稍微不同,但《唐大诏令集》先后卷两文,其实乃一文之重出,只是文题稍有不同而已。又,此文文末未署颁布时间。考本赦文谓"可大赦天下。自会昌五年正月三日昧爽已前,大辟罪已下",此所标明之时间即为大赦令颁布之时间。据此可知,此文乃颁布于会昌五年(845)正月三日,其撰写时间当在是时稍前。

又,考《旧唐书》卷十八上《武宗本纪》会昌五年正月载:"宰臣李德裕杜悰李让夷崔铉、太常卿孙简等率文武百僚上徽号曰仁圣文武章天成功神德明道皇帝。辛亥(二十七日),有事于郊庙,礼毕,御承天门,大赦天下。"①《新唐书》卷八《武宗本纪》会昌五年载:"正月己酉(一日),群臣上尊号曰仁圣文武章天成功神德明道大孝皇帝。是日,朝献于太清宫。庚戌(二十六日),朝享于太庙。辛亥(二十七日),有事于南郊。大赦,赐文武官阶、勋、爵,文宣公、二王、三恪予一子出身。"②《资治通鉴》卷二百四十八会昌五年载:"春,正月,己酉朔,群臣上尊号曰仁圣文武章天成功神德明道大孝皇帝,尊号始无'道'字,中旨令加之。庚戌(二十六日),上谒太庙。辛亥(二十七日),祀昊天上帝,赦天下。筑望仙台于南郊。"③按,据上述《旧唐书》等三部史籍所载,此次南郊大赦乃在会昌五年正月辛亥(二十七日),而《文苑英华》所载文题则明确题为"会昌五年正月三日南郊赦文",则《旧唐书》等三部史籍所载颁布大赦时间与《文苑英华》不同。据上文所考,《唐大诏令集》此诏令乃颁布于会昌五年(845)正月三日。以此可见,《旧唐书》等三部史籍所记会昌五年正月"辛亥(二十七日)",乃是年正月上"仁圣文武章天成功神德明道大孝皇帝"尊号后,又于会昌五年正月辛亥(二十七日),"有事于郊庙,礼毕,御承天门,大赦天下"之时间。又,检《文苑英华》《全唐文》所载文均有《新唐书·武宗本纪》所记"辛亥(二十七日),有事于南郊。大赦,赐文武官阶、勋、爵,文宣公、二王、三恪予一子出身"之内容,如《文苑英华》所录此诏令云:"内外文武见任及致仕官三品已上赐爵一级,四品已下加一阶,合入三品五品欠考未合叙者,待考足日听叙。孔氏行教折中,

---

① (五代)刘昫:《旧唐书》,中华书局1975年版,第603页。
② (北宋)欧阳修等:《新唐书》,中华书局1975年版,第244页。
③ (北宋)司马光:《资治通鉴》,中华书局1956年版,第8013页。

于百王虞宾展敬不废于千古,敢怠咨禀,爰用襃明。文宣王之后及二王三恪与一子出身,各赐物五十匹,其祠庙委所司量加修饰。尧称睦族,汉贵推恩,在明广敬之义,式长奉亲之孝。太皇太后二等已上,亲王三等已上,亲委中书门下各择有才行者量与改官,如无堪奖用者,即不必与改。皇五等已下亲及三品已上,赐爵一级,五品已上加一阶,六品已下及前资常选散官简选日优与处分。"① 上述记载内容,《唐大诏令集》此诏令文则无。据此可知,《文苑英华》《全唐文》所录之诏令,其实乃包含会昌五年正月三日和会昌五年正月二十七日两次赦文。因此《文苑英华》之"会昌五年正月三日南郊赦文"之文题,实际上并不准确,因其文尚包含会昌五年正月二十七日之赦文,这乃是其文题不能包括的。而《全唐文》卷七十八《加尊号后郊天赦文》之文题,亦同样欠准确清晰,显得含混不清,徒增混乱。

## 二十三

《唐大诏令集》卷十有《太上皇康复诏》。文又见《册府元龟》卷二十七《帝王部·孝德》,是书卷八十《帝王部·庆赐第二》亦节录本文。《文苑英华》卷四百四十《翰林待诏》亦收录,题为"养老德音"。《全唐文》卷五亦收录,题为"太上皇康复诏";署名唐太宗。文末仅署颁布的大致时间为贞观四年七月,而未言具体日期。考《册府元龟》卷二十七本文前谓:"(太宗)贞观四年六月,高祖不豫,帝废朝视药膳于大安宫,如家人之礼。辛卯,有瘳,百僚称庆,诏曰:书不云乎……"②《册府元龟》卷八十《帝王部·庆赐第二》所节录本文前则有:"(贞观四年)七月辛卯,太上皇不豫,有瘳,诏曰:尚齿崇孝……"③所记时间与前者有异。检《新唐书》卷二《太宗本纪》贞观四年记"七月甲子朔,日有食之。癸酉,萧瑀罢。甲戌,太上皇不豫,废朝。辛卯,疾愈,赐都督刺史文武官及民年八十以上、孝子表门闾者有差。"④据上诸典籍所载颁布此诏时间,《册府元龟》卷二十七所载"如家人之礼。辛卯有瘳"文,因为"辛卯"前缺少"七月"二字,而令人以为仍是"六月辛卯",以此致误。《册府元龟》卷八十和《新唐书》所记的贞观四年(630)七月辛卯(二十八日)当可信。据此,本文当撰写于是时稍前。

## 二十四

《唐大诏令集》卷十有《疾愈德音》一文,此文文末所署时间为"长庆三年二月"⑤;而《四库全书》本此文文末所署时间则为"长庆二年二月"。据此,同一文两种版本之《唐大诏令集》所署时间有异,究竟何者为是?检《册府元龟》卷一百六十八《帝王部·却贡献》亦节录本文,其文首云:"长庆三年正月诏:应缘御服及器用,在淮南、两浙、宣歙等道供进,并端午降诞常例

---

① (北宋)李昉:《文苑英华》,中华书局1966年版,第2175页。
② (北宋)王钦若等:《册府元龟》,中华书局1960年影印本,第295页。
③ (北宋)王钦若等:《册府元龟》,中华书局1960年影印本,第923页。
④ (北宋)欧阳修等:《新唐书》,中华书局1975年版,第31页。
⑤ (北宋)宋敏求编:《唐大诏令集》,中华书局2008年版,第64页。

进献者，一切权停。并鹰犬之类，除备搜狩，余一切放之。"①则记此文颁布时间为"长庆三年正月"。又检《旧唐书》卷十六《穆宗本纪》长庆三年载："三月丁巳，宰臣百僚赐宴于曲江亭。敕应御服及器用在淮南、两浙、宣歙等道合供进者，并端午诞节常例进献者，一切权停。其鹰犬之类，除备搜狩外，并令解放。"②据上诸典籍所载，本次《疾愈德音》之颁布有长庆二年二月、长庆三年正月、长庆三年二月和《旧唐书·穆宗本纪》之长庆三年三月丁巳（二日）四种之异。其中《四库全书》所载"长庆二年二月"，今存《唐大诏令集》各版本除《四库全书》外，均作"长庆三年二月"。那么究竟何者为是呢？

按，本文谓"况江淮旱歉，滑郓水灾"。据《唐会要》卷四十四《水灾下》长庆二年七月记："好畤山水泛涨，漂损居人三百余家。其月，诏陈许两州灾颇甚，百姓庐舍漂溺复多，言念疲氓，岂忘救恤。"③又《旧唐书·穆宗本纪》长庆二年七月亦载："好畤县山水漂溺居人三百家。陈、许、蔡等州水……丁未，内出绫绢五十万匹付度支，以供军用。陈、许水灾，赈粟五万石。"④同上书长庆二年闰十月载："甲寅，诏：'江淮诸州旱损颇多，所在米价不免踊贵，眷言疲困，须优矜。宜委淮南、浙西东、宣歙、江西、福建等道观察使，各于当道有水旱处，取常平义仓斛斗，据时估减半价出粜，以惠贫民。'"⑤又《旧唐书》卷三十七《五行志》载："长庆二年十月，好畤山水泛涨，漂损居人三百余家，河南陈、许二州尤甚。诏赈贷粟五万石，量人户家口多少，等第分给。"⑥《新唐书·穆宗本纪》长庆三年三月记："癸亥，淮南、浙东西、江南、宣歙旱，遣使宣抚，理系囚，察官吏。"⑦据上述典籍所载水旱灾情之记载，其水旱之发生乃在长庆二年七月和是年闰十月。则《四库全书》所署的长庆二年二月尚未发生水旱之灾情，故其所记之长庆二年二月当误，不可信，此其一。再者，本文乃唐穆宗之《疾愈德音》，颁布于其"疾愈"时。检《旧唐书·穆宗本纪》长庆二年十一月记："庚辰，上与内官击鞠禁中，有内官欻然坠马，如物所击。上恐，罢鞠升殿，遽足不能履地，风眩就床。自是外不闻上起居者三日。"⑧同上书长庆三年又记："正月丁巳朔，上以疾不受朝贺。"⑨《新唐书·穆宗本纪》长庆二年亦记："十二月丁亥，不豫，放五坊鹰隼及供猎狐兔。"⑩《资治通鉴》卷二百四十二长庆二年十一月亦记唐穆宗得病等事谓："庚辰，上与宦者击球于禁中，有宦者坠马，上惊，因得风疾，不能履地，自是人不闻上起居；宰相屡乞入见，不报。裴度三上疏请立太子，且请入见。十二月，辛卯，上见群臣于紫宸殿，御大绳床，悉去左右卫官，独宦者十余人侍侧，人情稍安。李逢吉进言：'景王已长，请立为太子。'裴度请速下诏，副天下望。既而两省官亦继有请立太子者。癸巳，诏立景王湛为皇太子。上疾浸瘳。"⑪据上述典籍所载，长庆二年二月时，唐穆宗

---

① （北宋）王钦若等：《册府元龟》，中华书局 1960 年影印本，第 2027 页。
② （五代）刘昫：《旧唐书》，中华书局 1975 年版，第 502 页。
③ （北宋）王溥：《唐会要》，中华书局 1955 年版，第 785 页。
④ （五代）刘昫：《旧唐书》，中华书局 1975 年版，第 498 页。
⑤ （五代）刘昫：《旧唐书》，中华书局 1975 年版，第 500 页。
⑥ （五代）刘昫：《旧唐书》，中华书局 1975 年版，第 1360 页。
⑦ （北宋）欧阳修等：《新唐书》，中华书局 1975 年版，第 226 页。
⑧ （五代）刘昫：《旧唐书》，中华书局 1975 年版，第 501 页。
⑨ （五代）刘昫：《旧唐书》，中华书局 1975 年版，第 502 页。
⑩ （北宋）欧阳修等：《新唐书》，中华书局 1975 年版，第 226 页。
⑪ （北宋）司马光：《资治通鉴》，中华书局 1956 年版，第 7822～7823 页。

尚未得风疾,更未"疾愈",故《四库全书》所署之长庆二年二月断误可决矣。又《册府元龟》所记之"长庆三年正月",亦因《旧唐书》谓长庆三年"正月丁巳朔,上以疾不受朝贺",故"长庆三年正月"发布"疾愈德音"恐亦不太可能。今再考《新唐书·穆宗本纪》长庆三年三月载:"癸亥(八日),淮南、浙东西、江南、宣歙旱,遣使宣抚,理系囚,察官吏。"①据此可知盖因是年三月丁巳(二日)颁布"疾愈德音"中已有"江淮旱歉,滑郓水灾……应缘御服及器用,在淮南、浙西、宣歙等道各供进者,并端午降诞常例进献等,一切权停。"故有《新唐书》长庆三年三月癸亥(八日)之"遣使宣抚"淮南、浙东西等地之诰命。由此可证《旧唐书》所载"长庆三年(八二三)三月丁巳(二日)"颁布此"疾愈德音"为较合理,可信从。如此,《唐大诏令集》本文末所署之"长庆三年二月",以及《册府元龟》所记"长庆三年正月"之时间亦均误。

# 二十五

董昌龄事迹见于《旧唐书》卷一百九十三《列女传·董昌龄母杨氏传》:"董昌龄母杨氏。昌龄常为泗州长史,世居于蔡。少孤,受训于母。累事吴少诚、少阳,至元济时,为吴房令。杨氏潜诫曰:'逆顺之理,成败可知,汝宜图之。'昌龄志未果,元济又署为郾城令。杨氏复诫曰:'逆党欺天,天所不福。汝当速降,无以前败为虑,无以老母为念。汝为忠臣,吾虽殁无恨矣!'及王师逼郾城,昌龄乃以城降,且说贼将邓怀金归款于李光颜。宪宗闻之喜,急召昌龄至阙,真授郾城令。兼监察御史,仍赐绯鱼。昌龄泣谢曰:'此皆老母之训。'宪宗嗟叹良久。元济囚杨氏,欲杀之,而止者数矣。蔡平,杨氏幸无恙。元和十五年,陈许节度使李逊疏杨氏之强明节义以闻,乃封北平郡太君。"②按,其他典籍尚有可补董昌龄之事迹者。如《旧唐书》卷一百九十三《列女传·衡方厚妻程氏》传云:"方厚,太和中任邕州都督府录事参军,为招讨使董昌龄诬枉杀之。程氏力不能免,乃抑其哀,如非冤者。昌龄雅不疑虑,听其归葬。程氏故得以徒行诣阙,截耳于右银台门,告夫被杀之冤。御史台鞫之,得实,谏官亦有章疏,故昌龄再受谴逐。"③又,《新唐书》卷九十七《魏征传》附《魏谟传》:"邕管经略使董昌龄诬杀参军衡方厚,贬溆州司户,俄徙峡州刺史。谟谏曰:'王者赦有罪,唯故无赦。比昌龄专杀不辜,事迹暴章,家人衔冤,万里投诉,狱穷罪得,特被矜贷,中外以为屈法。今又授刺史,复使治人,紊宪章,乖至治,不见其可。'有诏改洪州别驾。"④又《唐大诏令集》卷十《大和八年疾愈德音》(庆按,"大和八年"原作"大和二年",今据《文苑英华》卷四百四十一《大和八年疾愈德音》改)中云:"董昌龄自至邕州,累平溪洞,兵威所向,首恶皆擒。"⑤上述典籍所载,皆可补《旧唐书·列女传·董昌龄母杨氏传》所记董昌龄事迹之不足。

---

① (北宋)欧阳修等:《新唐书》,中华书局1975年版,第226页。
② (五代)刘昫:《旧唐书》,中华书局1975年版,第5149页。
③ (五代)刘昫:《旧唐书》,中华书局1975年版,第5150页。
④ (北宋)欧阳修等:《新唐书》,中华书局1975年版,第3882页。
⑤ (北宋)宋敏求编:《唐大诏令集》,中华书局2008年版,第64~65页。

# 二十六

  《唐大诏令集》卷十一有《唐太宗遗诏》。文又见《全唐文》卷九,题为"遗诏",署名唐太宗。文末署颁布时间为贞观二十三年五月。考《旧唐书》卷三《太宗本纪下》贞观二十三年五月载:"己巳,上崩于含风殿,年五十二。遗诏皇太子即位于柩前,丧纪宜用汉制。秘不发丧。庚午,遣旧将统飞骑劲兵从皇太子先还京,发六府甲士四千人,分列于道及安化门,翼从乃入;大行御马舆,从官侍御如常。壬申,发丧。"[1]《新唐书》卷二《太宗本纪》贞观二十三年五月载:"己巳,皇帝崩于含元殿,年五十三。庚午,奉大行御马舆还京师……壬申,发丧,谥曰文。"[2]又,《资治通鉴》卷一百九十九贞观二十三年五月辛酉后载:"上苦利增剧,太子昼夜不离侧,或累日不食,发有变白者。上泣曰:'汝能孝爱如此,吾死何恨!'丁卯,疾笃,召长孙无忌入含风殿。上卧,引手扪无忌颐,无忌哭,悲不自胜;上竟不得有所言,因令无忌出。己巳,复召无忌及褚遂良入卧内,谓之曰:'朕今悉以后事付公辈。太子仁孝,公辈所知,善辅导之!'谓太子曰:'无忌、遂良在,汝勿忧天下!'又谓遂良曰:'无忌尽忠于我,我有天下,多其力也,我死,勿令谗人间之。'仍令遂良草遗诏。有顷,上崩。太子拥无忌颈,号恸将绝,无忌揽涕,请处分众事以安内外,太子哀号不已,无忌曰:'主上以宗庙社稷付殿下,岂得效匹夫唯哭泣乎!'乃秘不发丧。庚午,无忌等请太子先还,飞骑、劲兵及旧将皆从。辛未,太子入京城;大行御马舆,侍卫如平日,继太子而至,顿于两仪殿。以太子左庶子于志宁为侍中,少詹事张行成兼侍中,以检校刑部尚书、右庶子、兼吏部侍郎高季辅兼中书令。壬申,发丧太极殿,宣遗诏,太子即位。军国大事,不可停阙;平常细务,委之有司。诸王为都督、刺史者,并听奔丧,濮王泰不在来限。罢辽东之役及诸土木之功。四夷之人入仕于朝及来朝贡者数百人,闻丧皆恸哭,剪发、剺面、割耳,流血洒地。"[3]按,据上述史籍所载,唐太宗乃崩于贞观二十三年五月己巳(二十六日),并于当日嘱褚遂良草遗诏,而于"壬申(二十九日),发丧太极殿,宣遗诏"。则此遗诏当撰于贞观二十三年(649)五月己巳(二十六日),颁布于五月二十九日。

  又,此遗诏乃褚遂良代唐太宗所撰,此事尚可从《旧唐书》卷八十《褚遂良传》证之。《旧唐书》其本传载:"褚遂良,散骑常侍亮之子也。大业末,随父在陇右,薛举僭号,署为通事舍人。举败归国,授秦州都督府铠曹参军。贞观十年,自秘书郎迁起居郎。遂良博涉文史,尤工隶书,父友欧阳询甚重之……(贞观)二十一年,以本官检校大理卿,寻丁父忧解。明年,起复旧职,俄拜中书令。二十三年,太宗寝疾,召遂良及长孙无忌入卧内,谓之曰:'卿等忠烈,简在朕心。昔汉武寄霍光,刘备托葛亮,朕之后事,一以委卿。太子仁孝,卿之所悉,必须尽诚辅佐,永保宗社。'又顾谓太子曰:'无忌、遂良在,国家之事,汝无忧矣。'仍命遂良草诏。高宗即位,赐爵河南县公。"[4]

---

[1] (五代)刘昫:《旧唐书》,中华书局1975年版,第62页。
[2] (北宋)欧阳修等:《新唐书》,中华书局1975年版,第48页。
[3] (北宋)司马光:《资治通鉴》,中华书局1956年版,第6267~6268页。
[4] (五代)刘昫:《旧唐书》,中华书局1975年版,第2729~2738页。

## 二十七

　　《唐大诏令集》卷十一有《肃宗遗诏》。文又见《全唐文》卷四十三,题为"遗诏",署名唐肃宗。文末署颁布时间为宝应元年四月十八日。检《旧唐书》卷十《肃宗本纪》宝应元年载:"甲寅,太上至道圣皇天帝崩于西内神龙殿。上自仲春不豫,闻上皇登遐,不胜哀悼,因兹大渐。乙丑,诏皇太子监国。又曰:'上天降宝,献自楚州,因以体元,叶乎五纪。其元年宜改为宝应,建巳月为四月,余月并依常数,仍依旧以正月一日为岁首。'丁卯,宣遗诏。是日,上崩于长生殿,年五十二。群臣上谥曰文明武德大圣大宣孝皇帝,庙号肃宗。"①《唐会要》卷一《帝号上》记肃宗"宝应元年四月十八日,崩于长生殿"②。《新唐书》卷六《肃宗本纪》宝应元年载:"甲寅,圣皇天帝崩。乙丑,皇太子监国。大赦,改元年为宝应元年,复以正月为岁首,建巳月为四月。丙寅,闲厩使李辅国、飞龙厩副使程元振迁皇后于别殿,杀越王系、兖王僩。是夜,皇帝崩于长生殿,年五十二。"③《资治通鉴》卷二百二十二宝应元年记:"丁卯,上崩。辅国等杀后并系及兖王僩。是日,辅国始引太子素服于九仙门与宰相相见,叙上皇晏驾,拜哭,始行监国之令。戊辰,发大行皇帝丧于两仪殿,宣遗诏。己巳,代宗即位。"④据上引史籍所载,肃宗崩之时间惟《新唐书》记于宝应元年四月丙寅(十七日),而《旧唐书》等则记于宝应元年四月丁卯(十八日),当以《旧唐书》等所记为是,《新唐书》所记误。本文末所署颁布《遗诏》时间即据《旧唐书》所载。《资治通鉴》所记"宣遗诏"时间在肃宗崩后之次日,即四月戊辰(十九日),则应是肃宗崩后"发大行皇帝丧于两仪殿"时所为。据上述史籍所载,《遗诏》之撰写,当以《旧唐书》所记为是,即宝应元年(762)四月丁卯(十八日)。

## 二十八

　　《唐大诏令集》卷十一有《代宗遗诏》。文又见《全唐文》卷四十八,题名为"遗诏",署名唐代宗。文末署颁布时间为大历十四年五月。考《旧唐书》卷十一《代宗本纪》大历十四年载:"五月癸卯,上不康,至辛亥,不视朝……辛酉,诏皇太子监国。是夕,上崩于紫宸之内殿。遗诏皇太子柩前即位。壬戌,迁神柩于太极殿,发丧。"⑤《唐会要》卷一《帝号上》记代宗"大历十四年五月二十日,崩于紫宸之内殿(年五十四)"⑥,《新唐书》卷六《代宗本纪》大历十四年亦载:"五月辛酉,不豫,诏皇太子监国。是夕,皇帝崩于紫宸内殿,年五十三。"⑦《资治通鉴》卷二百二十五大历十四年记:"五月,癸卯,上始有疾,辛酉,制皇太子监国。是夕,上崩于紫宸之内殿,遗诏

---

① (五代)刘昫:《旧唐书》,中华书局1975年版,第263页。
② (北宋)王溥:《唐会要》,中华书局1955年版,第7页。
③ (北宋)欧阳修等:《新唐书》,中华书局1975年版,第165页。
④ (北宋)司马光:《资治通鉴》,中华书局1956年版,第7124～7125页。
⑤ (五代)刘昫:《旧唐书》,中华书局1975年版,第315页。
⑥ (北宋)王溥:《唐会要》,中华书局1955年版,第8页。
⑦ (北宋)欧阳修等:《新唐书》,中华书局1975年版,第180页。

以郭子仪摄冢宰。"①按,上述诸书除《唐会要》外皆记代宗崩于大历十四年五月辛酉(二十一日),且于是日"诏皇太子监国",则《遗诏》之撰当即在是时,《唐会要》所记唐代宗崩于大历十四年五月二十日实误;而谓唐代宗年五十四崩,与《新唐书》所记崩"年五十三"不同。今据《旧唐书·代宗纪》,代宗"以开元十四年十二月十三日生于东都上阳宫"②,崩于大历十四年(779)五月辛酉,则代宗享年按传统之计算法,应为五十四岁,《唐会要》所记则较《新唐书》可信。

## 二十九

《唐大诏令集》卷十一有《德宗遗诏》。文又见《全唐文》卷五十三,题名为"遗诏",署名唐德宗。文末署颁布时间为贞元二十二年正月。考《旧唐书》卷十三《德宗本纪下》载:"(贞元)二十一年春正月辛未朔,御含元殿受朝贺。是日,上不康……癸巳,会群臣于宣政殿,宣遗诏:皇太子宜于柩前即位。是日,上崩于会宁殿,享寿六十四。甲午,迁神柩于太极殿。丙申,发丧,群臣缟素。皇太子即位。"③《唐会要》卷一《帝号上》载:"(唐德宗)贞元二十一年正月,崩于会宁殿。年六十四。"④《新唐书》卷七《德宗本纪》载:"贞元二十一年正月癸巳,皇帝崩于会宁殿,年六十四。"⑤《资治通鉴》卷二百三十六永贞元年(即贞元二十一年,是年八月改元)载:"春,正月,辛未朔,诸王、亲戚入贺德宗,太子独以疾不能来,德宗涕泣悲叹,由是得疾,日益甚。凡二十余日,中外不通,莫知两宫安否。癸巳,德宗崩。苍猝召翰林学士郑絪、卫次公等至金銮殿草遗诏。宦官或曰:'禁中议所立尚未定。'众莫敢对。次公遽言曰:'太子虽有疾,地居冢嫡,中外属心。必不得已,犹应立广陵王;不然,必大乱。'絪等从而和之,议始定……太子知人情忧疑,紫衣麻鞋,力疾出九仙门,召见诸军使,人心粗安。甲午,宣遗诏于宣政殿,太子缞服见百官。丙申,即皇帝位于太极殿。"⑥按,据上述诸史籍所记,唐德宗崩于贞元二十一年(805)正月癸巳(二十三日),撰写遗诏亦在同一天,而甲午(二十四日),宣遗诏于宣政殿。据此,则本文文末所署颁布《遗诏》时间"贞元二十二年正月"实误,颁布遗诏应在贞元二十一年正月二十四日。

## 三十

《唐大诏令集》卷十二有《文宗遗诏》。文又见《全唐文》卷七十三,题名为"遗诏",署名唐文宗。文末署颁布时间为开成五年正月。考《旧唐书》卷十七下《文宗纪》载:"开成五年春正月戊寅朔,上不康,不受朝贺。己卯,诏立亲弟颍王瀍为皇太弟,权勾当军国事。皇太子成

---

① (北宋)司马光:《资治通鉴》,中华书局1956年版,第7256页。
② (五代)刘昫:《旧唐书》,中华书局1975年版,第267页。
③ (五代)刘昫:《旧唐书》,中华书局1975年版,第400页。
④ (北宋)王溥:《唐会要》,中华书局1955年版,第9页。
⑤ (北宋)欧阳修等:《新唐书》,中华书局1975年版,第205页。
⑥ (北宋)司马光:《资治通鉴》,中华书局1956年版,第7606~7607页。

美复为陈王。辛巳,上崩于大明宫之太和殿,寿享三十三。"①《唐会要》卷二《帝号下》记:"(唐文宗)元和四年十月十日生……开成五年正月四日,崩于大明宫之太和殿。年三十二。"②《新唐书》卷八《文宗本纪》载:"(开成)五年正月戊寅,不豫。己卯,左右神策军护军中尉鱼弘志、仇士良立颍王瀍为皇太弟,权句当军国事,废皇太子成美为陈王。庚辰,仇士良杀仙韶院副使尉迟璋。辛巳,皇帝崩于太和殿,年三十三。"③《资治通鉴》卷二百四十六开成五年载:"春,正月,己卯,诏立颍王瀍为皇太弟,应军国事权令句当。且言太子成美年尚冲幼,未渐师资,可复封陈王。时上疾甚,命知枢密刘弘逸、薛季陵引杨嗣复、李珏至禁中,欲奉太子监国。中尉仇士良、鱼弘志以太子之立,功不在己,乃言太子幼,且有疾,更议所立。李珏曰:'太子位已定,岂得中变!'士良、弘志遂矫诏立瀍为太弟。是日,士良、弘志将兵诣十六宅,迎颍王至少阳院,百官谒见于思贤殿。瀍沉毅有断,喜愠不形于色。与安王溶皆素为上所厚,异于诸王。辛巳,上崩于太和殿(胡注:年三十三)。以杨嗣复摄冢宰。癸未,仇士良说太弟赐杨贤妃、安王溶、陈王成美死。"④按,上述史籍均载"诏立亲弟颍王瀍为皇太弟,权勾当军国事"在开成五年(840)正月己卯(二日),则此《遗诏》之矫撰当在是时。

又,上述诸史籍多记唐文宗卒年三十三,唯《唐会要》谓"年三十二"。何者为是?考《旧唐书·文宗本纪》载:"元和四年(809)十月十日生。"⑤又于开成五年(840)正月记:"辛巳,上崩于大明宫之太和殿,享年三十三。"⑥据此则唐文宗之享年应为三十二,《唐会要》所记可信,而《旧唐书》《新唐书》《资治通鉴》胡注所记享"年三十三"误。

# 三十一

《唐大诏令集》卷十二有《宣宗遗诏》。文又见《全唐文》卷八十,题名为"遗诏",署名唐宣宗。文末署颁布时间为大中十三年八月。考《旧唐书》卷十八下《宣宗本纪》大中十三年载:"八月七日,宣遗诏立郓王为皇太子,勾当军国事。是日,崩于大明宫,圣寿五十。诏门下侍郎、平章事令狐绹摄冢宰。"⑦《唐会要》卷二《帝号下》记:"(唐宣宗)大中十三年己卯八月七日,崩于大明宫。年五十。"⑧《新唐书》卷八《宣宗纪》大中十三年记:"八月壬辰(九日),左神策军护军中尉王宗实立郓王温为皇太子,权句当军国政事。癸巳(十日),皇帝崩于咸宁殿,年五十。"⑨《资治通鉴》卷二百四十九大中十三年记此次宣遗诏始末云:"上饵医官李玄伯、道士虞紫芝、山人王乐药,疽发于背。八月,疽甚,宰相及朝臣皆不得见,上密以夔王属枢密使王归长、马公儒,宣徽南院使王居方,使立之。三人及右军中尉王茂玄,皆上平日所厚也。独左军

---

① (五代)刘昫:《旧唐书》,中华书局1975年版,第579页。
② (北宋)王溥:《唐会要》,中华书局1955年版,第13页。
③ (北宋)欧阳修等:《新唐书》,中华书局1975年版,第239页。
④ (北宋)司马光:《资治通鉴》,中华书局1956年版,第7943~7944页。
⑤ (五代)刘昫:《旧唐书》,中华书局1975年版,第522页。
⑥ (五代)刘昫:《旧唐书》,中华书局1975年版,第579页。
⑦ (五代)刘昫:《旧唐书》,中华书局1975年版,第645页。
⑧ (北宋)王溥:《唐会要》,中华书局1955年版,第14页。
⑨ (北宋)欧阳修等:《新唐书》,中华书局1975年版,第252页。

中尉王宗实素不同心,三人相与谋,出宗实为淮南监军;宗实已受敕于宣化门外,将自银台门出,左军副使亓元实谓宗实曰:'圣人不豫逾月,中尉止隔门起居;今日除改,未可辨也。何不见圣人而出?'宗实感寤,复入,诸门已蹑故事增人守捉矣。亓元实翼导宗实直至寝殿,上已崩,东首环泣矣。宗实叱归长等,责以矫诏,皆捧足乞命。乃遣宣徽北院使齐元简迎郓王。壬辰(九日),下诏立郓王为皇太子,权句当军国政事,仍更名漼。收归长、公儒、居方,皆杀之。癸巳(十日),宣遗制,以令狐绹摄冢宰。"①按,上述典籍记宣宗崩以及下诏、宣诏之时间互有不同,比较各书所记,尚难于断定其是非,然似以《新唐书》《资治通鉴》所记较为详细可信,今姑从之。故此诏之撰写盖在大中十三年(859)八月九日,颁布之时间则在同年八月十日。

## 三十二

　　《唐大诏令集》卷十二有《懿宗遗诏》。文又见《旧唐书》卷十九上《懿宗纪》,《全唐文》卷八十四亦收录,题名为"遗诏",署名唐懿宗。本文文末署颁布时间为咸通十四年七月。考《旧唐书·懿宗本纪》咸通十四年载:"六月,帝不豫。七月癸亥朔。戊寅(十六日),疾大渐。庚午,制立普王俨为皇太子,权句当军国政事。辛巳,遗诏曰:'朕祗事九庙,君临四海,夕惕如厉,宵分靡宁,必求政化之源,思建大中之道……咨尔将相卿士、中外臣僚,竭力尽忠,匡予令嗣,送往事居,无违朕志。'是日,崩于咸宁殿,圣寿四十一。百僚上谥曰睿文昭圣恭惠孝皇帝,庙号懿宗。十五年二月,葬于简陵。"②《新唐书》卷九《懿宗本纪》咸通十四年载:"七月辛巳,皇帝崩于咸宁殿,年四十一。"③《资治通鉴》卷二百五十二咸通十四年记:"秋,七月,戊寅,上疾大渐,左军中尉刘行深、右军中尉韩文约立少子普王俨。庚辰,制:'立俨为皇太子,权句当军国政事。'辛巳,上崩于咸宁殿。遗诏以韦保衡摄冢宰。僖宗即位。"④据上述典籍所载,懿宗《遗诏》乃撰写于咸通十四年(873)七月庚辰(十八日),辛巳(十九日)乃颁布遗诏。

　　又,上引《旧唐书·懿宗本纪》咸通十四年所载:"六月,帝不豫。七月癸亥朔。戊寅(十六日),疾大渐。庚午,制立普王俨为皇太子,权句当军国政事。"其中"庚午,制立普王俨为皇太子,权句当军国政事"中之"庚午"有误。盖咸通十四年七月癸亥朔,七月无"庚午"日,而有"庚辰"日(即七月十八日)。故《旧唐书·懿宗本纪》此处所记之"庚午",应同《资治通鉴》所记之"庚辰"日为是。

## 三十三

　　《唐大诏令集》卷十二有《明皇遗诰》。文又见《全唐文》卷三十八,题为"遗诰",署名唐玄宗。文末署颁布时间为上元元年建巳月。《四库全书》本则署为上元元年七月。考诸典籍记玄

---

① (北宋)司马光:《资治通鉴》,中华书局1956年版,第8075~8076页。
② (五代)刘昫:《旧唐书》,中华书局1975年版,第683~684页。
③ (北宋)欧阳修等:《新唐书》,中华书局1975年版,第263页。
④ (北宋)司马光:《资治通鉴》,中华书局1956年版,第8166~8167页。

宗之崩时间如下：《旧唐书》卷九《玄宗本纪下》载："上元二年四月甲寅（五日），崩于神龙殿，时年七十八。"[1]《唐会要》卷一《帝号上》记："乾元元年正月五日，加尊号太上至道圣皇天帝。元年建巳月五日，崩于神龙殿，年七十八。广德元年三月辛酉，葬泰陵。"[2]《新唐书》卷五《玄宗本纪》记："（乾元）三载，上号曰太上至道圣皇天帝。上元元年，徙居于西内甘露殿。元年建巳月，崩于神龙殿，年七十八。"[3]《新唐书》卷六《肃宗本纪》上元二年记："九月壬寅，大赦，去'乾元大圣光天文武孝感'号，去'上元'号，称元年，以十一月为岁首，月以斗所建辰为名……宝应元年建寅月甲申……建巳月庚戌……甲寅，圣皇天帝崩。乙丑，皇太子监国。大赦，改元年为宝应元年。"[4]《资治通鉴》卷二百二十二宝应元年[5]载："建巳月，庚辰朔……甲寅，上皇崩于神龙殿，年七十八。"[6]按，据上述典籍所载，唐玄宗之崩应在上元二年（即去上元年号后之"元年"，761）四月甲寅（五日），文末所记"上元元年建巳月（即四月）"，以及《四库全书》所记"上元元年七月"均有误。据此，文之撰当在上元二年（761）四月五日。

# 附 录

《唐大诏令集》卷三十二有《邵王赠皇太子制》，文末署颁布时间为"神龙元年二月九日"[7]，此时间在现存此书几个版本中均相同。今学者所主编的《全唐文诏敕考辨》即征引《旧唐书》卷八十六云："中宗即位，追赠皇太子，谥曰懿德，陪葬乾陵。"又引《册府元龟》卷二百六十一《储宫部·追谥》："神龙元年，追赠皇太子，谥曰懿德。"又引《新唐书》卷八十一、《唐会要》卷四等书之类似记载，最后谓"均与本文云'朕丕膺宝命'在时间上吻合"，故相信此诏令文末所署时间："本文作于神龙元年（705）二月。"[8]

按，此诏令文末所署"神龙元年二月九日"不可轻信。检《旧唐书·中宗本纪》载："（神龙元年）夏四月……戊寅，追赠邵王重润为懿德太子。"[9]又《资治通鉴》卷二百八载："（神龙元年四月）戊寅，追赠故邵王重润为懿德太子。"[10]按，《旧唐书·中宗本纪》与《资治通鉴》所载追赠故邵王重润为懿德太子之时间，同为神龙元年四月戊寅，然均与《唐大诏令集》此诏令文末所署"神龙元年二月九日"异，则上述所记两种时间起码必有一误。那么何者为误？我们认为《旧唐书》和《资治通鉴》均为正史，且成书均早于《唐大诏令集》，今两书均记追赠邵王为皇太子在"神龙元年四月戊寅"，当较《唐大诏令集》此文末所署之"神龙元年二月九日"为可信。盖《唐大诏令集》文末所署时间往往有因辗转抄录等缘由而致误者。即如《旧唐书·中

---

[1] （五代）刘昫：《旧唐书》，中华书局1975年版，第235页。
[2] （北宋）王溥：《唐会要》，中华书局1955年版，第6页。
[3] （北宋）欧阳修等：《新唐书》，中华书局1975年版，第154页。
[4] （北宋）欧阳修等：《新唐书》，中华书局1975年版，第165页。
[5] 按，实际上为上元二年。
[6] （北宋）司马光：《资治通鉴》，中华书局1956年版，第7122～7123页。
[7] （北宋）宋敏求编：《唐大诏令集》，中華書局2008年版，第125页。
[8] 韩理洲等：《全唐文诏敕考辨》，三秦出版社2017年版，第126页。
[9] （五代）刘昫：《旧唐书》，中华书局1975年版，第139页。
[10] （北宋）司马光：《资治通鉴》，中华书局1956年版，第6590页。

宗本纪》与《资治通鉴》所载之神龙元年四月戊寅,乃神龙元年四月二十九日;而《唐大诏令集》此文末所署则为神龙元年二月九日,相者相较,神龙元年相同,所不同的是一为"四月二十九日",一为"二月九日"。相比照之下,当是《唐大诏令集》将原"神龙元年四月二十九日"误录为"神龙元年二月九日"。可见,《唐大诏令集》此文末所署"神龙元年二月九日",实际上是"神龙元年四月二十九日"之抄误。

(责任编辑　师雅惠)

# 胡朴安"形音义派"文字学的汉语音韵学史"开局"意义

李无未

（厦门大学　中文系）

**摘　要**：1926 年，胡朴安著《文字学研究法》，以"形音义"理论为指导，建构汉语音韵学史研究模式，有重要的开局意义。他以"文字之音学史"结构安排与构成要素布局，造就了后来学者们进行中国汉语音韵学史研究的四大部门形式。其见解独特，比如认为古韵分部之始"肇于郑庠，郑庠作《古音辨》，分为六部"；推崇洪亮吉《汉魏音》语音史价值；具有《中原音韵》一系韵书"谱系"理念，开启罗常培、赵荫棠等学者研究思路，等等，不一而足。胡朴安《文字学研究法》所建构的中国汉语音韵学史，与其《中国文字学史》《中国训诂学史》两部著作一样，为建立中国汉语言文字学史科学"大格局"而"先行先试"。其学术贡献需要重新评估，从而走出过去学者的研究误区。

**关键词**：胡朴安；《文字学研究法》；汉语音韵学史；开局意义

## 一、中国文字学"音形义派"与汉语音韵学史研究

20 世纪初至 1945 年之前这段时间里，中国学者为研究汉语音韵学史付出巨大心力，一些比较著名的汉语音韵学者都在努力探索，比如章太炎有《小学略说》将汉语音韵史分为五期[①]。钱玄同《文字学音篇》(1920)则对其说加以补充，分为六期[②]。胡以鲁著《国语学草创》，用西方现代语音学理论审视汉语音韵史，有开创先河之功，打破了当时中国学者研究汉语音韵学史的固有观念与思维模式。罗常培对汉语音韵学史卓越的开拓性贡献是有目共睹的，比如在中国大学中最早创设汉语音韵学史课程；确立研究汉语音韵学史的基本观念原则；用世界性的眼光研究汉语音韵学史[③]。

---

\* 本文是国家哲学社会科学基金冷门绝学研究专项学术团队项目"东亚汉语音韵学史文献发掘与研究"成果之一，编号：21VJXT014。
① 章太炎、陈柱：《小学略说》，《国学十六讲》，中国友谊出版社 2009 年版，第 178 页。该说最早见于章太炎《国故论衡》，初刊于 1910 年。
② 潘重规、陈绍棠：《中国声韵学》，三民书局 1978 年版，第 4 页。
③ 李无未：《中国汉语音韵学史研究方式与东亚模式的选择》，未刊稿 2023 年。

当然,最为引人瞩目的是张世禄著《中国音韵学史》,有划时代的开创性意义,不但开启中国系统汉语音韵学史研究的绪端,科学地建构了中国汉语音韵学史的学术基本框架模式,为汉语音韵学史领域做出不可磨灭的历史性贡献:其一,按照中国汉语音韵学史发展的基本逻辑,第一次全面系统构建了中国汉语音韵学史的学术基本框架。其二,按照中国汉语音韵学史的历史进程,分阶段,突出特点,清晰地展现了中国汉语音韵学史,使得中国汉语音韵学史的历史进程线索十分清楚。其三,站在中国大文化的背景下观察中国汉语音韵学史,使得中国汉语音韵学史研究的宏观中国文化氛围更为浓郁,使人们相信,中国文化造就了中国汉语音韵学史。其四,以文献的全面发掘为导引,以文献细致分析为核心,以文献精心分类为范畴,围绕主题,逐次展开,使得其论述根基厚实,掷地有声。其五,使中国汉语音韵学史的研究具有世界性的视野,东西兼容,从中发掘出中国汉语音韵学史走向世界化的基本规律,东西互动,相互促进,使中国汉语音韵学史日趋科学化、完善化。① 这些成果,都是我们应该认真了解与借鉴的。

但我们也要认识到,无论是罗常培,还是张世禄,虽然都站在汉语音韵学史研究的时代之巅,开拓了汉语音韵学史新天地,但也要注意,其研究成就并不是独立取得的,而是同时代研究汉语音韵学史的人们"朝鸣共雄,惠此好音"的结果,是"群体"协同共进的结果,"群峰相紫翠,万树各丹黄"的壮丽图象才是近现代中国汉语音韵学史的真实景观。

近现代中国汉语音韵学史研究共雄并起,多奇思妙想,许多人以崭新的"跨界"学术眼光审视汉语音韵学史,其结论当然令人耳目一新。比如中国文字学者"跨界"研究中国汉语音韵学,其学术效应,无论怎么"拔高",都不过分。

将目光集中到中国文字学学者身上,就会发现,这些"跨界"群体学者,以中国文字学之名,在研究中国文字字形学的同时探及许多中国汉语音韵学关键性问题。他们往往以中国文字学理论建构为目的,但这个"中国文字学"不是今天许多学者理解的"中国文字构形学",而是"音形义"结合理念之下的"中国文字学"。这个"中国文字学",从拓展的视野看,既研究中国文字学史,也研究中国训诂学史、中国汉语音韵学史。

姚孝遂等人所著《中国文字学史》认为,中国文字学理论研究,有所谓的"形义派""形音义派""形体构造派"之分②。一般来说,"形体构造派"即专注于"汉字构形学"研究,代表人物为沈兼士、顾实、何中英、容庚、蒋善国、唐兰、孙海波;"形义派"只讲汉字构形与汉字字义关系,代表人物为朱宗莱等。"形音义派"则与此两派不同,不但讲字形、字义,还讲字音,更讲三者之结合,"合三为一",中国文字学是广义的汉字学概念。比如马宗霍《文字学发凡》"卷首,绪论"开明宗义,"论文字学一称小学","论文字学即形声义之学",认定中国文字学要继承小学传统,走章太炎汉语言文字学之路③,其中国文字学就是"小学"之谓,或曰汉语言文字学。汉语言文字学的基础是汉语音韵学、汉语文字学、汉语训诂学。所以,马宗霍说:"文字之学不外三端:其一体制,谓点画有衡从曲直之殊;其二训诂,谓称谓有古今雅俗之异;

---

① 李无未:《中国汉语音韵学史研究方法与东亚模式的选择》,未刊稿2023年。
② 姚孝遂等:《中国文字学史》,吉林教育出版社1995年版,第514~516页。
③ 马宗霍著,王婧之、蔡梦麒点校:《文字学发凡》,湖南师范大学出版社2018年版,第1~2页。该书初版于1935年。

其三音韵,谓呼吸有清浊高下之不同。简而言之,即字形、字音、字义而已。"①马宗霍也批评那种研究汉字学只顾及字形、字音、字义之一端的做法:"若夫拘滞一端,主音而以为形可以忽者,忽则言语道窒,而越乡如异国矣。主形而以为音可遗者,遗则形为糟粕,而书契与口语益离矣。知形与音而不能退寻,故言得其经脉者,犹非达夫神旨者也。王筠有云:'字之有形声义也,犹人之有神影形也。不能离形而为影与神,更不能以他人之影与神附此人之形也。'斯言得之。"②

"形音义派"的学者,以"中国文字学"为大旗,研究汉语音韵学史取得很大的成绩。如此,在研究中国汉语音韵学史时,就不能忽视其成果对中国汉语音韵学史的意义。这些成果也应该是中国汉语音韵学史的一部分,不可缺失。同时,也要认识到,这是一个亟待开发的丰厚的中国汉语音韵学史学术资源,应该予以奋力发掘,给以正确评价。汉语音韵学史学者过去常常将这种"中国文字学"视野之下的汉语音韵学史研究斥之为"非正统",那是偏执的中国汉语音韵学史观念作用的结果,使中国汉语音韵学史研究走向片面而非客观。由于对这些"形音义派"的相关研究的贡献了解不够,再加上未深入就采取轻浮的态度,使得这一丰厚资源长久"闲置"而无人问津。现在则是中国音韵学者倾力改变这种"非正常"状况的时候了。

## 二、胡朴安"形音义派"《中国文字学史》的汉语音韵学史意识

在"形音义派"关于"中国文字学"的诸多研究成果中,引起我们注意的是以《文字学研究法》《中国文字学史》《中国训诂学史》著称于世的胡朴安的学术成绩。胡朴安(1878—1947),近现代文字学家、训诂学家。本名有忭,学名韫玉,字仲明、仲民、颂明,号朴安、半边翁。以号行世。

胡朴安著有《文字学研究法》《文字学 ABC》《中国文字学史(上、下)》《中国训诂学史》《俗语典》《中华全国风俗志》等。③

胡朴安的《中国文字学史》涉及许多汉语音韵学史内容,比如《绪言》之《文字学之定义与其范围》一节,以鲜明的态度强调"形声义为文字学之三要素"④。其文字学史时代划分也蕴含着"汉语音韵学史时代划分"的意图,不能不使我们"另眼相待"。

### (一)第一编,文字书时期自秦至隋时代

在涉及许慎的《古音之参考》一节,胡朴安说,《说文解字》九千三百余字中,形声字七千六百余,此"七千余字,取譬相成之声,其古音之材料,视三百篇诗而有过之。清朝中叶研究

---

① 马宗霍著,王婧之、蔡梦麒点校:《文字学发凡》,湖南师范大学出版社2018年版,第2页。
② 马宗霍著,王婧之、蔡梦麒点校:《文字学发凡》,湖南师范大学出版社2018年版,第2页。
③ 胡朴安:《文字学研究法》,《国学汇编丛书》(第三辑),胡朴安1926年版;胡朴安:《文字学 ABC》,世界书局1929年版;胡朴安:《中国文字学史》(上、下),商务印书馆1937年版;胡朴安:《中国训诂学史》,商务印书馆1939年版;胡朴安主编:《俗语典》,上海广益书局1922年版;胡朴安:《中华全国风俗志》,上海广益书局1923年版。
④ 胡朴安:《中国文字学史》,中国书店1983年版,第8页。

古音者,以七千余形声字为研究之根据而所获颇多"①。《中国文字学史》提及姚文田、严可均、苗夔、张成孙、陈立、张行孚等人著作,又列出《隋书》《唐书》"经籍志"《唐书》"艺文志"等文献,其中,《杂字音》《借字音》《音书考源》《声类》《文章音韵》《五音韵》《四声韵》《群玉典韵》《续修音韵决疑》《韵英》《证俗音》《证俗音字略》等颇为引人注目。

比如马国翰《玉涵山房》、黄奭《佚书考》、任大椿《小学钩沉》等书,就对《韵集》《音谱》《声谱》《韵略》《切韵》《韵海镜原》《四声五音九弄反纽图》等著作进行了考订。②

很显然,这个文字书时期(自秦至隋),也是汉语音韵学史韵书由萌芽到成形的时期。

### (二)第二编,文字学前期唐宋元明

胡朴安称,贾昌朝《群经音辨》五门述及"辨字同音异""辨字音清浊""辨彼此异音"等内容。《唐志》之武玄之《韵诠》十五卷已经亡佚。《徐铉之校订》一节中提到:"铉按,每字皆用孙愐切音注其下。"③在《徐锴之〈系传〉》一节,胡朴安说:"用朱翱切音。"④《司马光等之〈类篇〉》一节,胡朴安指出:"《类篇》之修因《集韵》增字既多,与《玉篇》不相参涉,乃别为《类篇》,与《集韵》相副施行。"⑤《声读之发明》一节,胡朴安说:"声读之发明,则始自宋朝,亦文字学史上可纪之一事也。"由此引出王圣美等人主张的"右文说":"知声者,可以因声求义。"清儒则将"因声求义"的用法"愈推愈广"。⑥但胡朴安不将其与汉字"同源语音关系"联系起来论述,很显然,胡朴安缺乏章太炎、胡以鲁的学术眼光。但看其在《从偏旁到字原》一节中列举清代十四种与之相关的著作,亦可见胡朴安对"字原"问题的重视。

很显然,这个文字学前期(唐宋元明),也是汉语音韵学史"字韵书"叠加组合与"因声求义"理论意识形成的时代。

### (三)第三编,文字学后期清

胡朴安在《汉学派文字学先导之顾炎武》一节中称:"顾氏之文字学,在声之一方面,著有《音学五书》,言声韵学者悉祖之,兹不述。"⑦《确立汉学派文字学之戴震》一节中称:"戴氏之文字学,在声之方面,著有《声韵考》《声类表》《转语》",而段玉裁为戴氏弟子,其曰:"小学有形有音有义,三者互相求,举一可得其二。"⑧《集汉学派文字学大成之段玉裁》一节中有"古音例"说道:"古音者,三代秦汉之音也。段注既用《切韵》以明今音矣,复言古音,以明三代秦汉之音。"《三钱之文字学》中说:"钱大昕关于文字学,虽未有伟大之著作,而其见之于《养新录》中者,极多精深之见者。"⑨其小注曰:"极多发明,而能道人之所未道。"⑩但胡朴安不提钱

---

① 胡朴安:《中国文字学史》,中国书店1983年版,第41页。
② 胡朴安:《中国文字学史》,中国书店1983年版,第67~74页。
③ 胡朴安:《中国文字学史》,中国书店1983年版,第135页。
④ 胡朴安:《中国文字学史》,中国书店1983年版,第140页。
⑤ 胡朴安:《中国文字学史》,中国书店1983年版,第151页。
⑥ 胡朴安:《中国文字学史》,中国书店1983年版,第231,233页。
⑦ 胡朴安:《中国文字学史》,中国书店1983年版,第254页。
⑧ 胡朴安:《中国文字学史》,中国书店1983年版,第268,269页。
⑨ 胡朴安:《中国文字学史》,中国书店1983年版,第282页。
⑩ 胡朴安:《中国文字学史》,中国书店1983年版,第386,404页。

大昕上古音声类研究之成果,这确实是个疏漏。《从声读到〈文始〉》一节,虽然胡朴安提到段玉裁《古十七部谐声表》,但胡朴安意在说明,段氏以《说文》谐声字求其韵部的方式对研究"同源字"之价值,所以,胡朴安说:"至于其求声母之目的,悉为求古音分部之用,绝无有据此以求《文始》之趋向,亦未有声同义假之推求。"①

胡朴安对章太炎研究"同源字"的做法也有自己的看法。他说:"惟章氏之书,不据形声之字以求声,而以音之近转、远转、对转、旁转。以此字之音,孳乳而为彼字。此则章氏之《文始》所用之方法,而与清代学者本声读之方法以求声母,则不相同也。"又说:"章氏之《文始》,乃言学而非文字学也。求文字学之文始,仍当本声读法以求之。"②胡朴安区别"同源字"研究的语言学方法与文字学方法,存在"误读""同源字"研究的语音学根基问题。胡朴安《中国文字学史》以纯文字视角看待汉语音韵学问题,以文字学方法强求汉语音韵学适应。

看来,这个文字学后期(清代),也是汉语音韵学史考据与理论重构,以倡导"因声求义"理论、建构同源字理论的自觉时代。

但我们也看到,胡朴安的《中国文字学史》走"形音义派"路线,在中国文字学视角下研究汉语音韵学史,虽然具备了一定的汉语音韵学史意识,但并不那么强烈而自觉,也不循构建框架形式的主流,明显有跟着中国文字学"构形史"节奏走的倾向,与胡朴安自己在《中国文字学史》《绪言》中宣扬的"形音义派"结合理论主张脱节,也不吻合实际的汉语音韵学史研究,出现了论述上的逻辑矛盾。此外,《中国文字学史》在汉语音韵学史研究上"缺项"很多,比如很少见到其涉及汉语等韵学史文献、汉语对比语音学史文献。可见,胡朴安的《中国文字学史》中,"中国文字构形学"意识占主导地位,这明显弱化了汉语音韵学史研究功能。

## 三、胡朴安"形音义派"《文字学研究法》总论及"文字之形学史"

《中国文字学史》出版之前,胡朴安还出版过一本文字学著作,名字叫"文字学研究法"。此书列在"国学汇编丛书"第三辑,由胡朴安发行及印制,时间当在 1926 年。后来,台北西南书局又于 1973 年影印出版。此书流传不广,较少为世人所知。

### (一)胡朴安《文字学研究法》总论

《文字学研究法》有总论,阐明其对文字学的基本观点。

1. 胡朴安的文字学著作分类宗旨及文字内部要素之间关系观点

关于文字学著作的分类,胡朴安在总论中说:"自来研究文字学者,大要分为三类:一曰文字之形。以《说文解字》为主,下参之汉碑,上溯之金文,与近时新出土之龟甲文等。二曰文字之声。言古音者,以《说文解字》之谐声为主,遍考之《易》《诗》《离骚》及汉魏有韵之文等。言今音者,以《广韵》为主,详辨五十声类之分别,旁求华严、天竺之字母等。三曰文字之义。以《尔

---

① 胡朴安:《中国文字学史》,中国书店 1983 年版,第 502 页。
② 胡朴安:《中国文字学史》,中国书店 1983 年版,第 502 页。

雅》《说文解字》为主,辅以《广雅》《释名》《方言》,博证之三代秦汉诸书等。"①可见,胡朴安的文字学分类是一个广义文字学"组织",即结构性的分类,分为文字之形学、文字之音学、文字之义学三类。与其《中国文字学史》之《绪言》所宣扬的"形音义派"综合主张并无二致。

对文字学进行结构性分类之后,胡朴安对文字学"形音义"三要素之间的关系又进行了说明:"夫文字之组织,不外乎形声义。无形不能笔之于书,无声不能宣之于口,无义不能见之于用。合形音义三者,固可以包括文字学而无遗,然此种分类,只可谓之文字学,不可谓之研究文字学,更不可谓之研究文字学之方法。盖吾人所以须研究文字学之故,不在文字学之本身,而在研究文字学者之本身。"②组织,即内在结构形式,是由"形音义"要素构成决定的,三者缺一不可,但还是要归结到文字学本身内涵所确立的模式。

胡朴安还称:"古今研究文字学者之目的,各有不同,约而言之,不外二类:一为文字之考证而研究者,一为文字之应用而研究者。虽同一形声义之研究,目的不同,方法遂异,所以,研究文字学之方法,不可以形声义分类。"③很明显,他认为,学科角度的审视与实际考证应用操作方式有所不同,需要区别。

2. 胡朴安举出"古今文字学著作提要"学习需求层次之说明

胡朴安说:"古今文字学之著作多矣,虽不必一一详细研究,亦当择其最要者熟读之,次要者浏览之,不甚要者涉猎之。兹编所述,即将古今文字学之著作,就著作者曾经寓目之书,分为形声义三部,摘其大概,以为求博之引导。又为读书之利便起见,一部之中,各以类聚。"④他举例说,段玉裁《说文解字注》之下,应有钮树玉《段氏说文注订》、王绍兰《说文段注补订》、徐承庆《说文段注匡谬》等,文字学文献"学术谱系"意识凸显。

对文字学著作,胡朴安的态度是"别其精细、适用与不适用",这也是其是否适合于文字学研究之标准。胡朴安认为,讲文字形声义之例,详述其变迁之迹,应该成为研究文字学者之法则。⑤ 揭示整个《文字学研究法》结构形式的本质,可以撮其大要,明确其学科内涵实质,区分为两个大部分——"古今文字学著作提要"之"文字之形学史"部分与"古今音韵学著作提要"之"文字之音学史"部分。认真想来,撮其大要只是表面,借助提要名目,论述其研究"文字之形"与"文字之音"的历史进程才是其本质。如此说来,应该据此认定《文字学研究法》内容同时归之于中国文字学史与中国音韵学史学科范畴,应把《文字学研究法》当作中国文字学史与中国音韵学史著作来看待。

## (二)胡朴安《文字学研究法》"文字之形学史"

胡朴安《文字学研究法》论述"文字之形学史",依据"文字之形"文献在学史上的地位而摆明其主次关系位置:"钟鼎与龟甲文字,虽在《说文解字》之先,然研究文字学者,终当以许书为本。许书者,文字之汇归,而有条理可寻者也。许书包括形声义三部,自来言文字学者,

---

① 胡朴安:《文字学研究法》,西南书局1973年版,第1页。
② 胡朴安:《文字学研究法》,西南书局1973年版,第1页。
③ 胡朴安:《文字学研究法》,西南书局1973年版,第1页。
④ 胡朴安:《文字学研究法》,西南书局1973年版,第4,5页。
⑤ 胡朴安:《文字学研究法》,西南书局1973年版,第8页。

大概以许书属于形之部。兹编仍沿其例也。"①

按照这一安排,将大小徐《说文解字》研究之书列为首选。以《说文解字》为中心,各类研究著作,正门旁系,关系错综复杂,都可以按照一定的线索列于"谱系"之内。

《说文》之外,又以出土文献为中心,亦可列在"文字之形"著述之内。所以,胡朴安又说:"兹先及金文,金文或谓之钟鼎文。其文皆古籀之余,如宋薛尚功《钟鼎款识》、王俅《啸堂集古录》,以及清之《金石索》、《西清古鉴》等。"②"古籀之学,有一事足资研究者,即金文之古籀与《说文》之古籀,不甚符合。论者谓钟鼎之古籀,系成周之文,《说文》之古籀,乃晚周之文。此说是否为定论,尚待研究。"③由此可见,胡朴安十分推崇郭忠恕的《汉简》、庄述祖的《说文古籀疏证》、孙诒让的《名原》等著作。

胡朴安详述甲骨文发现之过程,强调刘鹗、孙诒让、林泰辅、罗振玉、王国维之贡献④。值得注意的是,胡朴安特意提及日本学者林泰辅1909年发表研究甲骨文的论文:"刘氏得罪发边,所藏散失,而中州估人,时时以陆续出土之龟甲兽骨求售。日本考古学家,颇争购之。有日人林泰辅者,为之详考,揭诸《史学杂志》。"⑤

此外,隶变也是胡朴安关注的对象,他亦推崇洪适《隶释》、朱百度《汉碑征经》、罗振鉴《碑别字》(罗振玉增订)、赵之谦《六朝碑别字》等书。

由胡朴安论述"文字之形学史",可以看出其学术意趣,以"文字之形谱系"带动学术史研究,"纲举目张",讲求的是"文字之形学史"上的"考镜源流,辨章学术"。

## 四、胡朴安"形音义派"《文字学研究法》"文字之音学史"布局

胡朴安《文字学研究法》中的"文字之音学史"部分是我们研究的重点。为何如此说?简单来说,"文字之音学史"相关内容占据《文字学研究法》全书222页内容的大部分,即从57页到222页,有165页之多。"文字之形学史"占据了很小的一部分,即从9页到57页,只有48页。此外,胡朴安已为汉语音韵学史构建了完整的学术框架,讨论了汉语音韵学史上诸多关键问题,提出自己的看法。由此,我们深深感到,胡朴安的《文字学研究法》是以"文字之形学史"为名义,行"文字之音学史"之实,进行的是汉语音韵学史研究的"大布局",完全可以立于中国汉语音韵学史研究之林。这确实是过去研究中国音韵学史的学者,包括一些最为著名的学者,比如王力、张世禄,以及后来的何九盈等,所忽视的,因而引起我们的高度关注,我们应重新评估《文字学研究法》在建构中国汉语音韵学史的价值与意义。

胡朴安对《文字学研究法》"文字之音学史"整体性结构形式安排的意图再清楚不过:"以

---

① 胡朴安:《文字学研究法》,西南书局1973年版,第9页。
② 胡朴安:《文字学研究法》,西南书局1973年版,第49页。
③ 胡朴安:《文字学研究法》,西南书局1973年版,第50页。
④ 胡朴安:《文字学研究法》,西南书局1973年版,第52~54页。
⑤ 胡朴安:《文字学研究法》,西南书局1973年版,第52页。

古今关于文字学声韵之著作,以类为别,先述古韵,次述今韵。"①古韵著作与今韵著作分别"考镜源流",则可以缕析出汉语古韵学史与汉语今韵学史的明晰格局。

## (一)胡朴安"形音义派"《文字学研究法》"文字之音古音学史"布局形式

胡朴安不仅讨论了古韵分部、谐声与古音研究等问题,还对江有诰、毛奇龄、陈第、钱大昕以及洪亮吉等人的古音研究进行了评价。

1. 胡朴安论"文字学"古韵分部

(1)吴棫古音学。胡朴安称,古韵分部之始为吴棫《韵补》。胡朴安把上古韵分部作为研究上古音的切入点,沿袭中国上古音研究传统。研究古韵分部以何人为始?以宋吴棫《韵补》开始:"就二百六部注古通转,其注古通某者,冬钟古通东,支脂之微灰古通等。"②

但胡朴安并不回避吴棫《韵补》存在的问题:"既知古韵异于今韵,而所引诸书,漫无古今之别,所以,今韵而误为古韵。"尽管如此,胡朴安还是借钱大昕之评论肯定其所具有的开拓之功:"才老之疏,不足为才老病,因者易为力,创者难为功也。钱大昕云:'才老博考古韵,以补今韵之阙,虽未能尽得六书谐声之原本,而后儒因是知援《诗》、《易》、《楚辞》,以求古韵之正,其功已不细。古人依声寓义,唐宋久已失其传,而才老独知之,可谓好学深思者矣!'斯真持平之论也。"③胡朴安列吴棫《韵补》五卷、顾炎武《韵补正》一卷(邵武徐氏将吴氏《韵补》与顾氏《韵补正》合刊)。但胡朴安也强调:"古音虽托于吴才老,而其分部也,则肇于郑庠,郑庠作《古音辨》,分为六部。"④郑庠研究上古音,时间要早于吴棫。

(2)顾炎武古音学。胡朴安称:"清儒音学之盛,实顾炎武开其先。""顾氏研究古音,虽上有所承,然其用力之勤,所获之精,实可谓音学之开山祖。"⑤这是胡朴安给顾炎武古音学学术史的基本定位。

(3)江永古音学。胡朴安称,江永认为:"顾氏《古音表》分十部,离合之处,尚有未审,其分配入声未当。此考古之功多,审音之功浅。"于是,江永作《古韵标准》,分为十三部,以纠正顾氏之失。胡朴安强调了江永的特异之处。

(4)段玉裁古音学。胡朴安称,段玉裁《六书音均表》依据江永《古韵标准》:"以读三百篇,知真臻二韵与谆文欣魂痕五韵分用,尤幽二部与侯分用。又支佳为一部,脂微齐皆灰为一韵;之咍为一韵,分古音为十七部。"⑥胡朴安认为段氏分部与江永又有所不同,更为精辟。

(5)戴震古音学。胡朴安称,戴震"虽系段氏之师,《声类表》成书在《六书音均表》之后":"论者谓其所云音之敛侈宜区别,殊非通人之说,然其以入声为枢纽,阴阳相配,正转旁转诸说,实自东原发之。蒸之对转,清支对转,真脂对转,东侯对转。后之言古音者,卒莫能易,信有以发前人之所未发,引起后人无穷之绪也。"⑦胡朴安强调了戴震语转学说的创见,颠覆了旧的语音研究认知。

---

① 胡朴安:《文字学研究法》,西南书局1973年版,第57页。
② 胡朴安:《文字学研究法》,西南书局1973年版,第57页。
③ 胡朴安:《文字学研究法》,西南书局1973年版,第58页。
④ 胡朴安:《文字学研究法》,西南书局1973年版,第59页。
⑤ 胡朴安:《文字学研究法》,西南书局1973年版,第50页。
⑥ 胡朴安:《文字学研究法》,西南书局1973年版,第60~62页。
⑦ 胡朴安:《文字学研究法》,西南书局1973年版,第62页。

(6)孔广森古音学。胡朴安称,孔广森《诗声类》"基于唐韵,阶于汉魏,稽于二雅三颂十五国之风,剖析于敛侈清浊毫厘纤秒之际,分古音为阴阳声各九,共十八类"①。胡朴安认为孔广森接续戴震语转理论,实践性更强。

(7)王念孙古音学。胡朴安称,王念孙"论古音,分为二十一部":"言古音者,皆统于平,惟孔氏立入部,王氏立去入二部,为独异于前人也。"②胡朴安推崇王念孙之学说。

(8)章太炎古音学。胡朴安称,章太炎"兼采众说,分古韵为二十三部",还著有《成均图》。胡朴安认为:"惟寻绎章氏对转旁转之例,则二十三部,只分为二类。一隔轴者不得转,二侈声不得转敛,敛声不得转侈而已!"③胡朴安认为章太炎取得两大成就,已经成为清代古音学的殿军。

2. 胡朴安论《说文解字》谐声与古音学

胡朴安从《说文解字》谐声语音研究入手,去辨明学者们古音学理论学术"谱系"意识。比如胡朴安说,戴震发现"谐声声读之例"而以谐声求古音者众,属于同一古音谱系之研究。还说,王圣美"右文"是"声读"之权舆,吴棫、顾炎武、江永"未能本声读之例,以为古音考证",而戴震则发现"声读之例",段玉裁本之,未成书。后来者以谐声方式而求古音者众。胡朴安举姚文田《说文声系》及《古音谱》、严可均《说文声类》、苗夔《说文声读表》、朱骏声《说文通训定声》、戚学标《汉学谐声》、张成孙《说文谐声谱》、陈立《说文谐声孳生述》、张行孚《说文审音》等为例,以说明这种现象。④

3. 胡朴安论说江有诰古音学

胡朴安论说江有诰古音学"能得诸家之长,而不甚为所共知者"。江有诰"之于古音,既不废夫考古,而又精于审音,分古音为二十一部"。在具体论述时,胡朴安将江有诰的分部与顾炎武、江永、段玉裁等人的分部进行比较,突出江有诰古音学的特点。⑤

4. 胡朴安论说毛奇龄古音学说陷于谬误境地

毛奇龄走的道路与顾炎武等学者不同,胡朴安说他:"作《古今通韵》十二卷,以排斥顾炎武之《音学五书》,创为五部之说。"不过,这种五部之说"不知适自陷于谬误","好奇之过也"。毛奇龄还有"三声两界两合之说",对此,胡朴安批评说:"毛氏不本古韵以求古韵,第执今韵分部以求古韵,又不知古韵递变之迹。"其"三声两界两合""其例之不可通者为叶韵之说以自通,则全书之例破坏无疑矣!"与毛奇龄古音学说相关的还有安吉《六书韵征》、傅寿彤《古音类表》等,都成为胡朴安批判的对象。⑥

5. 胡朴安论说陈第《毛诗古音考》及其相关古音学说

胡朴安称,以《毛诗》用韵而求古音,始之于吴棫《韵补》,中经朱熹《诗集传》,而后最为可观者为明人陈第《毛诗古音考》。其《自序》云:"时有古今,地有南北,字更革,音有转移。"可见,其具有明确的语音时空观念。这在当时是非常了不起的语音理论意识,所以,胡朴安极力推崇。⑦

---

① 胡朴安:《文字学研究法》,胡朴安1926年自印,第66页。
② 胡朴安:《文字学研究法》,西南书局1973年版,第65页。
③ 胡朴安:《文字学研究法》,西南书局1973年版,第66页。
④ 胡朴安:《文字学研究法》,西南书局1973年版,第66~83页。
⑤ 胡朴安:《文字学研究法》,西南书局1973年版,第83~86页。
⑥ 胡朴安:《文字学研究法》,西南书局1973年版,第86~94页。
⑦ 胡朴安:《文字学研究法》,西南书局1973年版,第95页。

6. 胡朴安论说钱大昕上古音声类

胡朴安从中古守温字母说起,认为上古音声类也应该引起重视。他列举了几家研究成果,比如"钱氏大昕谓古无重唇;章氏炳麟谓娘日归泥,皆借字母以考古印之声";"周氏春《十三经音略》,即以字母为群经音韵之考证"。① 胡朴安所说"钱氏大昕谓古无重唇"存在着叙述错误,应是"钱氏大昕谓古无轻唇音""舌头舌上不分"。许多学者对此早已有所考证,今天已经成为常识性的汉语上古音声类的著名学术观点。

7. 胡朴安论说《释名》等文献之汉魏音

胡朴安清楚意识到汉魏时汉语上古音向中古音过渡,即汉魏音意识,十分难得。他说:"《易》《诗》《离骚》之音,周之音也。郑众、杜子春、郑康成注经,高诱注吕不韦淮南王书,刘熙造《释名》,以及汉魏有韵之文字等,汉魏之音也。""研究汉魏之音,今所可据者,除散见汉魏人注经子及韵文外,而刘熙《释名》,实可为汉人读音之标准"。② 可见,胡朴安以刘熙《释名》为研究汉魏音的标准,这将其放在何等重要的位置。刘熙《释名》之外,胡朴安还推崇洪亮吉《汉魏音》:"洪氏此书,搜集汉魏人之读音,类聚区分,俾学者可以据此考见汉魏人读音之真,此其可贵。"洪亮吉所撰《汉魏音》透露的汉语语音史意识,也影响后人的研究,比如罗常培、周祖谟、丁邦新、何大安等。

## (二)胡朴安"形音义派"《文字学研究法》"文字之音今音学史"布局形式

胡朴安未另外设立汉语"今音学"名目,但看得出来,他的汉语今音学史意识还是很强烈的,他也善于抓住汉语音韵学学科分类的学术新进展,以布局"今音学"领域框架构成形式,这是值得关注的学术倾向性。

1. 胡朴安论《经典释文》

胡朴安认为,《经典释文》"集录诸家,括其枢要","德明自称为一家之学,实乃群经之总。夫经典文字,相承已久,音之递变,已非一朝。陆氏博采今古,兼而存之","研究经音者,当以是书为考证之根抵焉"。③

尽管如此,人们还是会追问:《经典释文》的语音性质是什么?胡朴安没有正面回答。今天许多学者,比如满田新造、藤堂明保、坂井健一、邵荣芬、杨军等,认为,《经典释文》注释语音史系统以中古音为主。这个结论基本上是成立的。

2. 胡朴安论韵书形成

胡朴安从韵书形成的历史及《切韵》性质来谈论汉语今韵学史,比如,他说,"音韵之书,如李登《声类》、吕静《韵集》","《声类》、《韵集》已有分部之趋向矣","而与《广韵》之分部不同","然周(颙)沈(约)分四声,犹未制韵书","今之韵书,始于陆法言《切韵》","观法言自序,《切韵》之读音,与当时方言之音,亦不能尽合,不过与此八人者,参考古今,斟酌南北,定一读音之标准而已。音韵之书既定,于是用韵者悉奉为法则"。④

---

① 胡朴安:《文字学研究法》,西南书局1973年版,第104页。
② 胡朴安:《文字学研究法》,西南书局1973年版,第106页。
③ 胡朴安:《文字学研究法》,西南书局1973年版,第102~103页。
④ 胡朴安:《文字学研究法》,西南书局1973年版,第111~113页。

### 3. 胡朴安论《广韵》

胡朴安认定《广韵》可用于考订古音与今音："《广韵》虽刊于宋，分部仍本于陆，为研究音学者之所公认，故《广韵》一书，为研究音学之枢纽。研究古音者，不能不根据《广韵》，以溯其变迁之迹；研究今音者，亦不能不根据《广韵》，求其分合之故。"①

### 4. 胡朴安论《切韵》

胡朴安认为："读《广韵》不啻读《切韵》《唐韵》也，然而亦不尽然。"通过《切韵》《唐韵》《广韵》，以及《玉篇》之音切、大徐《说文》之音切、小徐《说文》朱翱之音反及《字林》《五经文字》《经典释文》等书之反切，"皆能得魏晋读音之流变"。"此外，参考之用者，其有书四：一唐写本《唐韵》残卷；二纪容舒之《唐韵考》；三毕沅之《说文解字旧音》及胡玉缙之《旧音补》；四倪寿康之《古音集成》。"②魏晋音至隋代音之流变意识呼之欲出。

### 5. 胡朴安论王国维《唐韵别考》

胡朴安说，与《切韵》《唐韵》《广韵》同"谱系"之书，还必须参考两种书："一顾亭林之《唐韵正》，可以知古音唐韵流变之迹；一近人王国维之《唐韵别考》，可以知《唐韵》历史之大概。"③《唐韵正》，许多人已经熟悉，而《唐韵别考》则少有人关注，还需要加强认识。

胡朴安说王国维《唐韵别考》的基本做法是："其于《唐韵》诸本部次先后，根据颜元孙《干禄字书》、夏英公《古文四声韵》所用唐人《切韵》、孙愐《唐韵》，徐氏《说文解字篆韵谱》所用李舟《切韵》、《唐韵》列为一表，颇清朗可观。又韵书始于陆法言，由《陆韵》而《唐韵》，由《唐韵》而《广韵》，其字数增加之迹，虽可知其大略，其详不可得而闻也。"20世纪初，敦煌写本《切韵》系韵书发掘，促使人们重新思考《切韵》相关问题，王国维、刘复、罗常培、魏建功、姜亮夫、潘重规、周祖谟用力甚勤。《切韵》一系韵书文献汇编，至《唐五代韵书集存》达到历史新高度。

### 6. 胡朴安论《礼部韵略》

胡朴安论述《礼部韵略》的独特价值："盖宋时虽有《广韵》《集韵》二书，实不通行于世。《广韵》《集韵》多古字奇字，《集韵》尤苦浩繁。《礼部韵略》者，专为科举而设。"胡朴安坚持认为，《礼部韵略》"实为有宋一代普通读音之标准"，"所收之字，又皆通行之字，则是宋代之读音"。但研究了《礼部韵略》各种传本之后，胡朴安则认定具体情况要具体分析，又有与《集韵》相异而与《广韵》相同之读音情况，说明《礼部韵略》基本上没有脱离《切韵》一系韵书的音系框架，还是属于"今音"范畴。④

### 7. 胡朴安论陈澧《切韵考》"系联法"

研究《切韵》一系韵书，求其音切系统之方法，胡朴安不厌其烦地叙述《切韵考》系联法内容及操作程序，强调了陈澧《切韵考》今音音类研究方法论的价值与意义。胡朴安称，陆法言《切韵》声类韵类，其"虽能用之，必不能言之"，而陈氏"可谓言之明白矣"。⑤

---

① 胡朴安：《文字学研究法》，西南书局1973年版，第113～119页。
② 胡朴安：《文字学研究法》，西南书局1973年版，第119～123页。
③ 胡朴安：《文字学研究法》，西南书局1973年版，第123～132页。
④ 胡朴安：《文字学研究法》，西南书局1973年版，第132～133页。
⑤ 胡朴安：《文字学研究法》，西南书局1973年版，第156～159页。

## (三)胡朴安"形音义派"《文字学研究法》"文字之音近代音学史"布局

辨明胡朴安的汉语近代音意识,也是我们审视《文字学研究法》汉语音韵学史理论构成的十分重要的方面。

1. 胡朴安之《五音集韵》中的近代音观念

胡朴安具有近代音意识,应该从认识《五音集韵》语音"变化"开始。① 胡朴安依据《四库提要》的说法认为,《五音集韵》形式上"大抵以《广韵》为蓝本,而增入之字,则以《集韵》为蓝本"。但他也认识到:"夫读音变迁,时时不同,编韵书者,能以各种方法,表出当时之读音,便后人之参考颇巨。《五音集韵》,统以字母,则宋元间读音之声变,尚可于此书中得之。"② 宁继福等学者根据《五音集韵》"异文别字"以及"错讹"音读,发现其有第二音系,所处时空间均有不同,与胡朴安"宋元间读音之声变"的推断取得一致。

2. 胡朴安之《古今韵会举要》中的近代音观念

胡朴安从方日升《韵会小补》谈起,引出黄公绍、熊忠《古今韵会举要》韵书语音问题。宁继福认为,黄公绍《古今韵会举要》的蓝本是《礼部韵略》。《礼部韵略》语音系统,比如声母、韵母,与《蒙古字韵》几乎完全相同。③ 而日本学者花登正宏则认为,汉语近代语音中并行《中原音韵》与《古今韵会举要》"两种雅音"。④ 胡朴安虽然觉察到《古今韵会举要》语音流变的线索,但似乎还没有《古今韵会举要》中那么清晰的近代音意识。

3. 胡朴安之《中原音韵》中的近代音观念

胡朴安说:"元统一中国,盛行北音,谓北音舒长迟重,无短促之声,故北音无入声,以入声分隶平上去三声。又以平声有阴阳,上去俱无。"又说:"周氏此书,专以北曲为主,不可以之绳古音,并不可以之绳南音。今黄河以北之音韵,大抵与周氏之书相同。蒙古人主中原,于音韵上有巨大之变化也。明之洪武正音,多根据《中原音韵》而作,书未能通行,一般人民口舌,则因北曲之关系,于之默化。成祖都燕,满洲继之,北音之势力,以政治之权而愈广。今日读音统一会之注音字母,亦不能不以北音为标准矣!"⑤ 石山福治、赵荫棠、罗常培、王力、杨耐思、李新魁、宁继福等近现代学者殚精竭力,在构拟音系,建立研究理论上成就卓越,与胡朴安之观念基本一致。

胡朴安的《中原音韵》"谱系"观念也很突出,与后来罗常培提出的《中原音韵》"谱系说"有着明显的承继关系。胡朴安说:"惟是周氏之书,切字未尽探求,读音致难确定。后有徐氏为之注释,其书未见。范氏有《中州音韵》,余亦未见其书。清乾隆时,昆山王氏鵔青,覆本《中原音韵》、《中州全韵》二书,为《中州音韵辑要》二十一卷。"⑥ 胡朴安又举出《洪武正韵》一书,认为《洪武正韵》"并二百六部为七十六部,当系据当时口中之读音而并之。盖不轨于古者,必有准于今也"。⑦ 他还举出《词林韵释》与《词林正韵》二书,说这两本书:"专为词家之用,其韵

---

① 胡朴安:《文字学研究法》,西南书局 1973 年版,第 133 页。
② 胡朴安:《文字学研究法》,西南书局 1973 年版,第 134~138 页。
③ 宁继福:《汉语韵书史(金元卷)》,上海人民出版社 2016 年版,第 148,177~179 页。
④ [日]花登正宏:《〈古今韵会举要〉研究》,汲古书院 1997 年版,第 237 页。
⑤ 胡朴安:《文字学研究法》,西南书局 1973 年版,第 146 页。
⑥ 胡朴安:《文字学研究法》,西南书局 1973 年版,第 146~148 页。
⑦ 胡朴安:《文字学研究法》,西南书局 1973 年版,第 148~150 页。

部之分合,亦《中州音韵》之流亚也。"①由此可以认为,胡朴安《中原音韵》韵书"谱系"已经成形。

## (四)胡朴安"形音义派"《文字学研究法》"文字之音等韵学史"布局

胡朴安把等韵学纳入《切韵》学范畴中进行考察。他对等韵学的认识与一般的《切韵》学有所区别,其最为关键的一点,就是突出《切韵》"审音"意识,已经明显不同于韵书《切韵》的一般认知。这是胡朴安等韵审音学意识独立之始,虽然未强调其独立成学的必要性,但可以看作胡朴安等韵意识的突出反映。

1. 胡朴安论陈澧《切韵考》"系联法"之不便与《切韵指掌图》等韵图意识

胡朴安在论陈澧《切韵考》"系联法"理论时指出,《切韵考》区分之"韵类","即等韵学家之四呼是也。七音四呼,为反切之简便方法。字母等韵之学未明,虽反切之理已具,然终不能言之有条不紊,即如陈氏所求得之声类韵类。陈氏以为此陆氏之旧法,余谓陆氏虽能用之,必不能言之。声之类四十,韵之类四,在陈氏可谓言之明白矣,然读者犹以为不便,不如字母家有一定之母,等韵家有一定之呼,便于记忆也"。②

2. 胡朴安论述《切韵指掌图》之类等韵图之"利与弊"以及胡朴安的"误解"

胡朴安认为,"自字母入中国后,《切韵》之学,日以精密",《切韵指掌图》"以三十六字母,总三百八十四声,列为二十图,辨开合以分轻重,审清浊以订虚实,极五音六律之变,分四声八转之异,使散无统纪之声韵,皆有条理之可循,诚音韵学之一快事"。③但《切韵指掌图》的等韵术语以及"等韵门法",让人感到繁杂,属于"未尽善之处,有待后人补苴者"④。这是他看到的等韵学所存在之弊病。

等韵学存在之弊病,不仅仅《切韵指掌图》有,其他等韵图也在所难免。所以,胡朴安说:"至郑樵之《七音略》、无名氏之《四声等子》、张麟之《韵镜》,皆语焉不详。世人要视音韵为高深之学问,此则著书之过也。"⑤需要指出的是,胡朴安在这里存在着误解之处。比如他关于"张麟之《韵镜》"的说法有问题。据日本学者大矢透《韵镜考》一书所述,《韵镜》当在隋代已具"雏形",而在唐代中晚期已经成书。⑥南宋张麟之只是刊行者。《韵镜》成书在《切韵指掌图》之前,一般学者都同意这一看法。

此外,《韵镜》以研究今音为主,而《切韵指掌图》"宋音"意识明显,是典型的近代音之等韵图。《韵镜》四十三图,《切韵指掌图》二十图,所属"谱系"不同,胡朴安未进行区别而类比,所以让人诟病。

胡朴安又说:"(《切韵指掌图》)列为等韵者,大概分合开齐撮四呼。合口为一等,开口为二等,撮口为三等,齐齿为四等。"⑦这也是胡朴安的误解。《切韵指掌图》与《韵镜》一样,只有"开合呼"之分,何来"合开齐撮四呼"?"合开齐撮四呼"盛行于明末,比如梅膺祚《字汇》卷

---

① 胡朴安:《文字学研究法》,胡朴安1926年自印,第78页。
② 胡朴安:《文字学研究法》,西南书局1973年版,第158~159页。
③ 胡朴安:《文字学研究法》,胡朴安1926年自印,第80页。
④ 胡朴安:《文字学研究法》,胡朴安1926年自印,第80页。
⑤ 胡朴安:《文字学研究法》,胡朴安1926年自印,第80页。
⑥ [日]大矢透:《韵镜考》,明名堂1942年版,第13~20页。
⑦ 胡朴安:《文字学研究法》,西南书局1973年版,第160页。

末所附《韵法直图》与《韵法横图》都"改等为呼",而且,其"呼"之名目很多,达十种之多,其中"开合齐撮四呼"尤为常见。

3. 胡朴安开出等韵图之书目

胡朴安说:"论字母等韵之书目,自宋以来,作者颇多,往往列图举例,而无详细之解说。岁月既迁,读音流变,莫窥其本。门法徒多,读者苦其难明,而作者又好自立异,遂使字母等韵之学,而能得其用者无几人也。"①他以清人研究等韵学理论著作为基础,"列书七种,虽说各不同类,皆能审音以明音学之原理,而为学人研究音学之助焉"②。等韵著作七种成为胡朴安等韵学理论的基础。

胡朴安所列等韵著作七种为潘耒《类音》、江永《音学辨微》、江永《四声切音表》、汪曰桢《补正》、吴遐龄《韵切指归》、劳乃宣《等韵一得》及《外编》《补编》、胡煊《古今中外音韵通例》。③

胡朴安对这七种书有所评议:"江氏之书,谨守前人之范围。潘氏之书,与劳氏之书,皆能自制一说,以立一家之学。吴氏之书,与汪氏之书,虽无有发明,而搜辑颇勤。胡氏之书,或未甚精,而言理颇易于了解。要之音韵学之学,首重审音,此七书之旨趣,或有不同,而可为审音之助则一,学者比而观之,于音韵之学,当能得其原理。"④后来学者研究此七种书,角度颇为不同,大多从语音史价值角度考虑,有的归之于中古音,有的归之于清代官话音等,分析更为细致。这可见于赵荫棠、永岛荣一郎、李新魁、耿振生、林平和、应裕康、林庆勋、王松木等学者的研究。

4. 胡朴安论及李汝珍《李氏音鉴》"音理"与"音图"结合问题

胡朴安十分重视李汝珍《李氏音鉴》,花了较大篇幅详细讨论,但对《李氏音鉴》评价不高,说其"搜辑之功多,考订之功少"。尽管如此,他还是说:"李氏书,虽无学术上之价值,然实足资吾人参考者也。"⑤他也看到了"切分粗细论""字母粗细论"观点之新颖之处,说其"在切音学上颇为重要"⑥。但就其实质来看,胡朴安对《李氏音鉴》等韵学理论所具有的北京官话语音史价值还缺乏认识。后人则打破胡朴安之"魔戒",比如杨亦鸣《〈李氏音鉴〉音系研究》就认为:其语音系统是"以十八世纪北京音为基础,兼列当时海州音中与北京音相异的部分"⑦。

通过以上分析可知,胡朴安《文字学研究法》具备清晰的"文字之音学史"布局结构,上古音、中古音、近代音、等韵学四分鼎立之格局已经摆明,具有比较清晰的汉语音韵学史结构形式意识,应该得到学术界的认可。

---

① 胡朴安:《文字学研究法》,胡朴安1926年自印,第82~83页。
② 胡朴安:《文字学研究法》,胡朴安1926年自印,第88页。
③ 胡朴安:《文字学研究法》,西南书局1973年版,第163页。
④ 胡朴安:《文字学研究法》,西南书局1973年版,第163页。
⑤ 胡朴安:《文字学研究法》,西南书局1973年版,第214页。
⑥ 胡朴安:《文字学研究法》,西南书局1973年版,第216页。
⑦ 杨亦鸣:《〈李氏音鉴〉音系研究》,陕西人民出版社1992年版,第15页。

## 五、重新认识胡朴安《文字学研究法》"文字之音学史"的"开局"意义

在我们之前,还没有学者系统分析胡朴安《文字学研究法》"文字之音学史"格局模式所呈现的汉语音韵学史面貌。大多数人还是把《文字学研究法》当作一般的文字学理论著作来看待。而我们的分析揭示了《文字学研究法》的"真面目",即它是一部汉语音韵学史"开局"著作。由此,我们就可认识胡朴安《文字学研究法》在"文字之音学史"上的重要意义。

其一,胡朴安《文字学研究法》之"文字之音学史",在文字学史上也是一个奇迹,即以汉语文字学史的眼光看待汉语音韵学史,这是过去学者很少具有的学术"超前"见识。但需要知道的是,它是在承认文字学是"形音义"之学的广义文字学基础之上所具有的"超前布局"意识。胡朴安在"形音义"文字学之学理论基础上构建的汉语音韵学史理论,与众不同。试想,如果胡朴安以"文字之构形"的狭义文字学观念去观察汉字,就不可能具有这种"文字之音学史"的意识,也就不会出现"形音义"文字学下的汉语音韵学史建构结果。由此,这是"形音义派"文字学理念之下所取得的成绩,具有"文字之音学史"的"开局"积极意义。

其二,抛开"形音义"文字学之学术界域视角,而单纯从汉语音韵学史范畴运行历史观察,胡朴安建构的汉语音韵学史也是汉语音韵学史上个性鲜明的"汉语音韵学史模式",其"性格独特",意义非凡。清代学者构建汉语音韵学史模式,以《四库提要》与莫友芝《韵学源流》为代表。《四库提要》论及汉语音韵学史还未脱离"经学附庸之小学"模式,"小学"之"古音""今音""等韵"共时历时研究区辨不清,拘于"为经学服务"理念之一隅而难有大作为。莫友芝《韵学源流》,按照罗常培所说是"推迹韵学沿革之作"[①],但其以"古韵""今韵""反切"立纲,而忽略"等韵""北音"的做法,屡次受到后人的"诟病"。钱玄同《国音沿革六讲》将汉语古今音的变迁分为六期,有首创之功,但以构建"音史"为要,而削弱了"学史"功能,又很难将其看作纯粹的汉语音韵学史著作。罗常培等学者汉语音韵学史观念强烈,但那是1926年之后的事情。比如罗常培《怎样整理声韵学史》发表于1927年;《耶稣会士在音韵学上的贡献》发表于1929年[②];《中国声韵沿革表》与《中国声韵沿革表附说》则是1928年、1929年在中山大学讲学的讲义;《域外中国声韵学论著述评》则是1934—1937年北京大学所开设课程的讲义。由此看来,胡朴安1926年所著《文字学研究法》之"文字之音学史",具有承前启后的开创性意义,以价值尤大而誉之,并不为过。

其三,胡朴安《文字学研究法》之"文字之音学史"结构安排与构成要素布局,已经奠定学者们进行中国汉语音韵学史研究的四大部门格局。中国汉语音韵学四大部门格局,即四大板块形式,似乎已经成为今天学者们讲授汉语音韵学的"定格"模式,上古音、中古音、近代音、等韵学,缺一不可。以"学史"的面目出现,上古音学史、中古音学史、近代音学史、等韵学学史,也是常规固定的主要布局要素项目,其他的都只是次要布局项目。1944年,齐佩瑢《中国近三十年之声韵学》则分为古音、今音、等韵、方音、国音五个大部门格局形式以论述汉语音韵学史,有了

---

① 罗常培:《校印韵学源流跋》,《罗常培语言学论文集》,商务印书馆2004年版,第496~497页。
② 罗常培:《怎样整理声韵学史》,《语言历史学研究所周刊》1927年第1集第6期;《耶稣会士在音韵学上的贡献》,《中央研究院历史语言研究所集刊》1929年第1本第3分。

一些突破,等于建立了上古音学史、中古音学史、近代音学史、等韵学学史、方言语音学史格局。① 进入到20世纪80年代,人们深刻感觉到,以四大板块研究汉语音韵学史模式,还存在着论述上的局限性,与汉语音韵学迅捷发展的新形势不相适应。于是,再行构建新的汉语音韵学史论述模式,出现所谓以七大板块,也可以称为以七大部门布局而研究汉语音韵学史的模式。1983年,"七大板块"首先由何大安提出而付诸实施。② 何大安汉语音韵学史模式构建的七大板块即是:通论、理论与方法、上古音、中古音、近代音、方言语音、语音比较七个方面。此后,"七大板块"论述模式则在汉语音韵学史研究中基本稳定不变。笔者《台湾汉语音韵学史》内容布局即有效地贯彻了这一模式。无论如何,《文字学研究法》之"文字之音学史"以四大板块研究汉语音韵学史的模式,值得特别关注,其对于汉语音韵学史研究模式的构建,意义重大。

其四,胡朴安《文字学研究法》之"文字之音学史"研究提出了许多个人见解,这些见解在今天也不失为有价值的观点。比如,胡朴安虽然遵从一般学者的看法,认为古韵分部始于吴棫《韵补》,但还是有意识地强调"肇于郑庠,郑庠作《古音辨》,分为六部"的既成事实。陈新雄《古音研究》研究汉语上古音分部历史,即从郑庠作《古音辨》讲起,可见,胡朴安这一认识是经得起历史的检验的③。还有,胡朴安有《中原音韵》一系韵书"谱系"理念,这也是先见之明。后来,罗常培《京剧中的几个音韵问题》将这个理念形成理论,将之系统化。④ 罗常培所论及的《中原音韵》一系韵书更多,这并非偶然。胡朴安也极力推崇洪亮吉《汉魏音》的价值,认为"据此考见汉魏人读音之真,此其可贵"。后来,许多学者重视洪亮吉《汉魏音》,并由此拓展到汉魏晋南北朝语音史研究,是这个观点的升华。胡朴安开出等韵图之书目,并对汉语等韵学概念范畴进行了有效的界定,如此,才有了后来赵荫棠等学者的等韵学专门领域开拓成果。⑤ 这都是一脉相承的。

当然,胡朴安《文字学研究法》之"文字之音学史"也存在着十分明显的历史局限性,比如高本汉汉语音韵学理论,1922年经林语堂等人之手已经传入中国,而且中国古音学界也刚刚经历了汪荣宝发表《歌戈鱼虞模古读考》之后的大辩论,历史比较语言学开始登陆中国汉语音韵学界,但《文字学研究法》却对此未有提及,是不是存在着语言理论认识高度上的问题? 清末,经黎庶昌之手,经典性的等韵学著作《韵镜》收入《古逸丛书》,进而回归中国。高元《国音学》以现代语音学理论分析《韵镜》语音结构形式,顾实对《韵镜》韵图模式也有所考订,但这些内容在《文字学研究法》中也都未得到积极回应。其学术感应是否过于迟钝? 胡以鲁《国语学草创》利用罗马字标记章太炎《成均图》及宋人三十六字母,也未进入其视野。诸如此类,还有许多问题难以回避,比如汉语方言语音学史、汉语比较语音学史研究等领域框架不明晰等等,确实需要我们认真反思。

虽然如此,我们认为,瑕不掩瑜,胡朴安《文字学研究法》的"文字之音学史"之光不会永

---

① 齐佩瑢:《中国近三十年之声韵学》,王浩编:《齐佩瑢文集》,社会科学文献出版社2019年版,第422~468页。原文发表于1944年。
② 何大安:《近五年来台湾地区汉语音韵学研究论著选介》,《汉学研究通讯》1983年第2卷第1期。
③ 陈新雄:《古音研究》,五南图书出版公司1999年版,第53~56页。
④ 罗常培:《京剧中的几个音韵问题》,《罗常培文集·第7集》,山东教育出版社2008年版,第300~329页。
⑤ 赵荫棠著有《等韵源流》,为北京大学讲学的讲义,初稿形成于1941年。

远被遮蔽,必将随着时间的流逝,愈加夺目耀眼,从而在汉语音韵学史体系建构历史上留下浓墨重彩的一笔。

我们也体会到,胡朴安《文字学研究法》不是一本一般的"形音义"理念支配之下的文字学史著作,而是寄予胡朴安"小学"(或曰汉语言文字学史)研究理想的著作。胡朴安倡导"形音义"文字学理念,就是希望在中国文字学史名目之下展开中国文字学之形学史、中国文字学之音学史、中国文字学之义学史(或曰中国文字学史、中国音韵学史、中国训诂学史系列研究),构筑自己的汉语言文字学史理论体系"格局形式",从而达到建立符合现代学术规范理念的中国文字学史、中国音韵学史、中国训诂学史标准之目的。

1926年刊行的《文字学研究法》先行先试,是胡朴安中国文字学之音学史,即中国音韵史构建之研究。这是个具有重大历史意义的步骤,因为在《文字学研究法》之前,中国还没有一部真正的符合现代学术规范而具有学科领域意义上的中国汉语音韵史,学者们所写的多是中国汉语语音史,比如钱玄同1920年所著《国音沿革六讲》。连其后罗常培所完成的论著还大多只是中国音韵学史的"粗略轮廓",以及国际汉语音韵学史研究的开创性"构想",并没有一部科学完整而系统的中国音韵学史著作。

罗常培之后,张世禄于1938年发表《中国音韵学史》,具有划时代的创造性的中国汉语音韵学史"专著书写"意义,但以今天学者的眼光来看,张世禄的《中国音韵学史》还不是严格而规范学术意义上的中国汉语音韵学史,还只是一部"中国音韵文化学史",文化至上,削弱了汉语音韵学史研究功能。这样,距离今天学者所严格要求的科学而规范意义上的中国汉语音韵学史存在着一定距离,这需要实事求是地去审视。魏建功《中国声韵学史纲》(北京大学讲义),全书八章。与今天学者讨论的中国汉语音韵学史规范模式大不相同,属于汉语音韵学史研究理论与方法类著作。

如此说来,胡朴安的《文字学研究法》以文字学的名义而建立的中国汉语音韵学史,才是1945年以前真正符合现代学术规范的系统而完整的中国汉语音韵学史著作。只因书名是"文字学研究法",使得大多数学者误以为它只是一部探讨"文字学研究法"问题的著作,从而未引起更多的汉语音韵学史学者们的注意,比如齐佩瑢《中国近三十年之声韵学》就未提及是书。其所陷入的"夜光之璧,暗投于道"之尴尬境地,使之成为汉语音韵学史上的"命运不佳"者。今天,发掘《文字学研究法》所整理的中国汉语音韵学史文献,发现其有创始贡献之功,本身就是非常有价值的。目的是使这颗大隐于汉语音韵学史星空之外的"巨星"重现于汉语音韵学之银河,并光照天下。

在发表《文字学研究法》之后,胡朴安又连续完成《中国文字学史(上,下)》、《中国训诂学史》两部"名震青史"的巨著,终于兑现他所立下的建立汉语言文字学史科学研究体系的"诺言",从这个意义上讲,《文字学研究法》之中国汉语音韵学史,不但有音韵学史首创之功,还有为建立中国汉语言文字学史科学"大格局"而"先行先试"的开拓性贡献。令人遗憾的是,大多数中国汉语言文字学史学者还未意识到这一点。由此,我们深深感到,实事求是重新评估胡朴安20世纪20—30年代中国汉语言文字学史之"开局"贡献并不会一帆风顺,只能是任重而道远,我们必须再行加倍努力才能有所作为。

(责任编辑　钟雪珂)

百家评谭

# 东北方言里"V哒"及其重叠式的摹态表达[*]

吴 桐

（吉林大学 文学院）

**提 要**：用语言而不是用影像来表现人行为的样子叫摹态，可细分为神态描摹和样态描摹。神态描摹表现被描写者的情感，样态描摹不以情感描写为目的，而着重展示行为动作自身的样子，但也分为纯摹态和生动摹态。"V哒"是往复性样态的纯摹态，其重叠式则为生动摹态；不同的重叠式则表现往复性动作的轻重缓急，动词V说明何种动作。

**关键词**："V哒"与重叠式；神态与样态；纯摹态与生动摹态

提到东北方言与普通话的差别，更多人联想到的是读音和词汇上的差异，比如东北话尾音较重、儿化音偏多，双音词后一个音节读得不饱满，等等[①]；或者东北话的形容词更丰富[②]。其实，最能体现东北话幽默、诙谐的气质的，是其对人物、动物的动态描摹，生动、细致又活灵活现，动作的缓急都有细密刻画。其中，"V哒"及其变体就构成针对人物、动物（主要是人物）的描摹系统。

"V哒"如：甩哒、蹶哒、拧(nǐng)哒、耸哒、跷哒、拐哒、瘸哒、杵哒、蹿哒、摇哒、扭哒等等。参见以下例句（例句主要来自北京大学CCL语料库和网络）：

（1）那匹马甩哒着尾巴。
（2）有财用力甩哒了几下麻袋，叠好，放在了柜子上。
（3）三个月婴儿睡觉之前总蹶哒怎么回事？（网上提问）
（4）车耸哒换完火花塞还耸哒咋回事？（网上提问）
（5）临县或市比你发达，收入比你高，环境比你好，房价都不如你，你说咱们县这帮人还有开发商你们整天弄杆笔在吧里拿着数据杵哒啥？（网络）
（6）小姑娘扭哒起自创的舞蹈。

---

[*] 本文曾在2018年中国语言学会第十九届年会（中山大学）上宣读，小组讨论时得到很多有益的反馈，谨致谢忱。

[①] 曹凤霞：《建国后五十多年来东北方言研究述评》，《吉林师范大学学报》（人文社会科学版）2007年第1期；谢春红：《东北方言语音初探》，《剑南文学》（经典教苑）2012年第6期。

[②] 李光杰：《近百年来汉语东北方言词汇研究述评》，《辽宁大学学报》（哲学社会科学版）2015年第1期。

## 一、"V哒"的"V"与"哒"

"V哒"的"V"可分为两类:一类是瞬间动作动词,表示一个有始有终的完整瞬时动作,比如"甩"就是一个抡起来扔出去的完整动作,"蹿"是向上或向前的一个快速动作;另一类表示往复性动作,如"跩"指由于肥胖等原因走路摇摇摆摆,"扭"是身体往复摆动。第一类有"蹿、甩、耸"(这个"耸"义为猛地一抖,应为方言借形。《现代汉语词典》未有此义项),第二类有"拧、摇、扭、拐、跩、蹶、杵"等①。

"V哒"的"哒"读轻声,书面上也有写为"达""答""的"的②,读音介于[de]和[da]之间,应为[dʌ]。"哒"[dʌ]只是构词成分,构词功用在于把第一类"V"的瞬间动作持续化、往复化,如"蹿哒"的"蹿"义本来是向前一跳的动作,合成"蹿哒"则为向上或向前的往复性动作。对于第二类动词,"哒"与其互补,把原动词的往复动作清晰化,如"瘸"构成的"瘸哒"(老爷子瘸哒着也跟过来了),但这不表示"瘸"的动作,而是强化走路一起一伏的样子。

## 二、"V哒"的重叠类型

以下是从"V哒"推导出来的几个重叠格式:
1. "一V一V"式

这类词有"一甩一甩、一蹶一蹶、一拧一拧、一耸一耸、一跩一跩、一拐一拐、一瘸一瘸、一杵一杵、一蹿一蹿、一摇一摇、一扭一扭"。

(7)您的猫可真行,那天它吃食的时候脑袋<u>一甩一甩</u>的,我想,它在干什么呢?仔细一瞧,它在吐馒头丁呢。

(8)因为脚疼,我不得不一只脚穿皮鞋,一只脚穿着拖鞋,这样<u>一拐一拐</u>地离开了那家地下招待所。

(9)两条警犬扬起鼻子,在空气中不停地嗅,发出呜呜的激动的低吠,<u>一蹿一蹿</u>的,扯得警犬员揪不住犬缰站不稳脚……

(10)还有个却是穿着绿衣裳、戴着金首饰的女子,走起路来<u>一扭一扭</u>的,看起来就像是个大姑娘,论年龄却是大姑娘的妈了。

---

① 汉语里还有一个"溜",构成"溜哒"。但"溜"既不表一次性动作,也不表往复性动作,而是表连续性动作。《现代汉语词典》解释"溜"为"滑行","溜哒"的重叠式的句法表现也与其他两类动词组成"V哒"后的重叠式不同,因此"溜哒"不在本文的讨论对象内。

② 虽然有人把"哒"写作"的",但二者不是一回事。"哒"是构词成分,"的"是句法成分。我们后面谈到的"V哒"的重叠形式有"V哒V哒的",如果是"的",就得记为"V的V的的",还有"V哒"后面可以加"着""了"等时体性成分,如"在商场里串哒了好几个小时""老爷子蹶哒着跟来了"。这些都补充证明"哒"不是"的"。

2. "一V哒一V哒"式

这类词有"一甩哒一甩哒、一蹶达一蹶达、一拧哒一拧哒、一耷哒一耷哒、一踮哒一踮哒、一拐哒一拐哒、一瘸哒一瘸哒、一杵哒一杵哒、一蹿哒一蹿哒、一摇哒一摇哒、一扭哒一扭哒"。①

（11）当他穿上借来的老太婆衣服，认真地用脚后跟一拐哒一拐哒地学小脚老太婆走路时，惟妙惟肖，台下的观众连眼泪都笑出来了。

（12）一只斑斓猛虎从草丛中站起来，镇定了片刻，打着呵欠一扭哒一扭哒地从山石下的小门回笼子里吃饭去了。

3. "V哒V哒"式

这类词有"甩哒甩哒、蹶哒蹶哒、拧哒拧哒、耷哒耷哒、踮哒踮哒 拐哒拐哒、瘸哒瘸哒、杵哒杵哒、蹿哒蹿哒、摇哒摇哒、扭哒扭哒"。

（13）两个人一个背着个大篓子，里面装着满满登登的一篓子野菜，一个挎着个小筐，里面也装了不少，黑子就跟在冬儿的身边儿，蹿哒蹿哒的跑着，好像玩儿的很开心似的。

4. "VV哒哒"式

这类词有"甩甩哒哒、蹶蹶哒哒、拧拧哒哒、耷耷哒哒、踮踮哒哒、拐拐哒哒、瘸瘸哒哒、杵杵哒哒、蹿蹿哒哒、摇摇哒哒、扭扭哒哒"。

（14）正甩甩哒哒的走着，就听见他大喊，别动，我给你拍照。转身，发现，天，就那样抽了一大缕的丝出来。

（15）我躺着看电视，翠花花扭扭哒哒的走过来，硬把自己脑袋塞到我胳膊下面开始呼噜。

（16）"阴天打徒弟，闲着也是闲着！揍你，是看得起你！别不识抬举！"说罢，扭扭哒哒的走出了正厅，去找王平确认自己儿子的情况去了。

5. "V(儿)V(儿)"式

这类词有"甩儿甩儿、蹶儿蹶儿、拧儿拧儿、耷儿耷儿、踮儿踮儿、拐儿拐儿、瘸儿瘸儿、杵儿杵儿、蹿儿蹿儿、摇儿摇儿、扭儿扭儿、跳儿跳儿、翻儿翻儿"。

（17）踮踮②的女纸评论过的视频及看过的视频。

（18）在学校食堂，一个身穿彩色衬衣的男生，带着一副墨镜，迈着踮踮的步伐走进学校食堂，准备吃点东西。

---

① 在我们收集到的资料中，既有写作"哒"，也有写作"的""嗒"的。三者皆有摹态功能。"哒"相对多一些，三者区别我们另撰他文分析。这里重在论述摹态，因此三种材料一并纳入考虑，后不赘述。

② "踮踮"即"踮儿踮儿"对应的"VV式"。后面的"瘸瘸"亦是"瘸儿瘸儿"对应的"VV式"。

(19)腓骨骨折三个多月,开始走路。瘸瘸的,脚踝会痛,CT 照出来距骨骨质密度不均,会不会导致变成瘸子。(网上提问)

(20)他跑起来蹭儿蹭儿的。

(21)我觉得还是借用我的堂妹无意中形容自己的宝宝胎动时所用的描述最为贴切,那就是"跳儿跳儿的"。也许,对于同一种胎动形式,不同的人体会到的是不同的感觉。我说这是"跳儿跳儿的",你就说这是"蝴蝶扇翅膀";我说那是"敲敲打打",她就说那是"鱼吐泡泡"……很有可能。

(22)他说话时眼皮总是翻儿翻儿的。(王光全,1991)

6."V(儿)了 V(儿)了"式

这类词有"甩儿了甩儿了、蹶(儿)了蹶(儿)了、拧儿了拧儿了、耸了耸了、跩了跩了、拐了拐了、瘸了瘸了、杵了杵了、蹭了蹭了、摇了摇了、蹭儿了蹭儿了、扭了扭了"。

(23)我家狗狗被门夹了,走路拐了拐了的,可是那腿还能动,怎么回事?(网上提问)

(24)男人想挣脱我,我拉着。三个妇女也上来!我岳父拐了拐了的也来了!

(25)"老大没死呢,不是,老大是我没死呢!"沈胖猪瘸了瘸了的走了过来。"搜身,看看有多少钱,弄点医药费,总不能白挨打。"林枫左手拿了一根小棍,潇洒地点着了烟。

(26)她刚出去一会儿,就瘸了瘸了的回来了,还嚷嚷着,"姥姥啊!妈妈啊!不好了!我受伤了!啊!"我跑过去一看,哇!鞋里都是血,这是怎么了!我紧张地问情况,也看不到哪里出血。

## 三、"V 哒"重叠式的功能、特点与相互关系

前文我们介绍了"V 哒"的不同类型,它们的特点也并不相同,叙述如下:

1. 功能

"V 哒"的六种重叠式中,既有按动词 ABAB 式重叠,如"V 哒 V 哒";也有按形容词 AABB 式重叠的,如"VV 哒哒"。根据动词重叠仍为动词,形容词重叠仍为形容词的认识,两类重叠式应该主要做谓语,但真实语料中,只发现一例做谓语的情况:

(27)老板叫谢老金,挺年轻,开个面包车放着"社会摇"要哪送货有时候还拉我去镇上蹭哒蹭哒。干了俩月,我寻思他是不是对我有意……

由此可以看出:"V 哒"的重叠式有作谓语的能力,但人们使用时,更关注其摹态的特点。表达中的主要功用都是加"的"表示动作的样态,即"摹状"。功能和语义上都相当一个形容词的生动形式(状态形容词)。

## 2. 特点

以上的重叠式有如下特点：

第一，既有完全重叠式（"V"和"哒"都参加重叠，如"V 哒 V 哒、VV 哒哒"），也有部分重叠式（只有"V"参加重叠，如"V（儿）了 V（儿）了、V（儿）V（儿）"）。

第二，重叠方式更丰富。除了动词、形容词的重叠方式外，还有"V（儿）了 V（儿）了、V 儿 V 儿、一 V 一 V、一 V 哒一 V 哒"。

第三，动词重叠表示量小时短的尝试意义，且重叠后仍为动词[①]，而重叠中"一"的作用就是使量变小[②]，这是学界对动词重叠的基本认识。但"V 哒"重叠恰好提供了反例：

(28) 他瘸哒瘸哒的也来了。
(29) 他一瘸哒一瘸哒的也来了。

加上"一"，不但不会使动作往复的频率变小，反而延长了"瘸哒"的频率。这可以从下面句子的对比中看出来：

(30) 他瘸哒瘸哒一腿跟一腿地赶了过来。
(31) 他一瘸哒一瘸哒一腿跟一腿地赶了过来。

我们看到，加"一"后节奏变缓，不适合表达紧走的样子。

王天佑认为，"边 V1 边 V2"的出现，由于语言表达者追求信息快捷和"对称美"，用句法压缩和句法关系降级的手段，其从"一边 VP1，一边 VP2"演变而来[③]。但我们看到，"边 V1 边 V2"并未取代"一边 VP1，一边 VP2"，日常口语表达中，王天佑说的各个演化阶段的格式依旧存在。如：

(32) 弟弟一边看书，一边摘录好词好句。（一边 V1，一边 VP2）
(33) 她一边流泪一边给他包扎伤口。（一边 V1 一边 VP2）
(34) 他们一边跑一边喊。（一边 V1 一边 V2）

而且，"一边 V1，一边 V2"有时还不能用"边 V1 边 V2"替代。如例句：

(35) 蜜蜂嗡嗡地飞，好像是在一边唱歌一边跳舞。

这里表述的是"唱歌"和"跳舞"两件事，用"一边…一边"比较妥帖。这就是说，强调两者是分别的两件事时，用"一边…一边"；强调共同发生时，用"边…边"更合适。

---

[①] 赵元任：《汉语口语语法》，加利福尼亚大学出版社 1968 年版；邓川林：《动词重叠的使用模式与表义机制研究》，《汉语学习》2021 年第 3 期。
[②] 王姝：《现代汉语动词重叠式何以会表量减》，《语言教学与研究》2016 年第 5 期。
[③] 王天佑：《从"一边 VP1，一边 VP2"格式到"边 V1 边 V2"四字格——句式结构压缩与句法关系降级》，第十届现代汉语语法国际研讨会（日本关西外国语大学）论文，2019 年。

综上而言,摹态是对人物、动物动态画面的描绘。动态画面是由一帧一帧静态画面连续播放而形成的。强调分节动作时,画面播放比较慢;连续动作则播放比较快。"V哒"的重叠式表动作频率时,加"一"的频率变缓,去掉"一"的频率加快,这是用语言而不是用影像摹态的生动表现手法。

3. 神态与样态

细分起来,人们用语言而不用影像展现行为动作可以有两种情况:一种是描绘神态,一种是描绘样态。神态指人们面部表现出来的喜怒哀乐、窘态、丑态、聚精会神、屏息凝神等的样子;样态则与表情类无关,指人或动物的行为动作或笨拙或灵巧或一次性猛扑、跃起或往复性动作等等的样子。神态描摹表现被描写者的情感,样态描摹不以情感描写为目的,而着重展示行为动作自身的样子,但也分为纯描写(他跳了起来)和生动描写(他活脱脱地跳了起来)。从研究对象看,"V哒"是纯描写,其重叠式则为生动描写。以下分析工作围绕这一认识展开。

4. 六个重叠式之间的关系

循着上面的思路,我们把六类重叠式细分为三组:

第一组:"一V(儿)一V(儿)""V(儿)了V(儿)了"与"V儿V儿"。

第二组:"一V哒一V哒"与"V哒V哒"。

第三组:"VV哒哒"。

(1)第一组的三个重叠式是部分重叠式,"V儿V儿"用重叠的手段代替"哒"往复性功能,使用"V儿V儿"用来生动性摹状,"V哒"只是往复性描述。

(36)那条狗从墙角走出来,尾巴甩儿甩儿的,百无聊赖地。

(37)那条狗从墙角走出来,尾巴甩哒着,百无聊赖地。

从生动性摹态的频率描述上,"V儿V儿"频率最快,"一V(儿)一V(儿)"最缓,"V(儿)了V(儿)了"次之。这是由于"了"居于词尾又读轻声,所占时间最短,根据象似性原则,加"了"的频率快于加"一"而慢于原型,因此三者摹态频率是(从慢到快):

一V(儿)一V(儿)＞V(儿)了V(儿)了＞V儿V儿

第二组的"V哒V哒"本来是依照动词的重叠方式构成的重叠式,但使用者更多关注摹态的功用,在此基础上出现"一V哒一V哒",用来表达更缓慢的动作样态。二者动作频率的关系(从慢到快):

一V哒一V哒＞V哒V哒

第三组只有一个"VV哒哒"。这是按形容词重叠方式形成的重叠式,与使用者表达摹态的目的重合。

(2)三组之间的差别主要是动作性与状态性不同。第一组无表状态的"哒",其偏向动作性;第三组是按形容词的方式构成重叠式的,"哒"的作用加上形容词重叠方式,因此第三组的状态性最强;第二组介于两者之间。其关系是:

第一组——第二组——第三组
←动作性增强　状态性增强→

我们从以下的例句中可以看出来：

(38)李小个子串儿串儿的跑过来了。
(39)李小个子串哒串哒的走过来了。
(40)李小个子串串哒哒的走(*跑)过来了。

表示快节奏的"V儿V儿"形容"跑"最自然，表示慢节奏的"VV哒哒"就不能描绘"跑"的样子了。

## 结　语

结合以上的分析，我们可以得出如下结论："V哒"是表达动作样态的，其重叠式是表达动作生动样态的，如前面分析的，不同的重叠式承担着不同的生动样态的表达任务。至于表达何种动作的样态，则由其配合的V来承担，如"蹶"的生动样态，"耸"的生动样态，等等。

（责任编辑　钟雪珂）

# 建构一种城市"共同体社会"
## ——论"十七年"电影中的"城市陌生人"想像

徐 刚

（中国社会科学院　文学研究所）

**摘　要**："十七年"电影中的"城市陌生人"想像主要体现在三个层面。其一，城市喜剧基于"偶遇"和"误认"的叙事线索建立起陌生人群的联接。在此，共同情感体认基础上的"陌生人"的熟悉与无害被不断确证。其二，"火车旅行"之于陌生人相遇和情感转变的独特"叙事装置"意义。此时的"车厢社会"总是竭力营造人群相遇的正面情愫，以体现社会主义文艺的根本原则。其三，陌生城市的危险主要集中于反特电影叙事中。在城市这片"陌生人"聚集之地，暗藏的敌特分子构成匿名城市的潜在危险。"十七年"电影中的"城市陌生人"想像蕴含着超越现代"摩登城市"，建构城市"共同体社会"的意识形态诉求。

**关键词**："十七年"电影；城市；陌生人；文化想像

## 一、陌生人，或"他者"的面孔

《乡土中国》中，费孝通曾深入分析过传统中国以血缘和地缘关系为纽带的乡土社会。在他看来，累世聚居的自然村舍中，"每个孩子都是在人家眼中看着长大的，在孩子眼里，周围的人也是从小就看惯的"。村民之间彼此了解和熟悉，这构成值得信赖的"熟人社会"[1]。这种与生俱来的熟悉，对于村民们彼此交往的重要性不言而喻。而正是建立在宗族、血缘以及因彼此熟悉而自然产生的信任之上的人际关系，铸就了乡土世界所赖以生存的温情脉脉的共同体社会。相对于乡土社会来说，城市的出现无异于一次生存方式的革命，抑或人类文明的奇迹。相较于乡土社会的封闭性，城市是开放的，它是一个巨大的"容器"，像"磁体"一样吸引着大量人口。那些从四面八方涌向城市的人，构成城市人群的基本面貌。在《发达资本主义时代的抒情诗人》中，本雅明牢牢抓住都市中的"人群"这一关键概念。在他看来，"人群"不是现实生活中基于血缘和地缘而与生俱来的"熟人"的聚集，而是现代社会中互不相识、互不攀谈的陌生人的集合。当他们"突然聚集在城市这么一个狭小空间时"，便出现所谓的"人群"[2]。流动的人群构成现代大城市的基本特征，人群是城市魅力的重要来源，但人群的冷漠也阻碍他们之间的交流与沟通。

---

[1]　费孝通：《乡土中国·生育制度》，北京大学出版社1998年版，第9页。
[2]　［德］本雅明著，张旭东、魏文生译：《发达资本主义时代的抒情诗人：论波德莱尔》，生活·读书·新知三联书店1989年版，第56页。

因此，一个显而易见的事实在于，相对于乡村的"熟人社会"来说，城市是不折不扣的"陌生人社会"。按照齐美尔的说法，这里的陌生人指"今天来并且要停留到明天的那种人"①，这是由城市的匿名性和流动性决定的。毕竟，城市四通八达的如血液循环系统一般的交通系统，为人的流动性提供了便利。这些临时集结的人，彼此之间并没有乡土社会人们之间与生俱来的因血缘、地缘以及知根知底的熟悉感而产生的信任关系。尽管滕尼斯曾经说过："无论是对于他们（富人）也好，还是对这些下层群众也好，大城市纯粹由自由的个人组成。"②然而需要注意的是，这里的"自由的个人"，其实只是自由流动的陌生个体。自由是自由，但自由的代价是，这个陌生个体往往沦为原子化的个人，而缺乏与他人的有机联系。因而现代城市里的陌生人，其实是指那些生活于同一地域却又难以形成真正的情感联系的人，这大概正是人们指责城市人精于算计而又自私冷漠的根本原因。也正是在这个意义上，如理查德·桑内特指出的："19世纪大城市的形成过程中，让个人可以自由移动，但其间所构成的进退两难的境遇却一直延续到现在。也就是说。在这种境遇里得以自由移动的个人身体，无法知觉到他人的身体。"这种失去"感同身受"，同时失去共同目标的"松散的个人"，必将会因其异质性而阻碍社会公众的形成，因而在舆论上也难以形成一致的意向表达，以至于出现这样的状况：城市里的人们每天"都要努力否认、减少、控制和避免冲突。人们避免彼此面对面，并且不愿意路见不平拔刀相助，更不想当面谴责恶行"③。这就使人群不易产生和形成统一的集体道德氛围，因而不能产生一致的道德舆论支持，进而阻碍城市道德的良性运行。

因此，城市里的陌生人虽然生活在同一个地方，但恰恰因为他们之间缺乏实质性的关联，使得他们总是陷入疏离与隔绝，也强化了彼此之间的不信任感。这种不信任感决定了人们很难就公共事务的合理公正做出一致的道德判断。不仅如此，在面对他人的痛苦与困境时，也会出于利益而毫无内疚地无动于衷。这种面对城市陌生人的功利心态，使得传统熟人社会温情脉脉的道德法则难以为继。用马歇尔·伯曼的话说就是，人们"被剥除了一切宗教的、美学的、道德的光环和温情脉脉的面纱，被扔回到了我们个人的意志和精力上面，不得不为了生存而互相利用和自我利用"④。那么，如何在陌生人的城市里超越冷漠客观的旁观者的身份，努力建构"共同体社会"，不至于让"个人孤独地行走于人群中"。这可能还得回到阿伦森在《社会性动物》中所讨论的，"在一群同甘共苦、风雨同舟的人中，可能会产生'命运相连'的感觉或情感的共鸣，这种感情的共鸣比那些仅属于同一国家、同一地区或同一城市的人们所产生的感情共鸣要强烈得多"⑤。或许只有在"社会主义城市"里，陌生人之间才更容易基于共同的道德理想而产生"命运相连的感觉或情感"。这便正如在电影《"特快"列车》⑥

---

① ［德］齐奥尔格·西美尔著，费勇等译：《时尚的哲学》，文化艺术出版社2001年版，第110页。
② ［德］费迪南·滕尼斯著，林荣远译：《共同体与社会：纯粹社会学的基本概念》，商务印书馆1999年版，第334页。
③ ［美］理查德·桑内特著，黄煜文译：《肉体和石头：西方文明中的身体与城市》，上海译文出版社2006年版，第5～10页。
④ ［美］马歇尔·伯曼著，徐大建、张辑译：《一切坚固的东西都烟消云散了——现代性体验》，商务印书馆2003年版，第165～166页。
⑤ ［美］阿伦森：《社会心理学入门》，郑日昌、张珠江译，群众出版社1985年版，第51页。
⑥ 编剧郑福成、赵心水，导演赵心水，长春电影制片厂1965年。

中,面对为了保护列车的行车安全而惨遭石击、生命垂危的林营长,相信包括列车长在内的每一位火车旅客都如阿伦森所说,"处于一个直面受伤者且无法立即离开的情境当中"①。类似的情形出现在包括"十七年"电影在内的诸多文艺作品中,呈现得极为鲜明。在此,城市作为现代性的表征,不再是"蹲在暝色中,闪着千百只小眼睛似的灯火"的"怪兽",而是"宽大的柏油马路""林园似的学校"和"云烟冲天的工厂"组成的"童话的国度"。这种在勤俭和美德,抑制消费,张扬劳动与生产基础上建构而来的城市,呈现出一派不同于以往城市的新特征,这种"斯巴达式"的"生产的城市"已然超出既有的城市类型划分,甚至在某种程度上表现为"扩大了的乡村"。这种新的城市建构显然与新中国的物质匮乏有密切关联,但也显示了它改造旧有"消费城市"的巨大决心。

倘若将中华人民共和国成立之后的"社会主义城市"视为现代以来的"摩登城市"向"革命城市"转变的结果。那么这种现代性选择的不同路径,从根本上意味着对于过往城市社会关系的全面变革,这自然也包括对于"摩登城市"时代自我与"他者"关系的想像。这种"陌生关系的变革",通过"十七年"电影的艺术形式清晰地表达出来。在社会主义时代的"十七年"电影中,人们如何与"陌生人"相处,如何想像"他者",无疑是值得认真讨论的问题。事实上,中国的社会主义革命,也伴随着从"礼俗社会"向"法理社会"转型的过程。然而对于社会主义中国而言,现代化(社会化或城市化)的过程似乎更为复杂,反映在城市建设上则突出地表现为要在城市里建设一个共同体社会的意识形态诉求。在这个新的城市社会里,人与人之间的"有机团结"如何超越涂尔干在《社会分工论》中所说的"一些特别而又不同的职能通过相互间的确定关系结合而成的系统"②,一直是我们阅听"十七年"电影时需要特别关注的问题。城市里陌生人来往的街道,其实暗示着一种社会关系,电影叙事既是这种社会关系的反映,同时也在努力塑造一种新的关系,这也就是大卫·克拉克所说的"社会与文化空间的转变"的意义所在。在他看来,"电影中的景观,既取自步调紧凑的现代都市生活,又有助于形成忙乱、脱序的都市节奏,使它成为社会准则。它同时反映、形塑出新式的社会关系,而此一关系正是在陌生人来来往往的拥挤街道上发展而来。换言之,电影场景不仅记录,同时又影响现代都市所代表的社会与文化空间转变"③。而这些特征,通过考察"十七年"电影对于"城市陌生人"的想像,可以清楚地感受到。

## 二、"偶遇""误认"及城市陌生人的观念再造

"十七年"中的城市喜剧电影中,观众往往可以看到,故事总会基于"偶遇"和"误认"的叙事线索,将原本陌生的人群联接在一起,赋予他们共同的情感与体认。电影在温馨的喜剧风格中,不断展示和确认"陌生人"的熟悉与无害,这无疑是对城市陌生人世界的观念再造。这

---

① [美]埃利奥特·阿伦森著,郑日昌、张珠江等译:《社会性动物》,新华出版社2003年版,第50~51页。
② [法]埃米尔·涂尔干著,渠东译:《社会分工论》,生活·读书·新知三联书店2000年版,第90页。
③ [英]大卫·克拉克著,林心如、简伯如等译:《窥见电影城市》,大卫·克拉克编:《电影城市》,桂冠图书股份有公司2004年版,第4页。

里最有代表性的电影当属曾一度引起极大争议的《如此多情》和《寻爱记》。电影《幸福》①中,基于"误认"而产生的恋爱误会,也是电影极为重要的喜剧段落。同样,在《球场风波》②里,赵辉和林瑞娟的恋爱联系也离不开各式各样的城市偶遇。与之类似的还有根据苏州市滑稽剧团的滑稽戏《店堂里的笑声》改编而来的电影《满意不满意》③,电影借助偶遇的故事结构,以得月楼饭馆这样一个类似于老舍笔下"茶馆"式的"公共空间"来搭建一个可以容纳作为饭馆顾客出现的城市陌生人的戏剧舞台,这便让重复的"偶遇"成为可能。

值得一提的,还有根据高思国同名话剧改编的电影《柜台》④。影片开头便呈现百货公司繁忙热闹、人流如织的场景,货柜上琳琅满目的商品,一派社会主义时代的城市景观。主人公红旗第二生产队的周金山(达式常饰)进城买锁,接待他的是不愿干本职工作的五金柜台青年营业员杨桂香(张小玲饰)。电影中,周金山与杨桂香有多次相遇,然而在电影中,陌生人之间如此多的偶遇,并不为了讲述由偶遇到相识乃至相恋的爱情故事,而意在强调素不相识的陌生人所给予的意识形态教育意义。对于不安心本职工作的杨桂香来说,周金山的每次出现,都是堪称思想教育的"活素材"。比如第一次相遇时,周金山买完锁正巧赶上下班的铃声响起,杨桂香迫不及待地关上电灯,拉上铁门,这致使周金山在匆忙之中扯破衣服,但他并没有半点怨言;结婚买新鞋时,杨桂香又出现错误,卖给周金山一双一大一小的鞋,出人意料的是,为了不让国家受到损失,周金山再次赶到鞋帽柜,把剩下那双一大一小的鞋也买走;避雨偶遇时,杨桂香发现周金山全身淋湿,却脱下衣服小心翼翼地包裹着给别人修理的收音机;最后回家再次相见时,杨桂香发现,将早晨拿去修理的收音机亲自送上门的不是别人,正是周金山,他还在修理的过程中及时向工厂反映了情况,这对产品质量的提高起了关键作用。电影借助陌生人的不断"相遇"构造别开生面的"叠加"效应,以重复的方式,让这种深入情感的思想教育变得更加令人信服。

当然,这里最值得讨论的当属被认为是"歌颂光明的喜剧片的创举"的《今天我休息》⑤。影片背景是 1958 年"大跃进"下的上海,车水马龙、人流如潮的新城市风景中暗藏感人的片段。电影围绕城市职业人群展开,试图揭示提供城市公共服务的警察和邮递员等群体公而忘私的精神品质。在主人公马天民(仲星火饰)那里,"今天我休息"其实意味着"今天我不休息"。这无尽的忙碌,体现的是新时代的宗旨和原则。电影从马天民最为个人化的事务——相亲谈对象——入手,正是为了彰显"公"与"私"的辩证关系。有意思的是,马天民赴约途中总会不断遭逢路遇各类麻烦的城市陌生人,他也不出所料地会出手相助,不断"插手"那些不属于本职工作的事务,而对自己的"休息"却不屑一顾。无数偶遇造成相亲不断"延宕",使电影喜剧感获得主要来源,这种喜剧感的背后,观众也得以"领悟"新型的城市伦理关系。尤其是其间新社会所体现的"崭新的团结互助的气氛",不禁让人"兴奋鼓舞"⑥。

此外,也有许多电影以"寻找"中的"偶遇"与"误认"为切入点,获得展开故事的重要契

---

① 编剧艾明之,导演天然、傅超武,天马电影制片厂 1957 年。
② 编剧唐振常,导演毛羽,上海电影制片厂 1957 年。
③ 编剧费克、张幻尔、严恭,导演严恭,长春电影制片厂 1963 年。
④ 集体创作,执笔庄新儒,导演殷子,上海电影制片厂 1965 年。
⑤ 编剧李天济,导演鲁韧,上海电影制片厂 1959 年。
⑥ 冰心:《新上海、新生活、新风尚》,《电影艺术》1960 年第 6 期。

机。电影《魔术师的奇遇》①由奔腾的火车开始,以重返上海的老魔术师陆幻奇(陈强饰)为切入点,以陌生人的视角游历社会主义新城市,在观众面前展示新社会的繁华气象:这里有干净整洁的街道,有来来往往的车辆,有明媚阳光下的人群。在此,旧上海的街景早已焕然一新,而过往要猴的街头艺人更是不见踪迹。而在陆幻奇这里,公交车上丢的皮包能迅速失而复得,这与在旧社会里被魔术手枪陷害的遭遇有天壤之别。《探亲记》②同样以"寻找"为主题。影片中,菩萨崖农业社的饲养员田老耕(魏鹤龄饰)要去北京探望离别十几年的儿子。乡亲们都赶来送行,带着有纪念意义的礼物,托他带给曾在这里住过的抗大、联大的同志们。从乡村往城市捎送礼物的情节,无疑体现乡村百姓的淳朴以及对于革命的情感。电影饶有意味地表现田老耕坐着人力车游览北京街头的场景,他不断感叹天安门"比电影上可大多了"! 这既表现乡下人进城的淳朴感觉,又避免刻意丑化农民的形象。电影还穿插了一段他到北京城市百货公司购买马蹄表的经历,展现了物的丰富和生活的便利。值得注意的是,《探亲记》中也有火车上"偶遇"的桥段。电影中的田老耕在从乡村去往北京的火车上意外地遇见已经是上校军官的老胡(里坡饰),十多年未见的故友再次重逢令人倍感温馨。老耕来到北京,找到田副局长的机关时,又正好遇到三十多年前一起给地主"扛活",现在在机关当炊事员的赵师傅(赵子岳饰),在赵师傅这里,田老耕得到热情而妥善的安置。对他来说,在这陌生的城市里,总能遇到熟悉的故知,让城市生活不至于那样冰冷和无助。纵观整部《探亲记》,在田老耕这里,城市"探亲"的感觉可能并不好受,消失的三儿和可疑的儿媳妇,不禁让他联想起城市人的自私与冷漠,联想起民间流传的谚语"娶了媳妇忘了爹娘"。尤其是当他听说,李科长和他的爱人就是如此冷漠,他们对保姆孩子的疾病漠不关心,对于老人更是不管不顾,他更加笃定了自己的猜测。然而,乡土的热忱与城市的伦理毕竟还是存在着矛盾。比如,在城市的医院里,发烧不到39度就够不上急诊的条件,这与不顾一切要治病的原则就有差别。这似乎也在暗示,儿子和媳妇的冷漠背后其实另有隐情。果然,电影直到最后才揭示真相,原来田刚(桑夫饰)不是三儿,真正的三儿在土改时期为了解救全村的老百姓早已光荣牺牲。一直以来,正是三儿最亲密的战友田刚忠实地按照三儿的嘱托,通过组织上的允许,像对待自己的父亲一样地奉养着老耕。这里的关系,一方面体现超越传统伦理的崇高革命情谊,另一方面也暗示着一种新型的城市伦理关系的真正实现。

事实上,通过以上分析我们可以看出,"十七年"城市喜剧电影通过这种"偶遇"与"误认"的情节设置,试图将城市里原子化的个人聚拢一处,在这些原本冷漠的城市人群中建构饱含温情的共同体意识。这里特别值得讨论的还有电影《服务员》③。影片以因工作原因穿行于城市之间的采购员(从连文饰)为媒介,呈现了在坐轮船从佳木斯来到哈尔滨的主人公看来相对陌生的城市,由此也使得影像有机会细心打量城市的细部。当然,这里的城市变化之大,不仅在于街景,更主要的是人变化了。电影深切反映了基于新的人民城市展开的超越传统习俗的新的人际伦理。在当时社会环境下,尽全力帮助别人被视为真正的"跃进思想",这种意识形态广为宣传的时代伦理,正是对过往城市冷漠症的有效的疗救方式。在这个意义上,当人们发现来采购"高压油泵"的苗玉青(安琪饰)只是黑龙江旅社的服务员时,几乎所有

---

① 编剧王炼、陈恭敏等,导演桑弧,上海天马电影制片厂1962年。
② 编剧杨润身,导演谢添、桑夫,北京电影制片厂1958年。
③ 编剧邵长青,导演雷铿,长春电影制片厂1958年。

的采购员都来帮她出主意,帮她寻找门路。这便让苗玉青感慨:"这下我真是开来眼界了,走到哪里哪里欢迎,遇到什么人什么人帮助,真是大跃进了!"就这样,"可亲的城市"与"热情的人们"为了陌生人的事务日夜奔忙,助他完成艰巨的任务,由此实践"我为人人,人人为我"的时代信念。

## 三、作为"叙事装置"的火车旅行

作为城市陌生人群汇聚的场所,"火车旅行"为人与人之间的相遇提供了独特的空间,这是因为,"乘客在其中暂时摆脱了家庭、工作上的身份束缚,与陌生人一起心照不宣地进行角色扮演游戏"[①]。在齐美尔看来,冒险是现代经验的一部分,在这个意义上,他将"艳遇"视为现代冒险的最佳范例,这种包含着征服与妥协、快感与幻灭的情欲邂逅,正是个体与陌生人之间相遇与情感交流的独特方式。相当多的研究者都注意到现代作家对于"车厢社会"负面形象的关注,比如陈建华就分析了丰子恺的《车厢社会》、张恨水的《平沪通车》等文学作品对于所谓"铁道的骗局与罪行"的揭示。这里尤其需要注意的是《平沪通车》中的女党"翻戏"。张恨水的这篇小说描写了发生在火车上的一个精致骗局,而陈建华将女骗子柳絮春视为现代文学中少见的"恶妇","是火车叙事中最为迷人的陌生人,也是个都市隐身人,罪恶与秘密的永恒象征"[②]。事实上,正是在这里,人们由衷地发现,"车厢不是故事的背景,而是生产叙事的装置","车厢合理化了陌生人之间的邂逅,但无法将其变成一个可被理性诠释的故事。陌生的他者、资讯的匮乏以及经验的碎片化,使乘客对于车厢像在阅读一部现代主义风格的作品"[③]。这些作为"叙事装置"的"车厢社会"的理论分析,是我们理解"十七年"电影中的火车旅行叙事的重要基础。

在"十七年"电影中绝难看到类似刘呐鸥、张恨水笔下那种"车厢社会"的人际风险。尽管在《铁道卫士》[④]中观众可以看到,火车上遍布着"随时出现又突然消失的陌生人",因而这里常常是敌特分子出没的场所,然而我们也要看到,总体来看,在"十七年"电影中火车的负面形象并不多见。毕竟在社会主义时代,围绕火车旅行,更多的人际风险只能是善意的提示。电影中呈现的严峻的现代性风险,恐怕只能与火车旅行中的灾难和意外相关,好在基于社会制度与伦理秩序的优势,这些由火车旅行所产生的现代性风险,都能得到妥善的应对。

事实上,"十七年"电影中的"车厢社会",终究显示出一种新的时代伦理,这使得火车旅行的现代意义有了显著的不同。在由真实事件改编而成的电影《十二次列车》[⑤]中,与列车外的风雨大作形成鲜明对照,车厢内部始终一派融洽和谐的旅途气氛。火车车厢这一特殊的"容器",势必要容纳形形色色的人群,从电影看,这包括工人、农民、军人和知识分子,甚至

---

① 李思逸:《铁路现代性——晚清至民国的时空体验与文化想像》,台北时报文化出版公司 2020 年版,第 365 页。
② 陈建华:《文以载车:民国火车小传》,商务印书馆 2017 年版,第 207,209~210 页。
③ 李思逸:《铁路现代性——晚清至民国的时空体验与文化想像》,台北时报文化出版公司 2020 年版,第 332 页。
④ 导演方荧,长春电影制片厂 1960 年。
⑤ 改编丁治霖、郑洪,导演郝光,八一电影制片厂 1960 年。

还包括疏于看管的孩子、即将生产的孕妇、去北京参加展览的养鸡能手。在突如其来的灾难面前,他们发扬了社会主义的伦理风格,着力将城市陌生人社会打造成热情团结的共同体。在列车这一特殊的空间里,这群由陌生人联接起来的组织化的集体,最终战胜百年不遇的洪水,由此揭示新旧社会的根本差异。与火车相似,作为现代交通工具的还有轮船。电影《雾海夜航》①中,"海燕号"客轮的船舱空间,与《十二次列车》里的"车厢社会"颇为相似,都在容纳作为旅客出现的各行各业的城乡人群。在此,不同职业不同身份的旅客,在短暂的旅途中遭遇一段惊心动魄的意外事件。面对"海燕号"触礁遇险的危险局面,电影同样聚焦城乡人群临时组成的共同体社会,揭示他们团结一致与灾难英勇搏斗的光辉业绩。

通过倚重由城乡陌生人结成的临时共同体,来共同面对旅行中突如其来的意外事件,这种叙事模式在电影《"特快"列车》中也得到充分的运用。为了抢救伤员生命,五〇二次列车长裴兰英(卢桂兰饰)决定请示铁路分局,将普通列车临时改为"特快"列车抢点运行,以最快的速度送伤员去江城做手术。同样是"车厢社会",列车上同样有知识青年、农民、林业工人和白发老人各类人。他们为了抢救伤员,在列车员的领导下,充分展现出革命大家庭般的团结与热情。电影最后,在大家的共同努力下,列车提前抵达终点,成功挽救了伤员的生命。这种极端情况下的"紧急状态",如电影中人所指出的,"只可能发生在社会主义国家"。这种"人间奇迹"的顺利实现,其实也是社会主义的速度隐喻。

在借助火车这一独特的"叙事装置"方面,电影《兰兰和冬冬》②虽无意于展现面对旅行意外的团结救险,但也令一种"社会主义奇迹"得以生动展示。电影中,兰兰和冬冬这对幼儿园的姐弟,独自坐火车从上海去往北京寻找父母。核心情节是幼儿园请铁路代为运送低龄儿童,这当然也是一个由于父母忙于工作生产而无暇照顾孩子的公而忘私的故事。然而,《兰兰和冬冬》描绘的"社会主义奇迹"主要是幼儿能独立旅行,由此也彰显出社会主义"车厢社会"的基本面貌。在一般人看来,幼儿园孩子的独自旅行,确实是不太让人放心。比如电影中那两位一同乘车的西装客(程之饰)和胖女人(林榛饰)就颇为不屑,尤其是那位自私自利,一副小市民嘴脸的胖女人,他们基于旧城市社会状况的道德判断,认为没有大人带的小孩很难能顺利完成长途旅行。大概是在这个意义上,电影将之视为"只有解放了才有的新鲜事"。尽管"车厢社会"还切实存在风险,但"十七年"电影的叙事策略在于,它并不让这类人际风险真正发生,因此电影叙事不免就此设置一些既紧张又安全,貌似意外最终却"虚惊一场"的情节。比如在电影中,面对车厢里混杂的人流,懵懂的冬冬有些不知所措,他先是跟着一个抱玩具的小女孩消失于车厢不知所踪,这令郑大光(史久峰饰)和邻座的老大爷(张雁饰)颇为紧张,观众此时必会不自觉地联想起民国时期流行的"铁道骗局与罪行"中关于儿童拐卖的相关传言。然而在一阵忙乱的寻找和广播寻人之后,观众赫然发现孩子正和一群解放军快乐地唱着歌。紧接着,电影围绕两个孩子设置戏剧性情节,一段火车旅行中经常出现的桥段——热心人因"无心之过"而"错失"火车。这段极富喜剧感与奇观性的情节,堪称"十七年"火车旅行电影中因"错失"火车而积极自救的经典段落。

"错失"火车的类似情节在"十七年"电影中反复出现。《"特快"列车》里的那位老农民(马陋夫饰),原本应该在列车全速向江城赶去之前下车,然而为了帮助伤员争取时间,已经

---

① 又名《夜航》。编导俞涛,上海电影制片厂1957年。
② 编剧杜宣,导演杨小仲,天马电影制片厂1958年。

在马家岭车站下车的他,又极为热心地帮助人员运送行李,以至于不知不觉随人流回到车上。如果说《"特快"列车》里的老农民"错失"目的地又错误地回到火车上,那么电影《锦上添花》中的段志高则是因为热心帮老大爷提送行李,不小心"错失"火车。几乎所有的"错失"火车桥段,都能隐约看到事件当事人身上残留的礼俗社会的生活原则,体现人们对于法理社会的公共规则与时间观念的漠视。热心人的"无心之过",使人在感受喜剧感与戏剧性之余,鲜明地感受到新社会中"牺牲小我,服务大我"的崇高情怀。这便正是典型的社会主义时代的"车厢社会"场景,积极、热情却不乏喜剧效应,更关键的是,气氛的和谐与融洽,消弭了现代陌生人社会中固有的紧张与疏离,警惕和不安。

由此,回头再看电影《兰兰和冬冬》便可发现,面对火车旅行的风险,孩子们的化险为夷,几乎是"十七年"电影的必然结局。而与此形成鲜明对照,对此事一直幸灾乐祸的胖女人,则因东西吃得太多而突发急性肠胃炎,最后不得不临时下车就医。这也似乎在暗示,旅行的风险不在于因过分热心而产生"无心之过",而在于自我的贪欲和私念。最后,电影为了突显对于旅行风险的善意反讽,打破关于"古怪的陌生人"的刻板印象,刻意添加了一位在孩子们眼中"看上去像坏人"的大胡子李伯伯,然而出乎人们意料的是,这位乘客其实是有着崇高品质的劳动模范。他因常年劳动而显得无比粗糙,更是疏于形象管理,这让初次见面的姐弟俩颇感惊骇。电影也借此展开了一段因火车旅行的人际风险而来的,关于形象外貌与精神品质之关系的意识形态教育。从这种叙事表征之中,也能够看到"十七年"电影中的"火车旅行"所具有的新的时代特征。

## 四、"反特片"与匿名城市的危险

当然,"十七年"中的电影,也会集中揭示陌生城市的危险,这主要发生在反特题材电影中。如观众所见,城市空间几乎是"反特片"当仁不让的重要背景,惊险传奇的敌特故事往往与解放后丰富驳杂的城市生活一并呈现,如《人民的巨掌》中的上海、《羊城暗哨》中的广州。每一部"反特"题材电影的开头,都要展示车水马龙的街道、阳光下如织的人流以及远处林立的高楼,呈现出安定祥和的社会主义城市新景观。城市的平静之中,作为"魅影"的敌特分子成为"闯入者",威胁着城市日常生活的安全。在城市这片"陌生人"聚集之地,暗藏的敌特分子成为匿名城市的潜在危险。反特题材电影的叙事偏好,既是对这种潜在危险的反映,也是对其及时有效的排遣。

理查德·利罕在《文学中的城市》一书中谈道:"都市人群,流动多变,让城市生活愈加不可预测。"[①]城市的匿名性加重了这种神秘。敌特分子隐藏于城市,潜伏于市民的日常生活之中,这暗示着城市的堕落、不洁和可疑面貌。城市保卫者与敌特分子的斗争,无意间揭示出城市背后的风险和秘密。电影《无形的战线》[②]有一个意味深长的开头:随着解放军的节节胜利,东北某城市举行各种庆祝活动,但影片并不从认同的角度表现这些场面,而是以"间

---

① [美]理查德·利罕著,吴子枫译:《文学中的城市:知识与文化的历史》,上海人民出版社2009年版,第10页。

② 编导伊明,东北电影制片厂1949年。

离"的远景刻意与之保持距离,由此顺理成章地以字幕的形式提醒人们注意隐藏的敌人。①这无疑揭示了影片的态度,提醒剧中群众及影片观众,解放的欢庆之后不能麻痹大意,不能放松与"不拿枪的敌人"的斗争。这种态度为此后的"反特片"定下意识形态情感基调。

面对遍布城市的"不拿枪的敌人",革命者被保持高度警惕,这无疑构成了"十七年"反特电影被不断生产的意识形态诉求所在。革命者从乡村来到城市,回到漫无边际的日常生活,这本是太平盛世的开始。然而,"冷战"的世界政治背景又使得"革命的第二天"②不可避免地陷入意识形态的焦虑和警惕之中。在此背景之下,意识形态的紧张和焦虑成为文化自我塑造的重要因素。如人们所看到的,在反特题材电影中,陌生人汇聚的城市往往是敌特分子渗透的对象,也是他们隐匿其中的主要场所。电影中,敌特分子往往潜伏在酒馆、书店或百货公司,与来路不明的特务们在公园、饭店、舞厅及西餐馆等娱乐休闲场所秘密接头,伺机渗透进工厂窃取军事机密(如《斩断魔爪》《人民的巨掌》等),或是将魔爪伸向立场并不坚定的动摇分子(如《羊城暗哨》里的"陈医生"),以此酝酿各种阴谋。这些都让平静的城市处于危机四伏之中。电影《无形的战线》中,神秘莫测的敌特分子利用送牛奶的少年传递情报,将女特务崔国芳安置潜伏在橡胶厂做打字员,在图章店伪造公章,在自行车修理行潜伏,这些都令我公安人员陷入被动。以至于电影主人公感叹:"这么复杂的城市,真是一切都要重头学起啊!"推开窗户后,影片展开了一片城市的远景,镜头平移掠过整个城市的高楼和天空。这组"多余的"镜头透露出主人公和观众面对城市的困惑。电影《斩断魔爪》③中,"德源百货店"的掌柜李好义(冯奇饰)以百货店为据点从事特务活动,作为潜伏人员,他以城市的商业活动来隐匿自己的犯罪行为。与《斩断魔爪》相似的是,《天罗地网》④中,特务也利用百货公司打掩护,而《国庆十点钟》⑤里,作为重要道具的"双铃马蹄表"无疑是城市生活的缩影,它给生活带来便利,又是时尚的象征,然而却蕴含着巨大的危机,敌特分子企图利用它安装炸弹,破坏国庆活动。这毋宁说是作为"风险社会"的城市生活本身的危机所在。

如前所述,反特题材电影耦合着特定年代的冷战情境和意识形态焦虑,"反特片"则希冀获得自身内部"政治秩序被认可的价值"。从革命的乡村来到"革命之后"的城市,人民政权的体制化使得城市成为工作的中心。这个藏污纳垢的场所不仅有资本主义的"糖衣炮弹",更有伺机而动的敌特分子。要保证社会主义政权的长治久安,必须将这些藏匿的坏分子清除殆尽,而这恰恰需要通过意识形态动员下的群众斗争才能完全实现。因此,如果说"以农村包围城市"的中国共产党人在乡村的革命之中面对的是看得见的敌人,那么"革命之后"的城市则深陷"无形的战线",要细心对付处处隐藏着的"看不见的敌人"。于是,城市连同其市民主体,在继续革命的洗礼中,从来都是有待教育和改造的对象。也是在这个意义上,"十七年"反特题材电影往往会集中表现那些因对城市匿名的危险疏于防范而滋生的各类事故。《无形的战线》运用大量篇幅表现橡胶厂马秘书(王岚饰)的"粗枝大叶",如缺乏保密意识,在

---

① 展现出毛泽东的"告诫":"在拿枪的敌人消灭之后,不拿枪的敌人依然存在,他们必然要和我们作拼死的战争,我们决不能轻视这些敌人。"
② [美]丹尼尔·贝尔著,赵一凡等译:《资本主义文化矛盾》,生活·读书·新知三联书店1989年版,第75页。
③ 编剧赵明,导演沈浮,上海电影制片厂1953年。
④ 编剧石方禹,导演顾而已,上海电影制片厂1955年。
⑤ 编导吴天,长春电影制片厂1956年。

大街上谈论橡胶厂的工作;不注意防火的细节,甚至准许来访的客人抽烟,等等。影片的戏剧性在于,马秘书的每一次失误都给了敌人可乘之机。然而与马秘书相对的是,刻字青年(梁音饰)是警惕性高的群众形象。"政府有命令,不让刻这些没头没脑的单字",影片借刻字青年之口再次宣传国家的相关政策,为公安机关提供了线索。这一正一反两种人物的对比,极为巧妙地突出对城市人群的教育意义。《斩断魔爪》中也有一组类似的人物,153厂的董厂长(凌之浩饰)是军队出身的老干部,一天到晚着急赶任务,而忽视安全保卫工作,这也给了敌特分子可乘之机。电影最后,敌特分子已然暴露,当初一心建厂而疏忽于保卫工作的董厂长也不得不坦言:"在战场和敌人明刀明枪干惯了,对隐蔽的敌人实在认识不足。"而影片也以类似画外音向观众发出最后的宣谕:"国家大规模经济建设就要开始了,对敌人的阴谋破坏更要提高警惕。"

　　几乎每一部反特题材电影中,都有如《无形的战线》中马秘书式的麻痹分子,他们的疏忽大意让敌特分子钻了空子,给人民群众造成巨大危害。在《人民的巨掌》[①]里,黄同志(张乾饰)喝酒误事,无意间透露了事关军事机密的工厂生产信息,造成严重的后果。《虎穴追踪》[②]中,工商局夏局长(张凤翔饰)警惕性不高,特务崔希正(李景波饰)借机与其拉拢关系,通过特务资丽萍(叶琳琅饰)将名册隐藏在夏家。《国庆十点钟》里,汽车司机平小海(赵联饰)热衷于搞"省油窍门",给了敌特分子可乘之机,另一位麻痹分子金主任(赵子岳饰)不仅粗心大意,更有严重的官僚主义作风,因此,影片最后的审讯乃至破案的过程,无疑是极好的批判和教育活动。严寄洲的电影《这决不是小事情》[③]更是借人物之口讲了六个小故事,几乎全是有关麻痹和松懈的警示故事。从这个意义上看,"十七年"反特题材电影其实集中表现了"冷战"背景下作为"陌生人社会"的城市危险所在,表现了因这种意识形态焦虑而滋生的诸种文化想像,这构成了"十七年"电影关于"城市陌生人"的"他者化"想像的典型方式。这种"他者化"的想像,也显然有助于令已然建构的"共同体社会"更加团结和紧密。

## 结　语

　　因此,讨论"十七年"电影中关于"城市陌生人"的文化想像或可发现,在"社会主义城市"里,其实蕴藏着超越现代以来的"摩登城市",实现"陌生关系的变革"的努力,而体现在"十七年"电影叙事中,则表现为致力于在城市里建构共同体社会的意识形态诉求。这一方面体现在"十七年"城市喜剧电影基于"偶遇"和"误认"的叙事线索建立起来的陌生人群的联接方式。在此,共同的情感体认基础上的"陌生人"的熟悉与无害被不断展示和确认,这也显然意味着新的社会形态关于城市陌生人世界的观念再造。另一方面,这种意识形态诉求还体现在"火车旅行"之于陌生人相遇和情感转变的独特"叙事装置"意义。相较于过往的同类叙事,"十七年"电影中的"车厢社会"总是显得干净而节制,电影的叙事总会竭力营造人群相遇的正面情愫,以体现社会主义文艺的根本原则。此外,陌生城市的危险则主要集中在"十七

---

① 编剧夏衍,导演陈鲤庭,上海昆仑影业公司 1950 年。
② 编剧应慈、任桂林等,导演黄粲,长春电影制片厂 1956 年。
③ 编剧王少岩、严寄洲,导演严寄洲,八一电影制片厂 1956 年。

年"反特题材电影的叙事之中。在城市这片"陌生人"的聚集之地,暗藏的敌特分子构成匿名城市的潜在危险,"十七年"反特题材电影的叙事偏好,既是对这种潜在危险的反映,也是对其及时有效的排遣,这种关于"城市陌生人"的想像方式所指向的市民社会的意识形态教育,显然有助于"共同体社会"的紧密与团结。

(责任编辑　徐勇)

# 绿色坚韧：一种新的乡镇想像力

胡少卿

（对外经济贸易大学 中文学院）

**摘　要**：随着城市化进程的推进，中国乡村正在变成一种新的形态——乡镇；关于乡村的文学叙事也呈现出从逃离到归依、从挽歌到礼赞的变化。新一代作者在小说、诗歌、散文、电影、短视频等形式的创作中展示出新的乡镇想像力，呈现明亮、镇静的乡村图景。这类写作将成为乡村变革的"软性设施"，有助于哺育全新的"乡镇的心灵"，从而帮助人们在更高的层次上返回乡土。

**关键词**：乡镇；归依；礼赞；乡镇的心灵

## 从乡村到乡镇

城乡二元对立是中国进入现代以来的基础国情。当然，这一短语完全是粗线条的，在真正的大城市和原始村落之间还存在许多过渡地带。具体来说，地域递进的梯级大致是这样的：乡村—小镇—县城—地级市—省会—区域中心城市—一线城市。

近年来国家倡导乡村振兴，这样的分割正在变得界限模糊：越来越多的自然村落消失了，乡村城镇化，一线城市周边的小城发展成卫星城。农村人口通过买房、户口迁移等，为了便利的医疗、教育、生活条件，向城镇集中，已成为普遍现象。当下生活于城镇的人口已超过生活于农村的人口。在经济较为发达的地区，村庄和城镇之间的差别正在消失——公路入村，网络入村，快递进村，资本进村。乡村的城市化前景被人们提出的这些概念所描摹："田园小镇""田园综合体""共享农庄""慢村建设"……今天农村的年轻人已很少种地，也不懂种地，现在还在地里劳作的是六七十岁以上的老农民，他们很有可能是中国最后一代个体农业劳动者。

在莫言2020年出版的小说集《晚熟的人》里，环保成为重要主题，这样的变化令人愕然。莫言早年曾惯于以荤腥不忌、泥沙俱下之笔描摹涌动着原始生命力的乡村原野，如《红高粱》写墨水河里浸泡的死骡子尸体："迸然炸裂，华丽的肠子，像花朵一样溢出来。"这可怕的肮脏是被赞扬，受到嘉许的。如今这同一片故乡在莫言笔下变成饱受环境污染之苦的生存的险地。《天下太平》里有一只被乡村污染搞得怪异的老鳖，《红唇绿嘴》里的河流脱离浪漫主义，变成现实主义河流——它被化工厂污染，使许多人得上怪病丧生。除此之外，莫言这本小说里还写到成为农场主的农民，驾驶收割机在广袤的麦田里割麦。这些迹象显示，乡村现实中的新元素已成为文学想像力的组成部分。

在中国城市化进程中,乡村和城市的关系已悄然转化。以前是城市挤压乡村,乡村靠向城市,如今,人们用"逆城市化"来形容这一关系。许多人逃离城市,返回乡村。官方媒体号召城市中的退休人士"告老还乡",成为"乡贤"。乡村和城市之间,构成一种更为自如的关系,文化和文明的分布也呈现出匀质化倾向。这将成为未来几十年间中国社会更新的典型图景。

"无论我们如何理解这段城市化发展历史,都会意识到如今的中国村庄已不是以前的村庄,再以以往的村庄经验来讲述今天的中国故事,总会有些'怀旧'或者'隔世'感,这种阅读心理对于长期生活在城市的中青年而言尤其突出。"①在变动的现实中,村庄已成为村镇。文学中传统的"乡村"概念将被改写。为凸显新的现实状况,本文使用"乡镇"这一概念来指涉新的现实条件下出现的变动,它不指传统意义上的小镇、城镇,而指面向未来的乡村新形态,意味着正在生成之中的中国乡村变革图景。

文艺是现实的反映,现实中的变动体现在文艺作品中,文艺作品所想像、塑造的新图景又会反过来作用于现实,构成叙事与现实的双向加强和循环、对流。中国未来会出现新的乡镇,在此过程中,关于乡土的新的书写和想像会作为"软实力"参与。

笔者将就自己极为有限的观察视野,从变迁的角度谈谈近年来有关乡土、村镇的叙事中出现的新趋向。下文涉及的文艺样式,不仅包括传统意义上的小说、诗歌、散文,还包括电影、短视频等。在读图的时代,图像式的传播方式影响可能更为广泛,也呈现更多的集体无意识。

## 从逃离到归依

在21世纪的开端,关于中国农村、农民状况的揭示曾掀起过一个小小的热潮,以三本著作为标志:曹锦清的《黄河边的中国》②,李昌平的《我向总理说实话》③,陈桂棣和春桃的《中国农民调查》④。湖北监利县一个乡镇党委书记李昌平的呼告"农民真苦,农村真穷,农业真危险"是这波热潮的主题词。以上作品要么是社会学田野调查报告,要么是纪实文学,都是对中国农村真实状况短兵相接式的揭示,仿佛不粗粝、不直接,不足以传达三农之苦况。这形成传统,其回音久久震荡,体现之一是作家梁鸿发表于《人民文学》2010年第9期上的"非虚构文学"专栏的《梁庄》(后出版单行本,名为"中国在梁庄")。梁鸿以自己出生的村庄"梁庄"为标本,展开了对中国乡村的诊断:

> 整个村庄被房前屋后的荒草、废墟统治着,显示着它内在的荒凉、颓败与疲惫。就内部结构而言,村庄不再是一个有机的生命体。⑤

---

① 唐诗人:《县城作为一种思想方法》,《文艺报》2021年3月19日。
② 上海文艺出版社2000年版。
③ 光明日报出版社2002年版。
④ 《当代》2003年第6期。
⑤ 梁鸿:《中国在梁庄》,中信出版社2014年版,第23页。

村庄衰败的另一面是青壮年劳动力纷纷外出打工。继《梁庄》之后,梁鸿继续以"非虚构"之笔,奔赴各地采访,写出《出梁庄记》,反映梁庄外出打工、流散各地的农民工的命运。

作为打工潮的亲历者,打工诗人许立志用真切的笔触记载了自己的乡土记忆和城市现实。他曾这样描绘记忆中的乡土生活:"我和两个哥哥搬出桌椅/母亲端上热气腾腾的饭菜/父亲那时还倚在门框上抽着劣质香烟/悠哉游哉/'开饭啦',母亲有力的歌唱/……也是一恍间,这么多年/就在几个傍晚中过去了。"①离开乡土,在现实中,许立志成为一颗无足轻重的螺丝钉和流水线上的兵马俑:

  一颗螺丝掉在地上/在这个加班的夜晚/垂直降落,轻轻一响/不会引起任何人的注意/就像在此之前/某个相同的夜晚/有个人掉在地上(《一颗螺丝掉在地上》)

  沿线站着/夏丘/张子凤/肖朋/李孝定/唐秀猛/雷兰娇/许立志/朱正武/潘霞/苒雪梅/这些不分昼夜的打工者/穿戴好/静电衣/静电帽/静电鞋/静电手套/静电环/整装待发/静候军令/只一响铃功夫/悉数回到秦朝(《流水线上的兵马俑》)。

作家阿乙在短篇小说《剩渣》里写一个雄壮的乡镇青年离开家乡,投入大都市的经历,他的"元气"被一种高科技机器源源不断地输送给一个想抵抗衰老的女人,最终精力完全被榨干,成为一具男性干尸。② 这是一个典型的故事模型和寓言。在现实中,许立志就是这样一个被城市榨干精力的"人渣",他在二十四岁时跳楼自杀。巴尔扎克《高老头》里的大学生拉斯蒂涅的人生轨迹在当下许多人身上重演,不过拉斯蒂涅尚有资本向着巴黎叫嚷"我们来较量一把",而许立志式的打工者却只有无奈地陨落。

《中国在梁庄》里有一个典型的物象是村庄里的老屋。随着城市化进程的加速,乡村空心化也在加剧,原本留守老宅的老人大规模随子女迁入城市。废弃的老屋是一种空间现象,像失去蜂群的蜂巢,是乡村衰败的典型象征。故宅的黯淡或消逝已成为越来越多人的心头之痛,大量关于老宅的情感需要在文学中释放。在当下许多文学作品中,乡村老屋成为缅怀、告别的对象。

作家曹寇的小说《狗日》③别出心裁地从一条狗的角度表现对自家老屋的情感。像今天许多的年轻人一样,小说里的"我"大学毕业后留在城里,后来把母亲也接到城里居住,家里养的狗就寄住在附近的姐姐家。这条名叫"张飞"的狗还是每天跑到老房子的门前卧着:

  就这样,它每天都这么在无人居住的老房子门前卧着,风吹日晒,日升月落。台阶上枯草开始疯长,门板上油漆开始剥落,那把大锁也开始锈迹斑斑,被母亲和存折放在一起的钥匙大概已经不能打开它了。总之,主人的气味越来越稀薄。直到有一天,姐姐端着饭来给它吃的时候,发现张飞已经在门前死了。

狗所依恋的其实也是人所依恋的。一幢房子,经过一家人长久生活的磨洗之后,就不再

---

① 许立志:《一家人》,《新的一天》,作家出版社 2015 年版,第 21 页。后文所引许立志诗歌均出自本书。
② 阿乙:《骗子来到南方》,译林出版社 2021 年版,第 9 页。
③ 发表于《今天》杂志 2013 年秋季号。

只是一幢房子。它凝结了一家人的生活史而自动具有灵性。作者用狗的逝去这个情节承载痛彻心扉的别离之痛。

在告别和逃离的叙事中,城市是重心,是奔赴的目的地,而乡村是被抛弃的起点。但在近年的文学场域中,出现反向的热潮。云南诗人雷平阳的一首《亲人》广为流传:

> 我只爱我寄宿的云南,因为其他省/我都不爱;我只爱云南的昭通市/因为其他市我都不爱;我只爱昭通市的土城乡/因为其他乡我都不爱……/我的爱狭隘、偏执,像针尖上的蜂蜜/假如有一天我再不能继续下去/我会只爱我的亲人——这逐渐缩小的过程/耗尽了我的青春和悲悯

这首诗的写作年代较早,引起较多关注却是在近年,说明它戳中时代情绪。它以剥竹笋式的方式凸显自己的乡土认同,在表面上笨拙的句式中,展现出沉痛和疲惫,是历经沧桑之后对于起点的认同。它告诉读者:世事苍茫之际,真正值得珍惜的仍然是亲人与故土。

类似的是同为云南诗人鲁若迪基的《选择》:

> 天空太大了/我只选择头顶的一小片/河流太多了/我只选择故乡无名的那条/茫茫人海里/我只选择一个叫阿争五斤的男人/做我的父亲/一个叫车而拉姆的女人/做我的母亲/无论走在哪里/我只背靠一座/叫斯布炯的神山/我怀里/只揣着一个叫果流的村庄。

这首诗重申故乡的父母、山水、村庄对自己的重要性,是一个人在茫茫人世中的立足点和归依。《亲人》和《选择》体现全球化时代里对于地方性的执守。它们开启的观察视野是从乡镇远眺世界,而不是从世界俯瞰乡镇。它们的流行呼应了回归故土、返回村镇的集体情绪。

在散文领域,80后作家出版了多本怀乡散文集,形成一种值得关注的现象,如胡桑的《在孟溪那边》、甫跃辉的《云边路》、邓安庆的《纸上王国》《山中的糖果》等。他们如许立志一样回忆童年的故乡,造成了一种对乡土的缅怀。这是一种游子落叶归根式的重新注视。

在这些文学想像的背后是许多人的实践行动,其中典型的如新疆作家刘亮程,几年前从省会乌鲁木齐搬迁到新疆北部的木垒县菜籽沟村居住。菜籽沟村本是一个荒废的村落,刘亮程在这里开始了他的乡村建设,打造"木垒书院",居住、种植、生活、写作,从事教育培训,力图吸引更多的艺术家入驻。他的愿心是修复、建设乡村的文化生态:"我们住在这里,希望把我们一点点从这个村庄拿走的东西还给它,让这些文化得以延续;与此同时,通过艺术家的进驻,也希望能为村民带来一些新的思想和观念,让他们知道文化的价值,菜籽沟的价值,这种自豪感建立起来后,才可能让菜籽沟真正永远存在。"[①] 梁鸿于2021年年初推出的第三部关于梁庄的作品《梁庄十年》里也写到梁庄的新变化:村子里的河流变清了,重新有鱼了,外出工作的人、做生意发达的人、游历海外的人,都回到村里盖起新房,在院子里种菜种花,成功企业家把父母从县城接回来在村子里同住,陪他们散步等等。复归乡土成为时髦。许多文学作者只是在文字中缅怀童年的乡土,而现实中的行动者已致力于将文学想像变为现实。

---

① 刘亮程访谈:《新疆被猎奇太多需要安静》,《南方都市报》2015年8月28日。

# 从挽歌到礼赞

如果说 21 世纪之初曹锦清、李昌平、陈桂棣等人著作中的农民主体尚是苦苦挣扎的中年农民,那么在晚近的乡村书写中,这批农民已变为老年,面临彻底消失的命运。"随着中国乡村'空心化'、'荒漠化'现象越来越严重,新世纪出现了贾平凹等对'最后一位农民'的挽歌式书写。"①"最后一位传统农民",将成为我们不得不面对的时代现实。

罗伟章中篇小说《声音史》②选择从听觉的角度来表现乡村的衰败。主人公杨浪天赋异禀,拥有收集声音、模仿声音的出色能力。声音如同空气、阳光一样成为杨浪的日常需要。年老的杨浪在荒废的村子里通过对声音的回忆抚摸过去。"鸟鸣山更幽",古人写声音是为了突出寂静。同样,杨浪关于声音的技能反射的也是他所处身的村庄的彻底的空旷和寂静。这部小说写出乡村空壳化的现状和对活色生香的过去的哀悼。

在谈及长篇《早上九点叫醒我》的写作初衷时,作家阿乙说:"我现在回到出生时的乡村,发现它只剩下一些行将就木的人还住在那儿,外面的人回家乡,一是祭祖,二是作为一具尸体(回去),把乡村变成墓场……我认识的很多人,他们的家乡也逐渐不存在了。在那之前,新农村出现了,那是最后的疯狂,建了很多水泥路,大张旗鼓,其实最后发现是大撤退。我的小说就是写,大家都成为城里人,只有一个人在那儿死了,像农村的最后一抹夕阳,象征着最后的农村。"③传统农村正在变得空洞,正在消亡,直至变成一座墓场。这是此时代悄然上演的一种真实,可谓"三千年未有之大变局"。《早上九点叫醒我》写一场盛大的葬礼,葬礼的主角是往日的村霸宏阳,小说涉及土葬、火葬之辨,在小说末尾则出现"平坟运动"。乡村葬礼位于乡村生活的底部,对宏阳一生的追述和对他的埋葬带有强烈的告别一个时代的象征意味。

在对乡土进行挽歌式呈现的同时,一种朝向未来的新的想像力也在崛起。近年出现一批把乡村描写得明朗、清丽、动人的叙事作品。这类叙事不同于过往沈从文、汪曾祺式的牧歌型写作,带着怀旧、幻想的光晕,而展示实实在在的乡村场景,是生活于斯的人们的真实表达。在这类作品里,诗意不在他处,就在自己手中,人们没有对远方的向往,远方就是自己脚下站立的地方。

这类叙事里最典型的是视频主李子柒拍摄制作的短视频。李子柒自 2015 年开始尝试拍摄美食短视频,短短几年时间,成为拥有顶级流量的超级网红,其短视频的点击量往往突破千万,且影响远播海外。2021 年 1 月,李子柒以 1 410 万的 YouTube 订阅量刷新了"YouTube 中文频道最多订阅量"的吉尼斯世界纪录。李子柒制作的短视频里的生活不等于李子柒的日常生活本身,而是经过精心设计、制作、讲述的文学故事,因为其巨大的影响力而成为当下极具研究价值的叙事文本。

---

① 胡少卿:《灾难书写、城市想像、乡土叙事的难度与可能性》,《关东学刊》2021 年第 1 期。张丽军语。
② 《十月》2015 年第 1 期。
③ 阿乙、许知远:《阿乙:我的脑子里就像野火在烧》,《单读09:耐心》,广西师范大学出版社 2015 年版,第 8 页。

李子柒短视频的典型场景是位于山野之中的农家院落，木门柴扉，院子里种满各色瓜果蔬菜，各种用具简朴洁净，富于质感。视频的主人公即李子柒本人，她的衣着带有古风，朴素乡野又明丽鲜明。院子里还生活着她的奶奶，两人常常坐在一起择菜、品茶。视频里很少出现人声，而是采用自然的语言——雨落的声音、鸟鸣的声音、火燃烧的声音、风声等等。视频的主题主要是展示各种特色食品、用具的制作、成形过程，如柿饼、泡菜、桃花酒、玫瑰酱、棉被、秋千等。

李子柒在视频中展示的麻利干练令人印象深刻，她不是一个演员，而是一个真实的劳动者，她具备熟练的劳动技能和动手能力，她的手上青筋暴露。这些视频还展示了在这个时代罕见的耐心，比如，一个五分钟的视频里展示的画面，可能需要用一年的时间去跟踪拍摄素材，从种子入土，一直拍到成熟收割，从春天一直到飞雪的冬季。这些视频是压缩、储存时间的艺术，正如许多美食也往往是在时光中发酵成型。

一个女孩子在清丽的南中国山野中劳动，自给自足，创造富于诗意和美感的田园生活，这是李子柒短视频带给人们的总体观感。它具备诸多理想生活的要素——伦理上的温暖、绿色环保、自然循环、自给自足、可持续发展、手工、停顿和休憩、耐心、慢下来的艺术、闲暇、劳动之美、天人合一。李子柒短视频是本土乡居生活理想全球化的成功范例，她对众多海外观众的吸引力表明，其展示的生活理想是后工业时代人们的普遍认同。

另一个类似的值得关注的文本是青年导演徐磊执导的电影《平原上的夏洛克》。这部2019年上映的新人处女作获得极高的赞誉。电影中的演员都是农民本色出演，主角超英由导演的父亲扮演。这是发生在华北农村的故事：超英为了完成亡妻的愿望要盖一座新房，他的村中好友树河、占义来帮忙。树河在帮忙买菜的过程中被车撞了，而肇事者逃逸。超英和占义就驾驶着电动三轮车在广袤的华北平原上开始了他们的侦探和追凶之旅。经过各种搞笑的阴差阳错，两人还是一无所获。电影结尾，住院的树河要出院了，他惦记着自己的瓜田，超英和占义就陪着他去。三个人走在树林里，阳光正好，面前是水声潺潺的田野，一切都在生长、成熟，生活如同梦幻一样美丽。

马尔克斯在《百年孤独》的开头说："只要没有死人埋在地下，你就不属于这个地方。"这是对故乡的一种特殊定义：所谓故乡，即是埋葬过我们亲人的地方。《平原上的夏洛克》里出现埋葬妻子的坟墓，这片乡土正是超英唯一的栖居地。故事的主要事件是一场车祸和因车祸而泡汤的新房建筑计划，按理说，这是乡村悲情故事的配置，但导演硬是把这部电影拍成明朗的喜剧。超英最终只能住在漏雨的老屋里，他用塑料膜张在房间的上方挡雨，雨停的时候，他把屋内的一缸金鱼，倒在遮雨膜上，金鱼在雨布里游动，老屋顿时熠熠生辉。这便是他承诺给老伴的庭院生活的一次曲折实现吧。看似"精神胜利法"，却展示了对生活的坚韧态度。

超英在困顿中仍然坚持仁慈、良知、道义、同情等做人的操守，他甩卖自己的老马，当发现买马人是要把马牵去屠宰的时候，宁肯吃亏也要把马赎回来。尽管承受重压，他仍然用优雅从容的风度，过着困顿但坦荡的生活。这部电影充满人情社会的温暖，三个朋友，一直到老，还能跟自己童年的玩伴站在一起，面对童年的树林和流水，南瓜和鱼。

李子柒的短视频和《平原上的夏洛克》给笔者印象最深的，就是画面中的绿色。坚韧的绿色，无边无际的绿色，任其蔓延就是荒芜，精心打理却是生机。在这些叙事画面中，有明亮的绿色，缓慢的生活节奏，耐心，平静，温暖的人情，对美和生活品质的追求。这些，理应构成未来理想的乡居生活的题中应有之义。

# 乡镇的心灵

斯宾格勒在其名著《西方的没落》中提出"城市心灵"的概念，在他看来，将城市和乡村区别开来的要素是，城市形成自己的心灵，获得精神上的特质，否则，再大的市镇也只是集中居住区，而不成其为城市。

同样的道理，新的农村聚居群落的建设，从乡村到乡镇，不仅意味着聚居形式的改变，也必然要求内在精神的调整和变革。否则，我们就不能收获真正意义上的新型乡村文明。乡镇也应该有乡镇的心灵，应该重视新农村建设中"软性设施"的配备。湖南作家沈念曾跟随扶贫工作组多次下乡，据此写出小说集《灯火夜驰》①。他深有感触地提到："以农为生的人，如何让他心中有一片永远的土地，依靠的不是政策，而是情感的沟通。"②

上文所述"乡镇叙事"中的新趋向多出自80后、90后的新一代创作者，展示了未来新的乡镇叙事的可能性。新的现实引发新的文学想像，而新的文学想像将催生更多的现实。作家格非有一次说，武汉东湖比杭州西湖大，但名气不如后者，为什么？因为东湖没有附着那么多的人文想像。是穷山恶水还是青山绿水，其差别即在于人文精神的灌注和滋养。只有建设"乡镇的心灵"，我们才能在新的层次上返回乡土。

南京先锋书店近年来在乡野中营建了一系列极具艺术气息的书店，如陈家铺平民书局，即坐落于山野，位于浙江松阳的崖居式古村落陈家铺村。看到乡野中书店的灯光，荒山野岭也变得温柔可爱。家，是精神安顿的地方。这正是在现实中增加乡村"软性设施"的极具前瞻性的实践。

2016年春节前后，大学教师黄灯的文章《一个农村儿媳眼中的乡村图景》在网络上发布后③，引起极大反响。文章延续的仍然是非虚构文学的路数，呈现的仍然是使人无奈和窒息的乡村现实：留守儿童，阶层固化，医疗无着，农村老人养老，资本力量入侵，农民权益不能得到保障等等。中国的三农问题复杂深广，涉及地域差异、个体差异、文化差异。在传统与现代的交替期，因为话语权和现实权力的双重丧失，农民群体仍然是社会弱势群体。任何关于乡镇的新叙事都不应该成为粉饰和遮蔽。这是我们谈论本文话题时必知的一个前提。

乡村是社会进步的薄弱点，乡村的现代化才真正意味着现代化进程的成功。"美丽乡村建设的路径，可以是政策指引的政府领建，也可以是资本下乡的村企共建，但都应是尊重乡土传统、尊重自然生态的自主性建设。乡村文明的明天是什么？不是现代的城市文明，也不是传统的农耕文明，而是经过汲取和创造的新乡村文明。"④

让我们敢于向往吧，尽管这仍然是一个相当遥远的未必能到来的未来。

（责任编辑　徐勇）

---

① 花城出版社2021年版。
② 沈念：《活着之上的光亮与正信》，《文学报》2021年4月3日。
③ 原题为"回馈乡村，何以可能"，《十月》2016年第1期。
④ 李晓玲：《"逆城市化"生活兴起：回到农村能找到乡愁吗》，《半月谈》2021年4月6日。

# 中国生态文学的世界环境问题书写及反思

龙其林

(上海交通大学 人文学院)

**摘　要**:改革开放后中国逐步融入全球化浪潮,中国当代生态作家创作出一批反映世界环境事件的作品,他们通过对于马斯河谷烟雾事件、伦敦烟雾事件、博帕尔毒气泄漏事件、海湾石油污染事件等重大生态问题,对于人类历史上的生态问题进行了文学聚焦与文化反思。中国生态文学对于世界环境问题的书写,反映了中国作家对于全球化时代生态问题的认识,拓展了生态文学的表现内容,展现了鲜明的人类命运共同体意识,丰富了中国当代生态文学的思想广度与反思力度。

**关键词**:生态文学;世界环境;重大灾难;文学反思

1968年12月24日,宇航员第一次从外太空拍摄了地球的照片。这张名为 Earthrise 的照片尽管并非全地球形象,却是人类首次对于地球的直观印象。这张照片使人类感知到,人类的命运与地球休戚与共,这可视为人类命运共同体意识的雏形。2012年11月,中共召开十八大时,习近平总书记明确提出人类命运共同体意识,指出国际社会日益成为一个你中有我、我中有你的命运共同体,面对世界经济的复杂形势和全球性问题,任何国家都不可能独善其身。事实上,中国当代生态文学从二十世纪八九十年代就已经形成了对于人类命运共同体的关切,作家们通过对于全球性生态问题的书写,探讨世界性生态危机形成的原因、蔓延途径以及应对之策,显示出中国作家对于全球生态和世界文学的重要贡献。环境文学研究会"碧蓝绿"文丛编委会在1996年时曾这样解释中国作家们对于地球生态问题的关注:"由于'只有一个地球',地球是人类共同的家园。因而,保护环境的课题,也许是全世界不分肤色、民族、阶级、社会制度和宗教信仰、政治态度、观点主张的所有人,也包括作家在内,能够相互沟通理解,携手合作,一致对'敌'的事情。这个'敌'就是来自人类自身的愚昧、专横,对大自然的役使掠夺所造成的污染破坏。正因为环境文学是维护全人类共同利益的文学,因而,它也许比任何行业性的文学,有其更广泛的群众性,更易唤起公众的关注和作家的投入。"[①]国内学者对生态文学的研究多以单一国别作家作品的思想主题、创作现象讨论为主,对生态文学只展开现象归纳、主旨阐释等基础性工作,尚不及对中国当代生态文学的世界环

---

\* 本文系2022年度国家社科基金后期资助项目"全球化与中国当代生态文学书写研究"(22FZWB084);2022年度上海交通大学"文科创新团队培育计划项目"(WKCX016);2020年度广州大学重大科研项目"中国当代生态文学史稿"(YM2020009)的部分成果。

① 张力军主编:《愿地球无恙》,中国环境科学出版社1997年版,前言第Ⅵ页。

境问题书写进行全面、深层的反思。因此,分析中国当代生态文学的世界环境问题书写,不仅可以拓展国内生态文学研究的思想主题、写作手法,使之关注更为宏观的全球生态现象,而且可以厘定中国生态作家对于人类命运共同体的文学描绘和所达到的认识高度,进而为人类命运共同体意识的发展贡献中国智慧。正如著名生态批评家劳伦斯·布伊尔所言:"这个时代,确保文学和其他领域的人文主义者对环境保持持久关注,并努力凭借这种关注,而不是凭借教育或者行动主义层面的延伸行动,来帮助灌输和加强公众关注:地球的命运……"①

## 一、烟雾事件书写:从比利时马斯河谷到英国伦敦

18世纪60年代,工业革命肇始于英国,资本主义国家随之大量使用当时较为先进的大机器,使得生产力突飞猛进。第一次工业革命是人类技术发展史上的一次巨大革命,它不仅使得机器生产最终取代手工劳动,促进了生产力的巨大提高,而且还是一场深刻的社会现代化变革,确立了资产阶级对世界的统治。"16世纪的地理大发现冲破了各个国家和民族相对孤立和狭隘的联系交往,拉开了世界历史的序幕。但世界历史的真正推手是资本,世界历史的生产逻辑一经资本加持便织就了一张影响一切国家和民族前途命运的大网。"②但与社会现代化进程相伴而出现的,是人类在发展过程为攫取自然能源和原材料,而造成的严重的生态问题——森林资源锐减、土地荒漠化、气候问题、大气污染、生物多样性萎缩等。人类现代化的历史,既是人类文明不断发展的赞歌,又是全球环境被损耗、破坏的悲歌。人类在付出巨大的环境代价、生命代价、健康代价之后,慢慢意识到盲目追求现代化导致人与自然之间出现难以调和的矛盾。进入20世纪30年代后,人类面临着前所未有的危机——全球性生态灾害、能源危机、资源匮乏。不少中国当代作家都对全球范围内的重大生态事件进行过描述,借此思考工业化与社会发展、人类社会与自然环境之间的关系,深刻地反思人类中心主义立场、技术至上的科技理性、人类思想观念的局限。

"现代化是人类社会发展必然经历的阶段,但由传统农业文明转型到现代工业文明,对于身处其中的人们而言,则远没有想象中的惬意。现代工业的快速发展,不可避免地加剧了人与自然资源之间的矛盾,森林滥伐、河流污染、动物灭绝、雾霾持续等问题随之出现。"③ 1930年12月比利时发生著名的马斯河谷烟雾事件,这是人类在20世纪里记录到的最早的空气污染事件。从1930年12月1日起,当时工业化比较发达的比利时大雾弥漫。这种反常天气持续了仅仅三天时间,住在河谷地段的居民就有几千人患有呼吸道疾病,导致六十三人死亡。这些患者尽管年龄各不相同,却有一些共同的特征,包括流泪、喉痛、声嘶、咳嗽、呼

---

① [美]布伊尔著,刘蓓译:《环境批评的未来:环境危机与文学想像》,北京大学出版社2010年版,第145页。
② 颜晓峰、任倚步:《马克思主义与中华优秀传统文化相结合的世界历史意蕴》,《贵州师范大学学报》(社会科学版)2023年第2期。
③ 杨荣:《现代化进程与贵州当代生态文学的三种叙事范畴》,《湘潭大学学报》(哲学社会科学版)2022年第4期。

吸短促、胸口窒闷、恶心、呕吐等,咳嗽与呼吸短促是主要发病症状。专家分析,在这一段时间里,比利时大雾弥漫,马斯河谷工业区地处狭长河谷地带,大雾笼罩工业区使之形成逆温层,工业区气温比大气高层温度低,导致烟雾无法升腾挥发,工厂排放的煤烟粉尘等有害气体在地面聚集,在很短时间内形成大气污染。据后来推测,当时工业区内的空气中二氧化硫浓度高达 25~100mg/m³。尽管马斯河谷烟雾事件的爆发与该工业区所处河谷地形、当时气候有密切关系,但从根本上看,工业排放的污染物超过安全范围才是造成这次生态灾难的根本原因。在马斯河谷烟雾事件发生后,比利时政府立刻采取措施,出台了《反对大气污染法》等法律法规,从立法上强化大气污染防治。同时,比利时政府努力改造传统产业,提高环保标准,规划绿色公共交通,减轻机动车污染,使得国家空气污染物含量迅速降低。马斯河谷烟雾事件虽然发生在 20 世纪 30 年代,其时全球性的环境保护运动尚未兴起,人们还没有自觉的生态意识,但这一生态灾难及其教训却成为作家书写生态问题时深入讨论的话题。

  戴战军、徐永青在生态报告文学《拯救与命运》中谈到世界范围内的生态公害时,认为 20 世纪 20 年代至 40 年代是人类社会的公害发生期,突出的表现就是出现不少轰动一时的生态灾难事件:"如果撰写世界环境保护史,那么第一页至少要从七八百年甚至三千年以前开始写起。但是,在大范围内形成'公害',从而使环境保护真正起步,是从 18 世纪末到 20 世纪初的产业革命中开始的。从纺织工业发端的资本主义产业革命,以煤炭、钢铁、化工等重工业的建立而告完成。19 世纪末期,在欧美、日本等地,工业污染成为重大的社会问题,出现不少震动一时的污染事件,环境学家们将这一时期称为公害发生期。而本世纪 20 年代至 40 年代,是公害发展期。"①作家从石油及其使用范围分析了这一时期公害的表现,指出石油污染是其中危害最为严重的现象,它导致一系列的光化学污染,其中就包括马斯河谷烟雾事件:"马斯河谷(又译为缪斯河谷)烟雾事件,是世界上所报道的最早的大气污染中毒事件。1930 年 12 月,比利时马斯河谷工业区出现逆温,大雾弥天,当地工厂向大气中排放的污染物积聚不散,其中的二氧化硫、氟化物等致使上千居民中毒发病,死亡 60 余人。"②作家分析了马斯河谷烟雾事件发生的时代背景:"随着石油工业的兴起,石油在燃料结构中的比例迅速上升,内燃机、汽车、拖拉机、各种动力机用油消费量激增,重油在锅炉燃烧中的广泛使用,使得石油污染日趋严重。从 1943 年开始,由于飞机制造业和军事工业、石油化工的发展,美国洛杉矶上空出现浅蓝色的光化学烟雾,以后几乎每年夏秋季节都有 160 天左右出现这种烟雾,这就是典型的石油污染事例。这一时期世界煤的绝对消耗量为石油的 5 倍以上。据统计,在 40 年代初期,世界范围内由于工业发展和燃料燃烧释放的二氧化硫每年达 7 700 万吨左右,其中 2/3 是由燃煤造成的。这一时期发生了好几起由于燃煤而造成的大气污染公害事件。"③

  在比利时马斯河谷事件发生二十年后,1952 年 12 月发生了震惊世界的伦敦烟雾事件。1952 年 12 月 5—9 日,英国首都伦敦的上空由于受反气旋影响,工厂生产、居民燃煤取暖形成的废气难以有效排放,有毒气体在伦敦上空不断积累,整座城市被浓厚烟雾笼罩,不仅城市交通瘫痪,市民工作与生活陷入混乱,而且民众的身体健康也受到极大损害,大量市民出现呼吸不畅、胸口沉闷、窒息等症状,导致 4 000 多人死亡。直到 1952 年 12 月 9 日一股西

---

① 戴战军、徐永青:《拯救与命运》,国际文化出版公司 1992 年版,第 26 页。
② 戴战军、徐永青:《拯救与命运》,国际文化出版公司 1992 年版,第 135~136 页。
③ 戴战军、徐永青:《拯救与命运》,国际文化出版公司 1992 年版,第 26 页。

风吹过,徘徊在伦敦上空的烟雾才逐渐消散。伦敦烟雾事件被认为是 20 世纪影响最大的全球性生态灾难之一。《拯救与命运》这样描述伦敦烟雾事件:"大雾笼罩伦敦,由于两个逆温层结合在一起,使工厂排出的二氧化硫、烟尘等大量聚集,导致伦敦地区数千市民感染呼吸道疾病,短短四天之中死亡 4 000 多人。而十年之后(1962 年),又是在 12 月份,在类似气候条件下,伦敦再次爆发'烟雾事件',死亡者达 700 余人。"①如果说戴战军、徐永青还是通过纪实性的客观陈述勾勒伦敦烟雾事件的话,那么杨文丰则是在散文中充分发挥了其艺术想像才能重现那场生态灾难的恐怖情形:"那天,伦敦大气湿度陡增,风无力扬起米字旗,全城烟尘弥漫。尽管市民紧闭门窗,黄褐色的烟雾还是无孔不入。地铁以外,所有的交通工具已全部瘫痪。人们难辨方向。行人甚至已无法看到自己的双脚。到医院看病的人群长得看不到尽头。救护车需火把引路方能勉强行驶。伦敦一世界著名剧院,如期上演歌剧《茶花女》,由于剧场内雾霾越来越浓,观众再也无法看清舞台,只能中断演出。英国政府随后公布的雾霾报告显示,这场伦敦雾霾,至少导致了 4 000 人死亡,至当年底,死亡人数飙升到 1.2 万。"②伦敦烟雾事件是人类在工业化道路上迅速挺进却忽略生态环境保护的严重后果之一,伦敦上空的光化学烟雾代表了一种"丑学"的范畴:"烟雾弥漫至第 4 天,双层巴士只能借助雾灯缓缓行驶,警察需高举燃烧的火炬,才有可能与路人互相辨识,4 000 多人死于呼吸系统疾患,8 000 多人死于非命。"③在伦敦烟雾事件中,逆温气候是此次灾难的直接导火索,而城市生产生活废弃物的肆意排放则是根本原因:"通常情况下,气温随高度的增加而降低,低层温度高,密度小,高层温度低,密度大,使气流'头重脚轻',因不稳定而形成对流。这样,低空中的污染气体和粉尘可以随气流向高空移散,使大气污染相对减轻。但是在某些特定条件下,气温会出现随高度上升而升高的现象,这就是所谓逆温气候。逆温层多出现在低空中,使大气上轻下重,非常稳定。由于空气在此时不能对流,掺杂在空气中的污染物也就无从移散,而稳定地积存于低空,侵害地面生物的健康。"④

1978 年中国共产党第十一届三中全会召开,会议确立了改革开放的基本国策。对于当时的中国而言,环境问题并未引起人们足够的重视。发展经济,提高老百姓的生活水平,在很长一段时间内是各级政府考虑的重点问题。就在人们认为环境污染是资本主义国家的顽疾时,中国辽宁省本溪市突然成为 20 世纪 70 年代末引起国际瞩目的重度污染城市。1979 年年初,一颗美国环境卫星用遥感仪器对地球进行拍摄,环境规划署官员发现东方大陆有一座城市被浓浓烟雾笼罩,城市在卫星云图上消失了:"失踪的城市!严重污染的城市!这究竟是哪一座城市?官员们经过一阵磋商和核对,从这个城市的方位上确定,这是中华人民共和国辽宁省的本溪市。"⑤当时中国结束动乱岁月不久,人们还没有生态保护的概念,甚至认为环境污染是资本主义制度导致的罪恶,而未意识到中国作为发展中国家同样要处理好工业化与生态保护之间的关系。在极左思潮泛滥时期,中国出现一系列违背生态平衡的行动,如大炼钢铁、大跃进、大量垦荒等。即便是到了 1970 年代末,人们对于生态保护的认识也未

---

① 戴战军、徐永青:《拯救与命运》,国际文化出版公司 1992 年版,第 136 页。
② 杨文丰:《病盆景——自然伦理与文学情怀》,西苑出版社 2017 年版,第 60 页。
③ 杨文丰:《病盆景——自然伦理与文学情怀》,西苑出版社 2017 年版,第 63 页。
④ 戴战军、徐永青:《拯救与命运》,国际文化出版公司 1992 年版,第 138 页。
⑤ 戴战军、徐永青:《拯救与命运》,国际文化出版公司 1992 年版,第 4 页。

得到多少实质性提高:"这一年7月,本溪市政府接到联合国环境规划署的一封来信,邀请该市市长参加10月份在意大利召开的一次国际中小城市环境保护会议。由于种种原因,市长未能成行。然而,从国际社会发来的警号,却长久地在本溪的上空回响,其声悠悠,其音咽咽。或许,这警号将伴随着几代人的成长,跨越世纪,不停地响下去……由此,本溪这座城市以在卫星图片上看不见而闻名于世。由此,本溪这座城市成为反映中国环境污染严重的一个活的标本。由此,这个美丽过又污浊了的城市,这个因开发富庶的资源而付出巨大代价的城市,来到了她的命运的最后的转折点:生存或衰亡。"①与伦敦相比,本溪面临的情况更为严峻。伦敦烟雾事件的主要危害是三氧化二铁损害民众健康,而冶铁工业遍布本溪全市,大量含铁粉尘排放进入大气,一旦在某种条件下形成三氧化二铁,后果将比伦敦烟雾更加严重:"专家们进一步警告说:当年的伦敦烟雾事件,三氧化二铁起了'强力杀手'的作用,如果没有它,伦敦的损失程度至少可比实际的情况减少80%。这是因为,三氧化二铁可以促使空气中的二氧化硫成分迅速转变成硫酸,并牢牢附着在烟尘或雾滴上,随着人的呼吸进入气管,这种物质,比二氧化硫对人体的危害至少大上十倍。而本溪市的冶炼工业,每年向大气排入的含铁粉尘有数万吨,其中三氧化二铁的成分相当高,如果一旦各种条件成熟,伦敦的悲剧极有可能在本溪重演!"②

  人类历史上发生的几次重大烟雾事件,可以找到许多原因,但人类在现代化发展过程中盲目追求工业产值、发展速度以及忽略对生态环境的保护是重要原因。汪树东指出,"造成全球性生态危机的根本原因无疑是以城市化、工业化、商业化、世俗化为发展导向的现代文明。而现代文明的根本趋向之一是高度的非地方化,换而言之,现代人越来越集中于城市生活,信奉标准化,崇拜效率,有意抹平文化差异和自然差异,建造出高度缺乏地方感的现代都市","这种非地方化的生活把人与大自然隔离开了,现代都市人无法感受到自然的脉搏和节奏,也不会从大自然中获得生态认同和愉悦体验,而只想着满足物质欲望,于是聚集成毁灭性的力量,泰山压顶般地扑向大自然,导致大自然险象环生,生态危机一触即发"。③ 世界范围内生态灾难的频发向人类发出厉声警告,如果现代化城市的发展继续以忽视生态环境保护为代价,那么最终必然酿成一系列重大生态灾难事件。在作家杨文丰看来,现代化城市烟雾事件的成因是由于人类的精神雾霾始终不曾消除,它鼓动着人类去追求欲望和利益,在背离自然的歧路上越走越远:"'精神雾霾'里那所谓的'精神',即便算有,也只能是畸形的,是建立在肉体快感之上精神雾霾的分泌物。精神雾霾在本质上其实也并没有什么真正的精神,有的只是人的私利、人的欲壑。根治物质雾霾易,消除精神雾霾难。"④不过,尽管从20世纪30年代开始已经出现一系列城市生态污染灾难,人类的生态保护意识依然较为滞后,仍需要全球性的生态启蒙才能唤醒人类的群体生态意识,形成普遍的人与自然的相处规则。

---

① 戴战军、徐永青:《拯救与命运》,国际文化出版公司1992年版,第4页。
② 戴战军、徐永青:《拯救与命运》,国际文化出版公司1992年版,第138~139页。
③ 汪树东:《论当代生态诗歌的四个发展维度》,《湘潭大学学报》(哲学社会科学版)2022年第5期。
④ 杨文丰:《病盆景——自然伦理与文学情怀》,西苑出版社2017年版,第60~61页。

## 二、海洋石油污染事件：海湾战争带来的人类生态灾难

在人类的发展历程中，战争是阶级社会解决国家之间、民族之间、阶级之间矛盾的最高斗争形态。如果说人类早期的战争属于冷兵器战争，还主要以石器、青铜器、铁器为武器，通过集团布阵、短兵相接的白刃方式进行较量，因而对于自然生态环境损害相对较小，热兵器战争、机械化战争、信息化战争则人类斗争形式之于自然环境的影响，无论是常规战争还是核战争、世界大战还是局部战争，也无论是陆上战争、海上战争还是空中战争，人类施加于自然生态的力量得到空前增大。在这种背景下，人类进行的战争必然对自然生态、社会稳定、民族兴衰甚至人类安危产生重大影响。在高科技不断加持战争力度的形式下，任何战争都可能导致局部或全球性的生态灾难。

虽然战争给人类带来巨大创伤，但不幸的是即便进入当代，战争依然难以避免。从1990年8月2日至1991年2月28日，海湾战争爆发，这是一场由美国领导的联盟军队为恢复科威特主权、独立与领土完整而对伊拉克进行的局部战争，是冷战结束后世界上第一场大规模武装冲突。人们对于这场战争的印象，多为美军发达的高科技手段及制空力量的强大，却忽略了这场战争对于当地生态环境的严重破坏。1991年联合国部队对伊拉克发动空袭后，科威特油田到处起火。1991年1月22日，科威特南部的瓦夫腊油田被炸，油田熊熊燃烧烟雾缭绕。伊拉克军队为了阻止美国部队从波斯湾登陆，打开了科威特海上石油码头的阀门，在波斯湾大量倾倒石油，酿成震惊世界的海湾战争石油污染事件。到1991年1月25日，科威特临近沙特阿拉伯的海面上出现一条长十六公里、宽三公里的油带，以每天二十四公里的速度向南流动。这条油带部分油膜起火燃烧，使得波斯湾上空黑烟蔽日。

戴战军、徐永青的报告文学《拯救与命运》对海湾战争油污事件进行了全景展示，伊拉克原本为阻止多国部队迫近而倾泻原油的行为，最终酝酿为一场人类被迫承担的全球重大生态灾难："据估计，这次泄入海湾的石油达150.7万吨，是有史以来最大的泄油事件。在短期内，致使数十万只海鸟丧生，毁灭了波斯湾大部分海洋生物。从远期看，将影响中东、南亚甚至东亚的气候，加剧全球温室效应。而要清除这些油污，需要10年时间加上50亿美元的资金。在这块连结欧、亚、非三大洲大陆的三角地上，战火熄灭了，而科威特油田上的几百口油井仍在熊熊燃烧，直到1991年11月6日才全部被扑灭。"①在海湾战争中，由于伊拉克军队向波斯湾大量倾倒石油，导致海湾中的大部分生物死亡，海洋鸟类成为其中的无辜牺牲者之一。作家李良看到媒体上拍摄到的苦苦挣扎于油污带上的海鸟，触动了内心深处的生命意识，在他看来看，似人类在屠戮鸟类，其实更是在毁灭自己："鸟类是人类的朋友。鸟类在整个生态系统中有着十分重要的作用，鸟类所蕴藏着的科学价值还远远未被人们所认识。如今世界上还有一万多种鸟，其中三分之一已濒临灭绝。在人类社会面临人口爆炸之危机中，鸟类却越来越少了。尽管人类已开始保护鸟类，尽管几乎所有的鸟类都已被列入保护的名录，尽管不乏有因捕杀鸟类而被判刑的人，但鸟类的厄运并未结束。海湾战争中那只在油污中挣扎的海鸟似乎在呼喊：鸟类确实太弱小了，确实需要它们的人类朋友更多的保护。保护

---

① 戴战军、徐永青：《拯救与命运》，国际文化出版公司1992年版，第24～25页。

鸟类吧！为了鸟类，也为了人类自己。"①波斯湾海鸟在海湾战争中的命运是人类自身命运的隐喻，与其说这篇文章是对于鸟类悲惨遭遇的书写，不如说是作家对于人类可能经历惨绝人寰的生态灾难的自伤自悼。

中国作家不仅细致描绘海湾战争的生态灾难现场，还在全球化背景下思考这场局部战争的潜在影响。海湾战争不仅直接导致波斯湾的原油倾倒，导致湾区生态系统受到毁灭性破坏，扩散的海洋石油带、科威特油田上的滚滚浓烟还间接作用于海洋生态、全球气候。作家们敏锐地意识到局部生态环境破坏与世界上其他地区环境的关系问题，认为海湾生态危机将在全球范围内形成更长久而隐秘的后续效应："这对于环境的影响，在时间上和空间上都要比战争本身深远得多。以至于前不久在中国也突然警铃大作：'科威特油田大火将在数年内影响中国西部气候。'人们也在开始探讨，1991年夏天中国东南部骤降的百年难遇的暴雨及其带来的特大洪灾与海湾战争的硝烟之间存在的关系。这时，许多中国人才猛然意识到，那场远在天边的战争，对于我们自己来说，并不仅仅是一个'看热闹'的问题了。而这不是因为别的，恰恰又是环境污染！"②海湾战争看似与中国无关，实际上却可能已经造成实质性的影响，而更重要的是或许还是事件背后反映的思维观念、价值趋向。作家由海湾战争联想到中国辽宁的煤铁之城本溪，认为中国环境问题必须放在世界环境大趋势下来观照："本溪的污染并不是孤立存在的，中国的环境问题与世界环境大势息息相关。也许，只有从这种宏观的视角去观察，只有用这样奔放的思维去思考，我们才能够更为透彻地洞察、更为深刻地理解出本溪遭遇的这场危机的意义。"③王治安的报告文学《国土的忧思》则从海湾战争的爆发看到世界性的能源危机、生态危机："目前，世界却失去了平衡，能源危机、环境污染、军费竞争加剧。'海湾战争'的爆发，以及人口爆炸的压力，把整个世界卷入了'第四次浪潮'。人口的剧增，谷物供应的短缺，在各国引起了骚动。人们在呐喊疾呼，却又束手无策。"④这些问题的背后，全球性人口的增长与资源的有限构成尖锐的矛盾，争夺生存资源导致一系列问题发生。由于生态问题的全球化，使得任何一个国家都难以独善其身，人类必须站在地球的整体上考虑问题，才有可能找到全面解决问题的办法。

海湾战争中，伊拉克军队为了阻止多国部队从海上登陆，丧心病狂地向波斯湾倾泻石油，酿成人类历史上最严重的海洋石油污染重大灾难。这一疯狂行为被中国当代生态作家写进作品，他们将伊拉克独裁者的反人类行为钉在了人类文明的耻辱柱上。中国古代推崇天人合一的自然观，强调人与自然关系的和谐融洽："'天人合一'观正是一种同时强调'天''人'以及'天人关系'的朴素哲学观，是一种宇宙人生通融合一的观念。"⑤一旦人与自然的关系底线被突破，则必然导致自然生态平衡系统的损害，直接或间接导致严重的生态危机。王英琦的散文《愿环球无恙》从伊拉克入侵科威特并在其地上作恶入手，反思了人性之恶可能达到的程度："海湾战争和科威特油田的大火，是人性恶的典例。因为它已越过人与人、国

---

① 李良：《鸟类与人类》，许正隆主编：《人类，你别毁灭自我》，中国环境科学出版社1999年版，第201页。
② 戴战军、徐永青：《拯救与命运》，国际文化出版公司1992年版，第25页。
③ 戴战军、徐永青：《拯救与命运》，国际文化出版公司1992年版，第25页。
④ 王治安：《国土的忧思》，四川人民出版社1999年版，第65~66页。
⑤ 吴广平、邓康丽：《"美美与共"的审美理想境界——论屈原赋的生态美》，《湖南工业大学学报》（社会科学版）2021年第5期。

与国的界限,直接触犯了'天戒',触及了人与自然的关系,侵犯了地球生物圈。它所引起的严重生态后果,是对全人类的最大犯罪。一切的个人、民族或国家的利益及冲突,都必须有个'上限',都必须无条件服从人与自然的关系,都要通过向最高的'善'——尊重并遵循大自然结构,有利于人类地球生态安全。"[1]战争伴随人类发展历史,但随着人类文明进步,理应用科学、民主观念改造人性,改进人类与生态环境的相处方式。因此,人类社会要继续进步,就必须对造成生态污染的根本原因——人心——进行矫治:"不妨说,人的心态污染才是最大的污染源!没有人心的污染,岂会有生态的污染?拯救人心,改造人性,才是当代人类走出生存困境的最根本出路。无数事实已经证明并继续证明,人类最大的敌人,往往正是人类自己——正是人性的'恶'。这恶,表现在个体身上,是对欲望的贪得无厌,以及公众道德和生态意识的沦丧;表现在群体性上,是国家和民族利己主义的恶性膨胀。"[2]这种说法与美国著名生态批评学者劳伦斯·布伊尔的主张有异曲同工之妙,即解决生态问题的关键在于思想价值观念的生态化转向:"实际上,很多非人文学者会同意、也经常比持怀疑倾向的人文学者更乐于同意:洞察力、价值观、文化和想像等问题,是解决今天环境危机的关键所在,它们至少和科学研究、技术手段和法律规定有着同等的基本作用。"[2]

海湾战争期间,伊拉克军队在萨达姆统治下不断挑战人类的伦理底线和生态底线,酿成重大生态灾难,有作家将其疯狂行径归结为独裁者的权力欲和流氓秉性。张洁在散文《把退却变成胜利的行家》中描绘了人类社会中存在的那类颠倒是非、践踏公理、毁灭生态的狂人,他们没有道德底线、政治下限,为了权力与利益可以无所不为:"法国《费加罗报》评价说,'萨达姆是善于把退却变成胜利的行家。他曾把他的军队在科威特沙漠中遭到的惨败说成是胜利之母'。这个评断也许言之有理。可是你让萨达姆怎么办?承认自己是地痞流氓,草菅人命,指挥无当,治国无方,践踏公理,奸诈成性,犯了方针政策上的错误……纵观世界上的领袖,哪一位这样干过?一旦上升到万人之上,就对也是对,错也是对了。再说他要是不这样做,芸芸众生谁还能听他的指挥,又怎么能叫坚持就是胜利?"[3]一旦国家权力落到这类人手上,那么他们在野心和欲望、疯狂与绝望的驱使下,将对人类生存、地球生态构成巨大威胁:"再看从科威特撤走的一幕,更是惊心动魄,一把篦子篦走了科威特大部分财富,一把火几乎烧光科威特的全部油井,何等的气魄?至于燃烧后的有害气体如何扩散、如何危害全球的现在和未来,你跟老子说不着。不知有人估算过没有,这一把火的危害,抵得上工业社会污染和危害?多少致力于环保工作人的努力,多少精心采取的各种环保措施,也许还不够这一把火的祸害。"[4]海湾战争导致的重大生态后果,再一次警醒人类要解决生态问题,根源还在于解决更为复杂的社会问题和思想问题。

从根本上说,进入现代社会以来的人类重大生态事件,均由人为因素导致,人类尚未形成自觉的全球意识,看不到作为整体的地球生态利益,以至于酿成一系列惨痛的生态灾难。

---

[1] 王英琦:《愿环球无恙》,张力军主编:《愿地球无恙》,中国环境科学出版社1997年版,第8页。

[2] [美]布伊尔著,刘蓓译:《环境批评的未来:环境危机与文学想像》,北京大学出版社2010年版,第6页。

[3] 张洁:《把退却变成胜利的行家》,张力军主编:《愿地球无恙》,中国环境科学出版社1997年版,第230页。

[4] 张洁:《把退却变成胜利的行家》,张力军主编:《愿地球无恙》,中国环境科学出版社1997年版,第230~231页。

中国当代生态作家们书写世界重大生态灾难,既是对于生态事件的客观记录与真相还原,为人类发展的不同阶段留下可贵的时代记忆,又是对人类在现代化、全球化进程中各类不当行为的反思,为人类反观自我、拯救陷入重重危机的地球生态提供了可贵的观察资料。

## 三、充满危机的世界:毒气泄漏、毒物爆炸与核源辐射

令人遗憾的是,人类未从比利时马斯河谷事件、伦敦烟雾事件、本溪烟雾事件中吸取教训,依然奔驰在发展工业、增强物质生产能力的道路上。一些发展中国家为了提高本国的经济实力,主动招揽发达国家严格限制的有较大危害的工业,希望以此增加税收、提高劳动力就业率,却未意识到这种行为中隐藏的巨大安全隐患。印度的博帕尔毒气泄漏事件就是其中非常典型的案例。1984年12月3日凌晨,印度博帕尔市郊的联合碳化杀虫剂厂一座保存45吨异氰酸甲酯的贮槽保安阀发生事故,导致毒气泄漏,仅仅一个小时毒烟雾包围这座城市,形成一个25英里的有毒烟雾笼罩区。灾难首先降临到最近的两个小镇,几百位民众尚在睡梦中毫无知觉地死去,接着是城市火车站的一些乞丐死亡。当时博帕尔市的民众还不知道杀虫剂厂有毒物质泄漏,未及时做好防护与撤离,导致被有毒气体伤害人数急剧增加,一周时间就有2 500人直接死于这场事故。据统计,一共有15万当地民众因有毒气体污染而就诊,20多万人因此双目失明。在《拯救与命运》一书中,戴战军、徐永青这样回顾了这次事件:"1984年12月3日,印度发生了有史以来最严重的毒气泄漏事故,美国联合碳化物公司在印度中央邦首府博帕尔市投资兴建的一座农药厂突然发生剧毒气体甲基异氰酸盐外泄,2 000多人死亡,数万人中毒,幸存者中有许多人可能会逐渐双目失明,工厂附近的3 000头牲畜也中毒死亡。博帕尔事件赔偿损失的官司一直打到了90年代!"①

比利时马斯河谷事件、伦敦烟雾事件以及博帕尔毒气泄漏事件,都提醒人类注意规范自身与自然环境之间的关系,不要打破二者自古以来形成的大致平衡。不过,被科技理性与物质欲望裹挟的人类,在很长一段时间内并未意识到工业化发展存在的严重问题。沙青在生态报告文学《北京失去平衡》中指出:"一切似乎都是天经地义的,一切似乎都是毫无代价的。然而,自然界的承受力和忍耐力毕竟是有限的。它愤怒过,而愤怒的报复,往往象征死亡和毁灭。它惩罚了英国,制造了震惊世界的伦敦烟雾事件;它惩罚了美国,轰动世界的腊芙运河公害案,成为美国80年代初爆炸性的政治事件;它惩罚了苏联,在大面积垦伐森林和草原之后,黑风暴毫不留情地把成千上万亩良田变成荒滩和沙丘;它惩罚了日本,水俣病一经发现便使日本以及全世界谈虎色变。"②一旦人类的欲望与偏执超过自然界的承受能力,自然将会用另外的形式回应人类无止境的攫取与破坏。

1986年11月1日,瑞士巴塞尔附近的桑多兹仓库在包装无机颜料普鲁士蓝时发生火灾,内存储1 250吨剧毒农药的钢罐发生爆炸,硫、磷、汞等剧毒物质随着灭火用水流入下水道。这些剧毒物质流入莱茵河,形成一条长达70公里的微红色污染带并以每小时4公里的速度向下游流去。微红色污染带流经河段时,大约160公里范围内的多数鱼类死亡,莱茵河

---

① 戴战军、徐永青:《拯救与命运》,国际文化出版公司1992年版,第28页。
② 沙青:《北京失去平衡》,周明、傅溪鹏主编:《北京失去平衡》,华夏出版社1999年版,第206~207页。

原有生态遭到毁灭性打击。同时,莱茵河沿岸自来水厂全部关闭,480公里范围内的井水受到污染影响不能饮用,政府只能通过汽车为居民定点运送饮用水。在李良、李正义的报告文学《越界的公害》中,作家如此叙述这场剧毒化学物质泄漏事件:"1986年11月,瑞士巴塞尔化学仓库发生火灾,大量有毒化学物泄入莱茵河。造成下游几个国家1 000多公里的河段严重污染,经济损失数千万美元。专家估计,要彻底清除这次污染造成的危害,至少需要10~15年时间。"[①]莱茵河污染事件、印度博帕尔毒气泄漏事件、苏联切尔诺贝利核电站核泄漏事件被视为20世纪世界上最闻名的污染事故。

　　第三次科技革命以原子能、电子计算机、空间技术和生物工程的发明和应用为主要标志,其中原子能技术的发现和运用极大地改变人类社会的形态。形成于"二战"期间的核武器,一出场便显示出巨大的威慑力与毁灭力。核能源通过核裂变反应释放能量,较之传统能源有环保、低耗的优点。但核能源的潜在威胁与核废料、废热的排放等困扰着民众:"危险依然存在。在使用原子能这样巨大的力量时,人们需要有最大限度的智慧、冷静和自尊心。如果人类继续让自己的行动被分裂、敌对和贪婪所支配,他们就将毁掉地球环境中的脆弱平衡。而一旦这些平衡被毁坏,人类也就不可能再生存下去了。"[②]中国当代生态作家聚焦于现实生活中的真实核灾难事故,希望通过对事件原因、经过与后果的探究,引导人们思考核灾难发生的各类因素以及避免核灾难的可能途径。生态报告文学作家徐刚曾归纳人类遭受的重大生态灾难,核事故就占了几起:"生态灾难是记不胜记的,指其要者:1956年日本水俣事件;1976年意大利塞韦索事件;1979年美国三星岛核电站核事故;1984年印度博帕尔毒气泄漏;1986年苏联切尔诺贝利核电站事故;1992年俄罗斯圣·彼得堡附近一核电站放射性瓦斯泄漏……"[③]这些核灾难中,影响最深远的是1986年4月26日爆发的位于前苏联乌克兰共和国境内的切尔诺贝利核漏事件。当天切尔诺贝利核电站4号反应堆发生蒸汽爆炸,反应堆外壳炸毁,厂房炸穿,导致大量人员伤亡。更为严重的是,切尔诺贝利核电站爆炸后,带有放射性物质的云团随风飘散到周边国家,丹麦、挪威、瑞典和芬兰等国家都受到核辐射影响,其中瑞典东部沿海地区的辐射剂量达到正常值的100倍,整个欧洲都受到核辐射的污染。切尔诺贝利核电站核事造成巨大的灾难,不仅让欧洲粮仓乌克兰当年10%的小麦受到影响,大量水源被污染后欧洲畜牧业遭到重创,而且造成至少31名救援人员在事故发生后半年内死亡,更多人因核事故患有各类疾病,事故发生十年后切尔诺贝利核电站周围两万八千平方公里的区域仍然无人居住。

　　须一瓜的《白口罩》是一部讨论核源污染事件的长篇小说,作家虚构了一座明城,但它却是现实生活中放射源故事的隐喻。《白口罩》讲述了明城市突发不明原因的群众死亡事件,引发社会恐慌,市政府为不影响招商引资遮掩真相导致死亡病例增加,民众在不明真相形成的恐惧心理作用下纷纷抢购口罩并最终选择逃离明城。直到谎言无法掩盖,市委市政府才弄清原委:很多年前科技局为育种购买了放射性核物质钴60,科技局搬走后接手的副市长和工程师误认为钴源水井只有5枚核源,致使第6枚钴源丢失,使得与之接触的群众吸收过

---

[①] 李良、李正义:《越界的公害》,许正隆主编:《水啊,水》,中国环境科学出版社1997年版,第237页。
[②] [美]芭芭拉·沃德、勒内·杜博斯著,"国外公害丛书"编委会译:《只有一个地球——对一个小小行星的关怀和维护》,吉林人民出版社1997年版,第57页。
[③] 徐刚:《拯救大地版》,中国文联出版社2000年版,第108页。

量放射物质离奇死亡。有学者指出:"这部小说中反复出现的白口罩,既是莫名疫情袭来时人们抵抗的工具,又是当代城市看似现代实则孱弱的象征。"①这部小说深刻地描绘了钴源丢失给民众和城市带来的巨大伤害,核源既可以成为人类能源供给、工业生产和日常生活的得力助手,也可能成为损害健康、威胁生命、毁灭城市的巨大威胁。

中国当代生态文学对于烟雾事件、海洋石油污染事件、毒气泄漏事件等世界重大生态灾难的书写,显示出全球化时代中国文学对于世界生态危机的密切关注和责任承担,是中国作家对人类命运共同体意识形成与传播的重要贡献,丰富了人们对于中国生态文学内容与思想的认识。中国当代生态文学的世界环境问题书写不仅揭露、批判了一系列全球重大生态问题的人为成因及其后果,而且深刻反思了人类社会存在的诸多问题,生态灾难只是呈现在人们面前的现象,根源则存在于国际经济的不平衡、全球资本的逐利与环境监管的阙如、统治者难以满足的政治野心和经济欲望等更为内在的深层次问题。全球生态危机的治理需要世界各国政府协调一致,也需要各国民众以实际行动参与其中。无论如何,中国作家对于美丽生态环境的期待,不仅是一种现实需要,而且是一种对于生活的信念。正如陈思和所说:"星球(在我们眼睛里它仿佛很小,所以昵称为星星)总是在宇宙按照自己的轨迹运行,地球的环境太差,因为霾或者其他污染物,我们的眼睛经常看不见天空的星星,或者看见了,也觉得黯淡无光。但是我们不能以此就认为星星消失了,天空暗淡了。我们只能相信,星星是永恒的,星光也是永久的,不管我们的眼睛看得见看不见,都没有关系,我们的心里需要这样的信念。"②

(责任编辑　徐勇)

---

① 吴进友:《中国生态文学的世界核灾难书写研究》,《湘潭大学学报》(哲学社会科学版)2022年第4期。
② 陈思和:《星光》,东方出版中心2018年版,第291页。

# 中国现代小说的非战时性暴力叙事

姜 瑀

（中南大学 人文学院）

**摘 要**：有关性暴力的文学叙事是强奸话语的重要组成部分，中国现代小说对非战时性暴力的书写呈现性暴力话语的三种形态。《子夜》《石秀之恋》等文本呈现了作为性的暴力，将强奸理解为男性本能与自我失去平衡时的心理症候。《星》《炸弹与征鸟》《生死场》等文本描写了亲密关系中以暴力形式存在的性。《半生缘》《冲出云围的月亮》等文本通过塑造女性"罪犯"讲述作为象征和比喻的性暴力。三种话语形态互相勾连，使得强奸成为菲勒斯中心主义的性欲言说中唯一的快感形式，性和暴力在其中无法区分。

**关键词**：强奸；现代小说；性；暴力

性虐待和性暴力是一种古老的事实，侵犯敌方女性的现象习见于各民族和文明的战争史中，所谓的"先奸后娶"长期以来也是被接受的婚姻缔结方式。但是，有关性暴力的话语却并不静止。在西方古代社会，由于女性被视作奴隶主或领主、父亲或丈夫的财产，强奸因此被视作对财产所有权的侵犯。进入现代社会，女性在伦理和法理意义上拥有了独立人格和人身权利，强奸才获得我们当下在日常语境中所理解的普遍的意义。

有关性暴力的文学叙事是强奸话语的重要组成部分。对文学中的性暴力进行考察是西方女性主义文学批评的重要内容，中国现代文学对性暴力叙事的研究成果集中在革命战争文学上，关注点有二：其一为女性身体与国家话语、民族主义意识形态的关系；其二为强奸故事中被遮蔽的女性创伤体验和女性主体言说。非战争状态下的、日常生活中的性暴力叙事暂时还未引起研究者的注意。与此同时，已有研究是从女性受害者的角度展开的，这与女性主义法学家对现有性暴力法律的批评构成呼应。女性主义法学家指出，现有法律对性暴力的定义采用的是施害者的视角和立场，因此往往难以实现对嫌疑犯的定罪和惩罚。这一批评深刻且有效，对推动法律进步完善以保证受害者获得公平发挥了积极作用。但有关性暴力的话语和叙事不仅仅要有受害者的视角，分析文本如何叙述性暴力行为，如何塑造施害者，同样是理解和审视性暴力背后的性别政治和性别文化的重要途径。因此，本文尝试将视线锁定在施害者和侵犯行为之上，考察中国现代小说的性暴力叙事。

---

\* 本文系广东省哲学社会科学规划项目"性别视角下的中国新文学家庭伦理叙事研究"（项目编号GD20YZW01）的阶段性研究成果。

## 一、性的暴力:作为男性气质

西方文化传统中的性别观念建立在性(sex)的差异——也就是生理差异——的基础之上,而中国的文化传统中对性别的认知并不强调这一点。古希腊神话中遍布性和性的冲突,而无论是女娲造人还是黄帝战蚩尤,中国的创世故事和诸神传说里似乎难以寻觅性的踪迹;中国的文学人物长廊里也没有唐璜这样的以征服女性为爱好的男性形象。强奸是性的冲突里最暴力的表现形式。有一种观点认为,在前现代社会,男性对女性的控制通过人身的隶属关系和性别分工得到保障,因此男性不易产生焦虑;而强奸是现代男性控制女性的手段,是现代社会男性焦虑的表征。[1] 这一观点在事实层面大有商榷的余地,但在话语层面却具有启发性。中国古典文学中隐匿的或至少是边缘的性暴力和强奸犯,出现在现代文学中不算中央却依旧显豁的位置,这是否与"现代"有关,又是否提供了一种关于男性的新的想像?

我们都十分熟悉阿Q的"恋爱",他对吴妈跪下说"我和你困觉"。阿Q的行为构成性骚扰,但阿Q不是强奸犯;遭遇强奸犯的是另一个女仆——吴荪甫家的王妈。有研究者认为吴荪甫强奸王妈的情节是作者艺术上的一处失误,用性暴力的方式发泄情绪并不符合人物的处境。吴荪甫有温柔美丽的妻子且夫妻关系和睦,同时还有性感冶艳的交际花对其勾引诱惑,而吴荪甫此前对两人均反应平平。因此,吴荪甫既没有强奸的动机,更没有强奸王妈的动机。这个突兀的强奸是作者强行主观介入,目的在于对资产阶级进行道德化描写。当我们单独观察吴荪甫这个男主角时,会觉得上述看法不无道理。然而,吴荪甫在文本中恰恰不是一个孤立的形象,作者在《子夜》中给出的是一幅男性群像。只有将吴荪甫置入这一性别群体之中,让群体中的个体互为参照,才能更好地理解作为男性的吴荪甫。

茅盾在《子夜》中以吴荪甫为中心塑造了两类男性,一类主要以吴荪甫的经济活动为中心,包括赵伯韬、屠维岳、王和甫、曾家驹等人;一类主要以吴家女眷的日常生活为中心,包括范博文、李玉亭、雷鸣、杜新箨等人。茅盾不但为他们设定了泾渭分明的身份职业和活动空间,似乎也根据他们的社会阶层安排了井然有序的性欲"等级"。买办资产阶级赵伯韬包养交际花,工厂管理员屠维岳与女工"吊膀子",而一干"有闲阶级"如诗人、大学生、哲学教授等,则与都市女郎们进行着时髦而文雅的恋爱游戏。其中,最值得注意的是双桥镇老乡绅的儿子曾家驹。与吴荪甫在故事前半段表现出的对性的淡漠截然不同,曾家驹是全书中性欲最为膨胀、行为最为放荡的男性。与此同时,这位旧中国遗少头脑的空虚、知识技能的匮乏都与新时代精英吴荪甫的精明强干、周密务实形成极其鲜明的对比。然而,这两个本该南辕北辙的男性却在同一个犯罪现场相遇,便是强奸。

吴荪甫和曾家驹共同的罪犯身份似乎证明着一种观点:"每一个正常的男人都会是天生的强奸犯——如果他的性欲无法通过其他方式得到满足的话。"[2] 这一危险观点自然令人不

---

[1] [英]安东尼·吉登斯著,陈永国、汪民安等译:《亲密关系的变革——现代社会中的性、爱和爱欲》,社会科学文献出版社2001年。该书第七章讨论男性性暴力,认为"前现代文化中男性对女性的控制从根本上说不依赖暴力实践",但作者自己也指出该观点有待商榷。

[2] [英]乔安娜·伯克著,马凡等译:《性暴力史》,江苏人民出版社2014年版,第101页。

安,但它所隐含的大前提却为我们普遍接受——性与攻击被视为雄性本能。本能在某些条件和机会下被激发,成为一部分心理学家和犯罪学家用以描述性暴力行为的发生机制,英国学者乔安娜·伯克在《性暴力史》中将其概括为"劫掠的身体"。然而人之所以为人,正在于对动物本能和自然属性的控制,这也是人类理性的起源。但与此同时,理性在人类历史上又一直被视为男性的"特权"。因此,源自理性的良好自我控制被塑造成男性的性别特质,即所谓的"男子气概"。如此一来,"男子气概"便同时具有两种相互对立的描述,一方面是生殖冲动引起的占有欲和攻击欲,一方面是对感官和身体的良好管控。最完美的"男子气概"便是在两者之间保持精确的动态平衡。曾家驹和吴荪甫以不同的方式呈现"男子气概"的失落。

曾家驹从一开始便是堕落的,其堕落集中表现为纵欲:年方十九,已婚且育有一子,时常光顾暗娼并与父亲的小妾私通,其强奸行为甚至发生在逃亡途中。纵欲意味着失去对感官和身体的控制,也就意味着丧失"男子气概";而"男子气概"的丧失,预示着男性欲望的实现遭受阻遏。在曾家驹的强奸现场,手枪成为重要道具,手枪助长了他的冲动,"他看看这妇人,又看看自己手里的枪,走前一步"①,开始实施侵犯。最终手枪还保护了他本人:妇人认出他,他由于害怕被指认而停止侵犯,于是"慌慌张张地捞起那支搁在床沿上的手枪,就对准那年青妇人开了一响"②。手枪与男性生殖器互为譬喻已是老生常谈。在这个场景中,如果将曾家驹视作全体男性的代表,可以解读为男性因拥有武器而能够对女性实施绝对的控制。将曾家驹视作单独的男性个体,则这个场景中手枪替代生殖器实施了对女性的暴力。作者在批判谴责曾家驹之余生发的嘲讽并不算隐晦,嘲讽他必须依靠那把枪的疲软无能。曾家驹不是斯维德里盖洛夫,虽同为性欲的俘虏,但曾家驹的手枪不会审判自己。

以曾家驹为参照,吴荪甫呈现的是堕落的过程。茅盾将吴荪甫塑造为失败的英雄,其失败不仅仅体现在商场上,也包括他对自身欲望的屈服。在故事的前半段吴荪甫一直以强大的控制力示人,他的第一次失控发生在股市和工人斗争两条战线上遭遇重大打击之后。"他那一肚子的暴躁就仿佛总得咬谁一口才能平伏似的"③,暴躁的浪头先后冲击了弟弟妹妹和妻子,最后席卷了他自己。失控以明确的性欲唤起为最终表现形式——"刘玉英的妖媚的笑容,俏语、眼波,一次一次地闯回来诱惑他的筹划大事的心神"④,初始面对刘玉英的平静无波在此被打破。不久之后的第二次失控变本加厉,想起"自己的慌张,自己的弱点的暴露","暴躁重复占领了吴荪甫的全心灵",他恨自己又迁怒着一切;接着愤怒"全化为一个单纯的野蛮的冲动,想破坏什么东西"⑤。此时王妈进入吴荪甫的视野,吴荪甫的破坏欲捕获了实现的对象,情绪冲动转化成实际行动,强奸于是发生。与描写曾家驹强奸时着重刻画动作不同,茅盾用大量的心理描写刻画吴荪甫的精神状态,文字中鼓荡着的与其说是亢奋的性欲,不如说是盲目的焦虑。想"咬谁一口"的"沉着而且不露锋利的爪牙的"猫儿升级成为"正待攫噬的猛兽",显豁的比喻明确地指向失控导致的动物性退化。

性与攻击被视为雄性动物的本能,与他人维持关系从而建立社会要求男性控制自己的

---

① 茅盾:《子夜》,人民文学出版社1952年版,第88页。
② 茅盾:《子夜》,人民文学出版社1952年版,第89页。
③ 茅盾:《子夜》,人民文学出版社1952年版,第266页。
④ 茅盾:《子夜》,人民文学出版社1952年版,第268页。
⑤ 茅盾:《子夜》,人民文学出版社1952年版,第323页。

本能,但本能总在男性的社会关系中潜伏,构成一股竞争的暗流。自我控制是为了战胜他人,男性的失控预示着在社会关系中的失败。吴荪甫两次失控后接续的情节均是与工人的斗争,这是比股票期货市场更直接的战斗现场。前一次的失控后,吴荪甫与屠维岳进行了一场谈判。谈判的地点是书房而非工厂——书房是理性的象征,经济实力决定的权力秩序在这个封闭的空间里暂时失效,此处进行的是作为纯粹男性的较量。此时,不耐烦又兴奋咆哮的工厂主吴荪甫已经失去对雇员屠维岳的控制能力,后者一直"很镇静很有把握"。同样发生在书房的强奸则是吴荪甫作为男性彻底失败的表征,他试图控制的对象是比弟妹妻子或雇员更为弱势的女仆。这次失控后的吴荪甫暂时消失在文本中,工人冲击工厂的大场面中没有工厂主的身影。吴荪甫再次出现的场景是另一位交际花的小型生日宴会,四男一女在疾行的小火轮上痛饮狂舞。这是一个弥散着赤裸裸的性欲的场景,吴荪甫置身其中,彻底放弃对自己身体感官的控制。当吴荪甫适应甚至享受起性快感的时候,终于在三条战线上连连败退——市场上股票赔钱濒临破产、乡下钱庄亏空、家庭中弟弟妹妹忤逆他的决定,故事也随之进入尾声。

在《子夜》中,国内战争、欧洲市场、工人运动是吴荪甫事业和命运的决定性因素,而吴荪甫自控和失控的角力则构成人物行为的内在驱动力。从这个意义上说,"强奸是现代社会男性焦虑的一种表征"在话语层面是成立的:在《子夜》这个流荡着性的冲动的文本中,性欲被建构为男性与自我及外部世界进行对抗的场域。这个场域与其说关乎道德不如说关乎能力:"男性禁欲本身并不成其为一种美德,它必须成为一种自我要求的拒绝。如果缺乏将这种自我控制付诸实践的能力,这个男人就只能成为被怜悯和蔑视的对象。"①因此,从来不懂得"拒绝"的曾家驹被嘲讽为"家狗",努力"拒绝"而遭遇失败的吴荪甫则以困兽的姿态被同情。在此性暴力成为男性性别特质的一种"辩证",一方面强奸由于极度释放雄性欲望而被视作"男子气概"的巅峰表达,另一方面强奸由于是对自己失去控制和欺凌女性/弱者而被视为"男子气概"的彻底丧失,后者导致了强奸犯往往处在监狱"鄙视链"的底层。

男性气质和性心理经由精神分析获得较为完整的话语系统,施蛰存引入弗洛伊德理论创作了一系列小说,其中《石秀之恋》对《水浒传》的改写正是一个有关性暴力的极端故事。对于该文本的性心理分析已有许多成果,遂不再赘述,在此只强调《石秀之恋》中对男性气质与性魅力的想象。"男子气概"是存在等级秩序的,太监由于生理缺陷处在等级秩序的底端,太监之上大概就是"秃驴"——表面禁欲而实际纵欲的典型。有着一身好武艺又恪守职责的杨雄是英雄,处在"男子气概"排行榜的高处;石秀认为自己与杨雄一样是英雄,但杨雄在相貌上不如自己,所以自己才是潘巧云身边最富有"男子气概"的人。因此石秀对于潘巧云背叛杨雄、漠视自己而与海和尚偷情的行为感到不可以思议:何以"男子气概"转换不成等价的性魅力?既然无法通过性确证自身的男性气质,石秀转向暴力,并最终通过暴力获得终极的快感,"石秀稍稍震慑了一下,随后就觉得反而异常的安静,和平"②。施蛰存对石秀杀人后的心理状态的描述,与常见的对男性性高潮之后的描述基本一致,"调戏""爱恋"与肢解在此混同,暴力和性融为一体。

茅盾和施蛰存对男性性暴力的书写是一种新的话语模式。如果说古典文学将强奸描写

---

① [澳]雷金庆著,刘婷译:《男性特质论:中国的社会与性别》,江苏人民出版社2012年版,第127页。
② 施蛰存:《石秀之恋》,《施蛰存作品新编》,人民文学出版社2009年版,第163页。

为一种可以(通过婚姻)原谅和救赎的罪恶,那么茅盾和施蛰存则更倾向于将性暴力表达为一种症候——男性本能与男性自我失去平衡时的心理焦虑的外化。这种模式既不同于提供感官刺激的色情文艺,也区别于有关道德伦理的载道文学,这是以男性生殖器为中心的性欲言说中最为"现代"的方式,而其"现代性"来自作为理论支撑的生物学、心理学科学话语系统。这一言说方式与男性形象塑造相结合,便出现有关"男子气概"的全新审美取向——野性的男人,拥有旺盛充沛的性欲/暴力身体。这与传统中国对理想男性的想像截然不同:澳大利亚华裔汉学家雷金庆用"文武"对中国男性特质进行了概括,在才子佳人的爱情故事中,"文"的男性与女性建立亲密关系,而英雄好汉的传奇则通过抵挡女性魅力来展现"武"的男性的力量[①];但无论是君子、才子还是英雄好汉,都不以旺盛充沛的性欲/暴力身体作为"男子气概"的表达。如果说从吴荪甫到仇虎(《原野》)、丁小爷(《科尔沁旗草原》)的欲望尚可视作对孱弱旧中国的反拨,那么经由贾平凹、陈忠实、莫言等作家至形形色色的写手之笔,活跃在严肃文学和大众文化舞台上的野性男人,正披裹着"原始生命力"的诱人面纱,踏着女性伤痛的身体顽固地建筑着"怀乡"的旧梦。

## 二、暴力的性:作为亲密关系

吴荪甫和石秀的性暴力是一目了然的,茅盾和施蛰存用男性焦虑的心理学话语解释其动机并不能改变其行为的性质。当然,作者并无文过饰非的意图。然而,文本中的性暴力并不都如此透明,正如生活中的性暴力时常发生在私人生活的隐秘之处,譬如亲密关系。从历史上看,"婚内强奸"是一个非常晚近的概念。虽然绝大多数国家的婚姻法案中并未规定婚姻关系中的"性义务",但婚姻的誓言和证书似乎已经默认妻子在性行为上恒定不变的"同意",因此在现实法律程序中"婚内强奸"和施加于性工作者的性暴力是最难认定的。研究者们都注意到白薇的《炸弹与征鸟》中的两位主人公在革命中遭遇的无穷无尽的性骚扰,但余玥在投奔革命之前的婚姻生活被"逃婚""出走""反封建"这样习见的描述一笔带过。实际上,白薇对余玥的婚姻生活的叙述虽然不多,却是有关婚姻和亲密关系中的性暴力在现代文学中的首次登场。

"他像把玥股上的肉都挖了出来那么重地捏着她……塞住玥底口,抓住玥底臂,掷玥于桌端"[②],"两只铁一样的手向玥伸来了,是饿虎捉她到床林当肉餐去"[③],毫无疑问,这是性暴力,同时文本中还较为详细地叙述了囚禁和殴打等常见的家庭暴力。这些之所以不为人所注意,或许因为它们被概括进了对"旧礼教""包办婚姻"的整体性批判之中。白薇在小说的开头详细地铺陈了余玥在舅舅的支持下尝试与父亲的逼婚进行斗争,父亲将余玥对婚事的拒绝视为"家庭革命""父子革命",而余玥自嘲还不如拥有"接客自由"的上等娼妓。因此文

---

[①] [澳]雷金庆著,刘婷译:《男性特质论:中国的社会与性别》,江苏人民出版社2012年。相关内容可参见该书相关部分,作者提出的"文武"概念中的"文"指向与文化修养、审美趣味相关的品格,"武"则指向与身体力量、军事实力相关的属性。"文"的典型代表人物是孔子,经旧式文人而至当代知识分子;"武"的典型代表人物是关羽,经英雄好汉、劳动阶级模范而至当代武打明星。

[②] 白薇:《炸弹与征鸟》,《白薇作品集》,湖南文艺出版社1985年版,第32页。

[③] 白薇:《炸弹与征鸟》,《白薇作品集》,湖南文艺出版社1985年版,第50页。

本的叙述本身确实构成一种引导,引导读者将余玥的遭遇归因于旧式婚姻的不良。这样的文学叙事与 20 年代"恋爱自由""婚姻自主"之社会思潮的话语方式一致,而后者在很大程度上建构了一种有关恋爱的乌托邦想像,即"真的"恋爱将完全规避亲密关系中的伤害。然而这一乌托邦很快破灭,自主自由的恋爱不但无法规避爱情消逝情感背叛等固有的精神痛苦,甚至其本身就制造着骚扰乃至侵犯的人身伤害。

叶紫的中篇小说《星》"是一篇关于女性身体囚禁与解放的叙事",讨论了革命中"围绕性别而进行的权力冲突"。[①] 故事中的普通农村女性梅春姐和革命青年、农会副会长黄先生发生了自由自主的恋爱。在两人发生实质性关系之前,作者反复写到梅春姐面对黄那一双"长长睫毛的,撩人的,星一般的眼睛"的内心悸动[②],这显然是在论证着梅春姐的"同意",赋予接下来的身体行为以"合法性"。然而,以身体结合为标志的恋爱关系的确立,其过程却没有恋爱的浪漫或亲密:"这事情"发生在"黑暗的,苍茫的午夜",窗外响起"一个唏唏嗦嗦的,低微的,剥啄的声音",接着"一个黑色的,庞大的东西,慢慢地由窗口向里边爬,爬",[③]从窗口爬进来的男人的手摸着了梅春姐的肩头并对她说:"不要紧的……现时已不比从前了……你安静些吧……"梅春姐听见声音"惊悸了",看见窗口的东西"全身都骇得冰凉了",当她认出来者是谁便"像耗子被抓到猫儿口中般地战栗起来",男人触摸她对她说话时她"嘶声地抖战地推开他","为那过度的惊惶而痴呆着"。[④] 如果将这一段文字从上下文中切割出来,大概没有人会怀疑这是一段关于女性独自在家时遭遇熟人性侵犯的描写——环境黑暗阴冷,男性行动诡秘、言语模糊,女性惊惧、恐怖、无助。

于是,性的暴力性在此被诚实地展现。即使是一段真实的亲密关系中的性,仍然可能是一种暴力,是男性控制女性的一种方式。

> 他像一只正待攫噬的猛兽似的坐在写字桌前的轮转椅里,眼光霍霍地四射……眼前的王妈已经不复是王妈,而是一件东西!可以破坏的东西!(茅盾,323)
> 他索性跳下床来,捉弄玥如猫前的小鼠……两只铁一样的手向玥伸来了,是饿虎捉她到床林当肉餐去!(白薇,50)
> 梅春姐的心中慌忙着,击着,跳着……像耗子被抓到猫儿口中般地战栗起来。(叶紫,207)

将前文引用过的不同文本中的比喻罗列在一起,其彼此之间的相似性似乎在说明:无论双方身份如何,关系如何,性行为总是呈现为男性对女性的"捕猎"。如果说吴荪甫之于王妈是主人与仆人,丈夫之于玥是丈夫与妻子,黄之于梅春姐是启蒙/解放者与被启蒙/被解放者,双方存在明显的权力等级关系;那么《生死场》中的金枝与成业,应是最为平等的个体,但结果并没有太大的不同——"姑娘仍和小鸡一般,被野兽压在那里"。[⑤]

---

① 杨联芬:《女性与革命——以 1927 年国民革命及其文学为背景》,《贵州社会科学》2007 年第 10 期。
② 叶紫:《星》,《叶紫代表作》,黄河文艺出版社 1987 年版,第 205 页。
③ 叶紫:《星》,《叶紫代表作》,黄河文艺出版社 1987 年版,第 206 页。
④ 叶紫:《星》,《叶紫代表作》,黄河文艺出版社 1987 年版,第 207 页。
⑤ 萧红:《生死场》,《萧红全集》(小说卷Ⅰ),北京燕山出版社 2014 年版,第 211~212 页。

女性主义内部对于强奸的看法并不完全统一。一种如今被较为普遍接受的观点是，强奸是暴力而不是性。这种观点有利于在现行的法律框架中对强奸进行定罪和量刑，同时有利于帮助受害者的心理创伤恢复。反对一方则对此提出批评，认为该观点首先默认了一个前提，即性一定是美好的、令人愉悦的，但实际上该前提本身却并非绝对真理。在现实情境中很多时候暴力本身就以性的形式存在着，被实践着，因此，区分强奸中的性和暴力是没有意义的，甚至或许并不是对受害者的保护，而有可能是对受害者自身经验的扭曲。如果将梅春姐和金枝视为现实"案例"，她们的遭遇因为恋爱和婚姻关系的存续而极有可能不被认定为强奸，文本的意义正在于其诚实地呈现了性和暴力的不可区分。

《星》对暴力的呈现主要通过描写梅春姐的心理恐惧来体现，而萧红更倾向于直接描写身体。"他的大手敌意般地捉紧另一块肉体，想要吞食那块肉体，想要破坏那块热的肉。"[①]在此，金枝被表现为静止的、无生命体征的、死亡的状态——"一条白的死尸"。尽管许多关于性的研究宣称"物化""客体化"本就是性快感的来源之一，但我们同时也可以质疑这套话语的经验来源——它们来自何种性别的身体体验？至少在叶紫和萧红生活并创作的1930年代的中国，女性的性欲和快感尚未被女性自己所讲述。此处，金枝的"白的死尸"仿佛遥远地呼应着潘巧云被肢解的"泛着桃红色的肢体"，成为成业和石秀的快感来源，成业对金枝的占有也就和石秀对潘巧云的杀戮具有同样的暴力性质。

黄在接触到梅春姐的脸和嘴唇的时候，"感到一切都消失在那无涯的黑暗和冷静的寒风中了"[②]，而成业"吹口哨，响着鞭子，觉得人间是温存而愉快"[③]。宁静、温存而愉快，男性的体验看不出丝毫暴力的痕迹，甚至流露出"真的"恋爱的温柔与甜蜜。然而梅春姐和金枝皆体验到暴力，文本虽然没有让她们发言，却在她们的身体上直接镌刻暴力的"遗迹"——怀孕。不仅如此，暴力赤裸地碾过两代人的身体——梅春姐和金枝的孩子均死于丈夫的殴打。叶紫的革命乐观主义精神让梅春姐走向有太阳的东方以摆脱暴力；萧红没有这样的情怀，她把金枝送进城市，继续受困于陌生的性/暴力。

谈及"恋爱"的"反封建"意义，《西厢记》《牡丹亭》这两部戏剧作品必然会被追溯而提及，论者通常将其置入中国古典文学写"情"的传统中去，这一传统的典型模式是"才子佳人"。粗略看去，《星》和《生死场》均不是恋爱小说，与"才子佳人"更没有关联。然而观察文本中异性关系的展开，却能够觉察出二者在性的冲动上所具有的微妙联系。《西厢记》中张生初见崔莺莺后，与小僧谈论莺莺时首先说的是"休说那模样儿，则那一对小脚儿，价值百镒之金"。小僧反问长裙曳地如何得见双脚，张生接着展开一番详细的品评讲述。三寸金莲是中国古代文人的性癖好，才子谈论佳人的脚，谈论的是性的快感。《牡丹亭》则起于杜丽娘的"思春"，杜丽娘的白昼之梦亦是一个春梦。"思春"是中国文学传统中源远流长的情绪，自古以来都是文人对少女性意识萌动的想像性描写。《西厢记》《牡丹亭》是当时的"通俗文学""大众文艺"，满足的是社会普通民众的趣味。男女欢爱巫山云雨提供直白的感官刺激，而最终的科场折桂天子指婚，一方面顺应民间道德要求为"私相授受"提供礼法的认可，另一方面也顺应观众对"大团圆"结局的审美偏好。

---

① 萧红：《生死场》，《萧红全集》(小说卷Ⅰ)，北京燕山出版社2014年版，第211页。
② 叶紫：《星》，《叶紫代表作》，黄河文艺出版社1987年版，第209页。
③ 萧红：《生死场》，《萧红全集》(小说卷Ⅰ)，北京燕山出版社2014年版，第211页。

《星》的开篇正是梅春姐的"春情""闺怨"。村民向梅春姐无所顾忌地打听她与丈夫之间"暧昧的私事",议论丈夫为何让她独守空房,而梅春姐独自在夜晚听见窗外传来男女对唱的情歌,明知是"浮浪儿的粗俗的"却仍被勾引着,终于觉得"痛苦、悲哀、空虚、孤独"了。叶紫用了一章的篇幅,细致铺陈了梅春姐婚姻的不幸,而这不幸中暗暗流动的正是性的压抑和焦虑。《生死场》中金枝出现的章节首句为"菜圃上寂寞的大红的西红柿,红着了"①。物与人互为譬喻乃萧红的惯用修辞,此处成熟了而又寂寞着的是西红柿,同时指涉金枝。梅春姐和金枝的故事有着和西厢牡丹相似的开端,性的萌动与压抑暗示着女性期待着且已经准备好迎接一段亲密关系。然而梅春姐和金枝的身体迎来的并不是崔莺莺杜丽娘所体验到的性的欢愉,而是上文谈及的恐怖惊惧。在才子佳人的故事里,女性通过性走向爱情和婚姻的圆满,而在30年代的故事里,性和身体成为女性苦难和悲剧的根源。或许可以说,30年代的故事只是诚实地写出才子佳人故事的另一种可能:假如才子始乱终弃或二人分道扬镳,那么这种"私情"就会成为对佳人的惩罚。在这个意义上,叶紫和萧红写出的是大团圆结局所掩盖的真相——所谓两相情愿的"私情"也许只是一方对另一方的"诱奸"。性的萌动、冲动、压抑、焦虑都是真实的,"同意"迎来的可能是柔情也可能是暴力;但无论是柔情还是暴力,控制也是真实的。性,是男性控制女性的一种方式,围绕性建立的婚姻和生育制度,则是这种控制真实的保障。

或许是女性天然地感知到了这一险境,"五四"时期有关新的"节烈观""性道德"的社会讨论所表达的认知不可谓不先进、文明、平等,然而"性"真正进入"爱"的文本,呈现在女性写作中却并不那么"顺利"。1924年,冯沅君的短篇小说《旅行》因描写一对青年情侣单独旅行而被视为大胆,这大胆有意规避了性,"我"与"他"对于两人的发乎情止乎礼,既自嘲为"未能免俗",却又骄傲于人格与爱情的纯洁。1928年,因莎菲对凌吉士嘴角的凝视,丁玲成为最"浪漫"的女士,也不过止于一吻而已。30年代,性终于进入有关爱的文本,也就随之露出它的獠牙。性不仅仅是"灵肉一体"的快乐,也有可能是真实地作用于物质身体的暴力。性暴力是民族苦难的隐喻,也是男性焦虑的表征,但它更是女性真实的、不可化约分解的痛苦。

## 三、女性强奸:作为比喻

当我们谈及性暴力,通常不会将施暴者与女性联系起来,正如我国的法律不认为男性会被强奸②。法律条文的背后是一套根深蒂固的文化观念,即围绕男性生殖器建构的性快感和性体验——菲勒斯中心主义的性。由于不具备男性生殖器,所以从法律的意义上说,女性不可能强奸男性。在大多数的现实强奸案件中,女性不会作为强奸犯而是作为男性强奸犯的帮凶被审判。张爱玲的《半生缘》正是一个有关男性强奸犯及其女性帮凶的故事。

有论者认为,张爱玲在一部美国感伤爱情小说的主体结构上嫁接了一个强奸故事从而

---

① 萧红:《生死场》,《萧红全集》(小说卷Ⅰ),北京燕山出版社2014年版,第212页。
② 《中华人民共和国刑法》第二百三十六条"强奸罪"对受害人主体的规定是妇女和幼女,不包括男性。第二百三十七条"强制猥亵、侮辱罪"对受害人主体的规定则不区分性别,表述为"他人""妇女""儿童"。

有了《半生缘》，而强奸事件中"不寻常的暴力和阴暗与小说其他部分的缓慢家常形成了太强烈的冲撞"①，成为小说的失败之处。谢琼从创伤体验言说的角度反驳了上述意见，认为正是这种"冲撞"真实呈现了生活中的创伤性事件的发生——"不带任何前兆和伏笔，超出任何理性和想像"②。同时谢琼认为，曼桢的疼痛被忽视与其他人的疼痛被照料形成对比，以及曼桢嫁给强奸者的漫长故事，都是张爱玲所使用的"转移"的叙事策略，使得强奸的即时暴力场景虽然被隐去，受害者的创伤却被曲折地表达了出来。这正是张爱玲的本意，使强奸故事还原为对受害者的伤害本身而非喻体或工具。谢琼从受害者创伤言说做出的阐释细致而有说服力，但张爱玲笔下的这个强奸故事亦可以从施暴者的角度进行观察。若从这个角度审视，则会发现张爱玲通过"转移"隐去的不仅仅是强奸的即时暴力场景，同时也包括作为性暴力实施者的男性强奸犯，于是曼璐作为犯罪策划者进入叙述的中心。当我们把视线聚焦在曼璐身上的时候，就会觉察曼桢的创伤并不是突然的"冲撞"，而是充满前兆和伏笔的必然。

从表面上看，曼桢的悲剧始于被祝鸿才强奸，但需要注意的是曼桢与世钧在此前发生的争吵——作为舞女的姐姐曼璐和作为客人的世钧父亲"谁更不道德"。这次争吵之后，曼桢与世钧再次相见已是"我们都回不去了"的十四年之后。由此可以看出，"舞女"才是曼桢和世钧之间无法跨越的阻隔。"舞女"正如海斯特·白兰身上的红色 A 字，永远地标记着曼璐的身体。曼璐同时拥有妓女和妻子两种身份，她被标记的身体正是女性境遇的标准隐喻。

曼璐为了自己和家人的生存不得不进入公共领域成为高级妓女，职业疾病导致她无法生育进而扮演不好妻子的角色，从公共领域撤退后私人领域的稳定亦面临威胁。因此她不得不借妹妹的身体生孩子以维持婚姻，维持婚姻的目的仍是维持生存。性与生育本是女性的自然机能，但公共领域对女性的"有限准入"将性与生育变成女性唯一能够提供的服务/商品。当无法外在于身体的性和生育成为服务/商品，女性的身体必然发生异化，它不再属于她自己。实际上，当性和生育被视为女性的功能而与人格及自我无关的时候，女性便已经失去自己的身体——不被使用的功能等同于无。因此，女性不可能"占有"自己的身体，女性身体之存在始终需要使用/交换来证实。

正如曼桢的被强奸是由祝鸿才通过讲述回顾的，曼璐做舞女的来龙去脉也是由曼桢通过最简单的话语追溯的；祝鸿才是强奸的当事人，曼桢也是"做舞女"一事的当事人。叙事手法的一致暗示的是情境的相似，将曼璐推向嫖客的无形之手，最终又借曼璐之手将曼桢推向强奸犯。由此可以说，曼桢经历的是真实的强奸，而曼璐经历的则是作为象征的强奸——女性拥有的唯一自由，就是交付身体使用权的自由，"妓女"和"妻子"都签署了"同意"的契约。于是，曼璐和曼桢的遭遇既不是无数偶然造成的感伤爱情故事，更不是"女人何苦为难女人"的通俗故事，而是一个女性被文化和制度"强奸"的寓言故事。

作为文化和制度的强奸让女性难以言说创伤，而菲勒斯中心主义的性欲话语同样也让女性难以言说快感和愉悦。在现代文学文本中，除了莎菲那浅尝辄止的一吻，获得身体的快

---

① 苏友贞：《张爱玲怕谁》，《万象》2005 年第 3 期。
② 谢琼：《书写强奸：被转移的言说——张爱玲〈半生缘〉中强奸故事的文学表现》，《南方文坛》2010 年第 6 期。

乐的女性寥寥无几。在这样的背景里,蒋光慈的长篇小说《冲出云围的月亮》的女主人公曼英被凸显了出来,而曼英恰是一位女性"强奸犯"。曼英的犯人身份不是被研究者阐释出来的,而是由作者从字面上给定的。在曼英回忆自己用身体"捉弄敌人"时,"奸""强奸"的字眼出现了三次:

> 后来曼英笑着把他推倒在床上,急忙地将他的衣扣解开,就好像她要强奸他也似的……他没有抵抗,任着曼英的摆布。①
> 
> "哎哟,我的儿",他叫完了之后,曼英拍着他的头说,"真个太过于撒野了,居然要奸起你的亲娘来……"②
> 
> 哈哈!她竟强奸了钱庄老板的小儿子,竟嫖了资本家的小少爷!③

刘剑梅在《革命与情爱》中对曼英的"反客为主"进行了分析,她指出曼英身上所展示的两性权力的调换是男性原则的新形态,即革命意识形态对封建男权制度的取代,女性身体在此仍然用于表达关于革命的男性想像和男性解释④。从小说的整体来看,曼英最终放弃用自己的身体攻击资产阶级男性,选择成为一名女工,完成对自我的身心改造,这种转变确实呈现阶级革命意识形态的新权威。着眼于文本整体将性"转译"成革命,这是性与性别故事的一种经典阐释,正如用女性身体讲述战争;但从曼英强奸男性的局部场景来看,这仍然可以是一个只关乎性的故事。

问题在于,曼英是否"真的"实施了强奸?在此讨论的自然不是曼英是否具备男性生殖器的问题,而是作者如何叙述曼英的强奸。一方面,与前文提到的文本不同,蒋光慈在此未描写暴力。作者使用了许多强奸场景中习见的动作性词汇,如"抵抗""摆布""哀求""强迫""破坏""蹂躏",也反复使用了近于"捕猎"的比喻"捉鸟儿",但无论是从实施者曼英的角度看还是从承受者诗人、委员和小少爷的角度看,这些都更近于游戏而非暴力的体验。其中曼英与委员的性爱场面极为典型:一位四十多岁的男性叫二十多岁的姑娘"亲娘"。此处涉及两处禁忌,其一为乱伦,其二为权力倒置。在菲勒斯中心主义的性欲话语中,禁忌与色情本就是一体两面,禁忌正是快感的来源。因此,在曼英的想像中这或许是强奸,然而在委员的体验中这是一场新鲜刺激的角色扮演游戏。另一方面,与前文提到的黄先生和成业相似的是,蒋光慈在曼英与小少爷的性活动中描述了曼英的快感——"她忘却了自己,只为着这位小少爷的肉体所给与的快乐所沉醉了"。快感的来源一方面来自对男性身体的"凝视"——"血滴滴的口唇""白嫩的面庞""秀丽的眼睛";一方面来自来所谓剥夺贞操的权力——小少爷是"童男","羞怯的神情,童男的温柔,令人欲醉"⑤。

在此,认定强奸的两个核心要件——暴力和同意——男性并没有表达"要"或"不要",也

---

① 蒋光慈:《冲出云围的月亮》,《蒋光慈文集》(2),上海文艺出版社1983年版,第59页。
② 蒋光慈:《冲出云围的月亮》,《蒋光慈文集》(2),上海文艺出版社1983年版,第63页。
③ 蒋光慈:《冲出云围的月亮》,《蒋光慈文集》(2),上海文艺出版社1983年版,第65页。
④ 刘剑梅:《革命与情爱:20世纪中国小说史中的女性身体与主题重述》,上海三联书店2009年版。相关内容见该书第二章关于蒋光慈和茅盾的讨论。
⑤ 蒋光慈:《冲出云围的月亮》,《蒋光慈文集》(2),上海文艺出版社1983年版,第64页。

没有进行抵抗，女性也并未使用暴力或胁迫手段，但蒋光慈仍然毫不犹豫地将曼英的行为认定为强奸，他对曼英的性快感的描写与常见的有关男性强奸的色情片段也并无不同。于是，这个性别倒置的临时装置揭示了围绕着强奸的话语矛盾：如果我们认同曼英的行为确实是强奸，那么法律上认定强奸的两个核心要件以及"插入"的动作要件均在逻辑上无法自洽；如果我们认为曼英的行为不是强奸，那么蒋光慈笔下的女性强奸就成为一个游戏，或者，一种比喻。

女性强奸犯不可能存在，只能是一种比喻——在性行为中掌握主动的女性。这样的女性自古以来具有两种形象，一为妓女，一为女巫。妓女作为公共的性幻想对象，她们在性上的主动被解读为诱惑。在曼英的三个赤裸直白的性爱场面中，从"要强奸也似的"到"强奸了""嫖了"，作者对曼英在性活动中的控制权进行的递增性描述坐实了这一比喻。诱惑关乎快感，如果说曼英对小少爷身体的赏玩是一种"凝视"，那么作者对曼英的"凝视"同样具有物化作用和剥削效果。女巫作为自然神秘力量的代言人，她们通过性吸食攫取男性的精力，使男性身体遭受腐化侵蚀。在这种有关性欲的想像中，或许老舍笔下的虎妞比曼英更接近于真实的强奸犯。祥子以及作者无法获得"凝视"的快感，他们感受到的是被捕获被控制的恐惧。与女巫发生的性关系不会被体验为肉体的快感，那是原始宗教的迷狂或神秘力量的献身；而对妓女实施的任何动作都不会被理解为性暴力，那都是性的公平交易。

张爱玲笔下的女性帮凶和蒋光慈笔下的女性强奸犯揭示的是强奸的文化意义，即占有和控制他人的身体。马克思主义和女性主义关于资本家和工人之间的关系的争论不是本文能够解决的问题，但二者在身体剥削上的一致观点与本文关注的话题有关，即关于性的言说是否只能呈现为不平等的权力关系？如果情爱让人与人彼此依恋，何以性爱却成为一场攻击？

法律意义上的强奸是一种有边界的犯罪行为，其边界随着法律的进步完善而逐渐清晰。文化意义上的强奸则是一个象征，代表了围绕男性生殖器建构的菲勒斯中心主义的性欲话语。这套话语体系源自有关生殖细胞的原初想像——精子攻击和穿透，卵子接纳和融合，由此，作为原始模板的异性性行为被整饬地嵌入男性/女性、主动/被动、攻击/承受、插入/容纳的二元框架之中。主动和攻击被视为男性的本能冲动，性和暴力浑然一体，"男子气概"被建构为对自身性/暴力本能的精确控制与表达。在这样的话语体系中，即使是亲密关系中的性、同意的性，仍然无法摆脱暴力的阴影，因为性就是发动或承受攻击。在这套话语体系里，我们无法想像除强奸之外的另一种性，这里只存在一种快感，即强奸幻想——幻想自己是强奸犯，比如石秀或者曼英；又或者幻想自己是受害者，一如梅春姐或小少爷。直至今日，原始模板拥有了多种多样的变体，它发明了性别倒置的角色扮演游戏，也能吸纳非异性性行为和性关系；游戏和多元性取向改变的是性关系中个体的性别角色/身份，却未曾改变性快感的话语规则本身。除非突破菲勒斯中心主义性欲话语的二元框架，否则我们关于性快感的想像将永远如同一个莫比乌斯环，性与暴力在闭合的单侧曲面中循环往复，失去边界，也没有出口。

（责任编辑　景欣悦）

# 新女性、文学产品与两性互动
## ——陀思妥耶夫斯基关于女性身份的现代言说

俞 航

（广西师范大学 文学院）

**摘 要**：陀思妥耶夫斯基在塑造现代主体之时融入他对俄国现代化转型之社会环境的洞悉，关于女性身份的议题便在此语境中展开。青年时期阅读法国女作家乔治·桑作品的经历以及生活中遇到的新女性均在不同程度上影响了陀思妥耶夫斯基对女性身份的现代言说。陀思妥耶夫斯基作品中的现代女性由于本土资源的匮乏不得不借助源自西欧的个体主义思想，因而与作家推崇的"俄罗斯灵魂"隔离。她们通过阅读和利用文学作品建构现代主体身份。与此同时，女性身份的现代言说使她们在男性话语为主导的复调中发出声音，甚至利用文本这一形式"审判"男性。此外，新女性与基督般的男性之间的互动也展现了女性在身份建构过程和成长困境中遇见的现代性因素。

**关键词**：陀思妥耶夫斯基；女性身份；现代性

陀思妥耶夫斯基塑造的新女性处于19世纪俄国社会现代化转型的大环境中。19世纪俄国的现代性是在与西欧社会的比较中凸显出来的，这一语境下的妇女问题也是如此。在西欧，妇女解放的思潮孕育于个体主义兴起的现代思想之内，但在俄国，很大程度上却是与博爱、平等、解放等启蒙思想一同从资本主义兴起的、世俗化的西欧引进的。[①] 因此，陀思妥耶夫斯基对女性问题的探讨与他对俄国社会的现代性问题的探讨关系密切，从而成为俄国特殊的现代化转型之症候。美国学者斯特劳斯指出："在陀思妥耶夫斯基的小说中，女性扮

---

\* 本文为国家社会科学基金后期资助项目"陀思妥耶夫斯基现代性思想研究"（项目号：21FWWB012）的研究成果。

① 在西欧，发源于浪漫主义的内在框架（the immanent frame）和启蒙规划（enlightenment project）推崇的科学理性在现代道德秩序中代替了前现代社会人类对超验性的仰赖。这一变化使人类在现代性进程中确立自身的资源就足以满足其对普遍善的需要。因此，总体而言，在西欧，祛魅的过程是一个向内的个体化过程，人本主义是一种主体化革命，即将一切都转向主体，以此确立现代人的身份。现代性的进程是一个主体建构转型的过程，在神性消失的世界中对自我的确证是通过理性建构的现代主体。启蒙理性取代上帝为自然立法，为道德立法。个体通过自己的思考、自己的意识建立起自己的唯一性，因此并非外在于主体的任何力量给主体"唯一性"，主体的唯一性来自于自身的理性。这一内在化、主体化进程在俄国的现代性发展中同样存在，但东正教教义所强调的"聚合性"（соборность）这一强大的文化因素成为俄国现代性进程中另一种力量。

演了最难表现的、最无声无息的、最边缘的,却又最具现代性的角色。"① 总体而言,在俄国19世纪特殊的现代语境中,对神圣女性的象征性颂扬与实际上对女性的贬低以及妇女社会地位的低下之间形成鲜明的对照。陀思妥耶夫斯基试图通过考察这一文化困境来探索俄国妇女解放能否采取与西方女性主义不同的方式,即探索东正教相关教义在妇女解放进程中能否扮演更加重要的角色。陀思妥耶夫斯基揭示出,19世纪的俄国妇女以边缘人的姿态接触彼时知识阶层最关注的问题,诸如斯拉夫与西方、进步与保守、基督与无神论等。因此,事实上,女性所拥有的影响力使其从文本的边缘走向焦点,女性在陀思妥耶夫斯基最关心的问题——男性对现代转型中的上帝与人的关系之定位——中以十分重要的他者镜像身份出现。

俄国的"新女性"概念是随着19世纪60年代社会政治改革大潮从法国引进的,参与了关于俄罗斯未来的系列争论。"父权"这个词,在世纪末的俄国不仅仅指男性话语的统治,同时还指在其统治下不合理的社会和法律体系。可以说,陀思妥耶夫斯基笔下歇斯底里的、具有叛逆精神或者自杀倾向的女性形象反映了当时处于激烈变革中的社会关系。因此,新女性的现代身份认同以及社会性别建构的议题需要放到当时整个俄罗斯社会关系变革中去理解。1861年前后,受英国哲学家边沁和J. S. 穆勒②影响的俄国知识分子把"妇女问题"看作社会改革问题的内在本质。③ 在诸改良或者改革思想流派中,陀思妥耶夫斯基反对具有西方源头的功利主义思想和无神论倾向。同时他认为,受西方思想熏陶的新女性更容易受虚无主义思想的影响,因而其作品中往往给予她们负面的评价。

陀思妥耶夫斯基早期对乔治·桑的阅读以及他在生活中遇到的新女性都在不同程度上影响了他对新女性形象的塑造。乔治·桑的基督教社会主义思想激荡了青年陀思妥耶夫斯基的心灵。到了晚年创作《作家日记》时,他依然为她辩护。而陀思妥耶夫斯基生活中所遇到的新女性,一方面深深地吸引了他,另一方面则在两性关系上与他那较为传统的男性意识产生冲突。此外,陀思妥耶夫斯基非常注重展现理性言说的功能,在涉及妇女问题时也是如此:文学创作和文学印刷品一方面影响与塑造了19世纪俄国的新女性,另一方面也成为她们宣扬观点、获得话语权的有力工具。随着女性阅读群体的增长,女性与阅读的互动成为"妇女问题"的一个重要层面。受西方文化影响的新女性拒绝保持沉默,阅读建构了她们的主体身份,文学表达了她们的内心世界。从话语权层面来看,新女性通过被陀思妥耶夫斯基认为的负面文本形式(如流言、酒醉后的信)对男性进行审判,在典型的父权社会场景中发出声音。而新女性与作家力图刻画的正面人物——基督般的男性——之间的互动往往体现新女性所面临的成长困境中的现代性因素。

---

① [美]尼娜·珀利堪·斯特劳斯著,宋庆文、温哲仙译:《陀思妥耶夫斯基与女性问题》,吉林人民出版社2003年版,第10页。
② 英国哲学家、经济学家约翰·斯图尔特·穆勒关于"妇女问题"的主要作品为《妇女的屈从地位》(The Subjection of Women, 1869),从资产阶级的民主主义立场出发,为当时英国妇女所处的无权地位大声疾呼,批评和抨击政治制度和社会制度,要求给予妇女同男人平等的受教育权、工作权和选举权。
③ Laura Engelstein. The Keys to Happiness: Sex and the Search for Modernity in Fin-de-Siecle Russia. Ithaca: Cornell University Press, 1992:56—70.

## 一、乔治·桑的影响以及陀思妥耶夫斯基生活中的新女性

青年陀思妥耶夫斯基对乔治·桑的兴趣与对空想社会主义的兴趣交织在一起。① 俄国 19 世纪 40 年代的"自然派"文学圈的主导者、陀思妥耶夫斯基初登文坛的伯乐别林斯基是法国新型社会主义学说的追随者。空想社会主义是闪现着革命火花、富有理想主义色彩的基督教社会主义。在乔治·桑和皮埃尔·勒鲁的主张中,社会主义是真正的基督教教义在地球上的最终实现。别林斯基身边的圈子由《祖国纪事》的编辑组成,在这份杂志的版面上,乔治·桑的小说几乎刚在巴黎发表就立即被翻译刊登。② 作为自然派的一员,青年陀思妥耶夫斯基同样追随了来自法国的这股社会主义乌托邦思潮,他广泛而大量地阅读乔治·桑的作品,并且在 1844 年曾翻译过她的《最后一位阿尔迪尼》。晚年,陀思妥耶夫斯基在为乔治·桑所写的讣告中指出,乔治·桑对他以及同代俄国知识分子产生巨大影响:"这位诗人在当时得到我多少赞扬和崇拜,同时又给了我多么大的欢乐和幸福……她是我们的(注意*我们的*)同时代人中的一员——19 世纪 30 年代、40 年代的理想主义者。"③

乔治·桑对青年陀思妥耶夫斯基的影响主要发生在政治思想领域,即具有道德宗教意义的基督教社会主义在后者的内心深处产生了共鸣:这种社会主义不是建立在"蚂蚁的需求"上,而是建立在对人类完美和纯洁的精神追求基础之上。值得注意的是,关于"性别意识"的相关议题以一种维护与侧面否定的方式交融其中。④ 在《作家日记》相关文章谈到乔治·桑被俄国保守派攻击的时候,陀思妥耶夫斯基指出保守派攻击她的理由是:乔治·桑穿着长裤在街上走,并和皮埃尔·勒鲁酗酒,道德败坏。但陀思妥耶夫斯基认为,在阅读乔治·桑作品时感到她笔下的人物理想高尚、纯洁无瑕,因此无法相信这样的人物的创造者是一名穿着长裤在街上走的道德败坏的女性。随后他继续为其辩护道:"我只是想指出乔治·桑在这次运动中的真正位置。她的位置应该从运动的初期去找,当时,欧洲在欢迎她的时候,人们说她在宣扬妇女的新的地位,预言'自由妻子的权利'(先科夫斯基关于她的说法);但这不完全正确,因为她宣传的根本不只是一个妇女问题,她也没有发明什么'自由妻子'。乔治·桑属于整个运动,而不限于女权的宣传。"⑤ 可见陀思妥耶夫斯基意识到乔治·桑作品中的女权主义倾向,也承认作为女作家的乔治·桑会更倾向于刻画女性,但他依然选择刻

---

① 关于陀思妥耶夫斯基与乔治·桑的关系的相关研究可以参见 Victor Terras. *Young Dostoevsky (1846—1849): A Critical Study*. The Hague and Paris: Mouton, 1969: 88—90, 101—3. 以及 Sigurd Fasting. *Dostoevsky and George Sand*. Russian Literature, 1976(4): 309—321.

② [美]约瑟夫·弗兰克著,戴大洪译:《陀思妥耶夫斯基:反叛的种子 1821—1849》,广西师范大学出版社 2014 年版,第 157 页。

③④ 尽管陀思妥耶夫斯基对乔治·桑评价很高,但依然认为她是一位淑女作家(дама — писательница),在 1856 年 1 月 13 日写给兄长的一封信中,他说:"告诉我,为什么一个淑女作家从来不是一名严肃的作家?即使乔治·桑——毫无疑问她是一位艺术巨匠——也经常被她的妇人特质所损害。"See Ф. М. Достоевский. Полное собрание сочинений в тридцати томах. Том. 28. Ленинград: Наука, 1985: 210.

⑤ [俄]陀思妥耶夫斯基著,张羽、曹中德译:《作家日记》(上),人民文学出版社 2018 年版,第 334 页。

意地"减轻""性别意识"在乔治·桑作品中的分量,更愿意认为乔治·桑的创作是更宏大的基督教社会主义潮流的一部分,她创作的女性是同男性主人公一样的纯真圣洁的灵魂,而非与男性区分开的主体。"费奥多尔·米哈伊洛维奇未必完全同意那种观点,即相较于男主人公,女作家就更爱'展现女主人公'。在这一点上,他认为乔治·桑是对真实生活的客观反映。"①尽管,陀思妥耶夫斯基在谈论乔治·桑的作品时刻意抹平"性别意识"这一处理手段是晚年陀思妥耶夫斯基趋于保守的体现,但同时也可以认为,在其整体创作生涯中,陀思妥耶夫斯基一直在努力尝试将新女性与男性之间明显的对抗转化为蕴含改变男性潜能的对话。无论如何,"也许是从乔治·桑那里,陀思妥耶夫斯基首先发现了女性的声音是如何在其男主人公的意识里制造出一种'透光孔',巴赫金将它描述为'改变一个人自身言语的终极意义的'可能性"②。

乔治·桑的《莫普拉》对陀思妥耶夫斯基的影响较深。在《莫普拉》中,男主人公莫普拉自述为了得到表妹艾德梅,他试图做出一些疯狂事情,如强奸和谋杀。艾德梅身上则蕴含基督般的圣洁品质,她赎回和拯救了一位"堕落的男性",与此同时宣扬了准女性主义(quasi-feminism)思想。在这里,准女性主义思想通过男性忏悔者的自我分析之口和女性对男性产生的影响得以表达。正是这样一部通过男性口吻叙述准女性主义的作品影响了陀思妥耶夫斯基,他将其中的一些情节融入自己的作品。例如《罪与罚》中斯维德里盖洛夫试图强奸杜妮娅,最终却被杜妮娅的行为所震撼。再例如艾德梅通过阅读改变莫普拉的情节与索尼娅给拉斯科利尼科夫阅读福音书的情节相关。乔治·桑笔下的女性之所以拥有改变男性的潜能,是因为男性主人公内心存有对女性所受伤害的敏感意识,而陀思妥耶夫斯基在作品中广泛地讨论了女性受到的各种伤害。《作家日记》中,陀思妥耶夫斯基很关注当时社会上存在的女性受虐待现象和女性权利等诸多问题。换言之,虽然"性别问题"并非陀思妥耶夫斯基关注的中心,但作家本人已经向之开放,女性主义的声音就是在这种情况下进入陀思妥耶夫斯基作品的男性话语之中。

陀思妥耶夫斯基早期未完成的一部作品《涅托奇卡·涅兹万诺娃》与乔治·桑的联系值得注意。这部作品是陀思妥耶夫斯基唯一一部以女性为主人公的作品。美国学者维克多·特拉斯指出:"陀思妥耶夫斯基的第一部长篇小说《涅托奇卡·涅兹万诺娃》由于作家于1849年4月被捕而未能完成,展现了同时代两位法国作家清晰的痕迹,即乔治·桑和欧仁·苏。前者的影响是明显的:《涅托奇卡·涅兹万诺娃》有一个从成熟女性的角度讲述自己故事的女性叙述者,明显是一位有成就的歌手,就像桑的以主人公名字命名的小说中的康素爱罗(Conselo)。"③从现存的部分来看,这部作品是一部反思浪漫主义的成长小说(Bildungsroman)。作品中艺术家主题和社会道德主题的交织显示了青年陀思妥耶夫斯基正处于多股思潮的影响之下。在乔治·桑的乌托邦社会主义的影响之下,陀思妥耶夫斯基最初的小说构思中包含对女性卖淫的社会问题的探讨和改造该行业中的"堕落的妇女"的主题。

---

① М. В. Дубинская. "Жорж Санд и Ф. М. Достоевский: к вопросу общих характеристик «юродивого героя»". *Вестик КГУ им. Н. А. Некрасова*, 2016(3):103.

② [美]尼娜·珀利堪·斯特劳斯著,宋庆文、温哲仙译:《陀思妥耶夫斯基与女性问题》,吉林人民出版社2003年版,第10页。

③ Victor Terras. *Reading Dostoevsky*. Madison: The University of Wisconsin Press, 1998:27.

而小说的副标题"一个女人的故事"显示陀思妥耶夫斯基打算随着小说情节的发展重点描写与女性地位有关的类似主题。由此可见,青年陀思妥耶夫斯基对"妇女问题"已经充满兴趣。虽然并未完成,但该小说的许多方面在陀思妥耶夫斯基成熟时期的作品中反复出现。

此外,陀思妥耶夫斯基的作品对新女性的刻画还与作家本人生活经历相关。陀思妥耶夫斯基生性内敛羞涩,却一再爱上充满激情和叛逆的新女性,或许她们事实上契合了作家内心深处跌宕的激流。波琳娜·苏斯洛娃(Polina Suslova)和安娜·科尔温-克鲁克夫斯卡娅(Anna Korin Krukovskaya)作为当时十分有代表性的"解放了"的新女性,都与陀思妥耶夫斯基关系紧密,且都拒绝过他的求婚。"她们使他面对社会性别和现代主义不可判定性等焦点问题。她们在小说中的化身都带有女性主义的冲动。这种冲动,陀思妥耶夫斯基先拒绝接受,后又加以吸收,并最终不可避免地被引向他必须回答的女性问题。"①波琳娜·苏斯洛娃与作家成为情人很有可能是在1862—1863年陀思妥耶夫斯基旅欧期间,他们之间相差20岁。苏斯洛娃的父亲曾经是农奴,但非常能干,在解放之前就赎身,成为谢列梅杰夫伯爵庄园的管理人员。波琳娜和姐姐都是当时俄罗斯女性解放运动的先驱人物。她的姐姐娜杰日达是第一个获得医学学位的俄罗斯妇女。② 波琳娜自己则是一位女性作家,也是陀思妥耶夫斯基兄弟主办的《时代》(Время)杂志的撰稿人。尽管爱着陀思妥耶夫斯基,但作为新女性的苏斯洛娃不能接受陀思妥耶夫斯基出于社会舆论和伦理的压力(作家的第一任妻子玛丽娅·德米特里耶夫娜正在养病)而将他们之间的关系隐于暗处,她在日记中写道:"我的所有朋友都是友善的人,但是在精神上孱弱而贫穷。他们言辞丰富,但行动稀少。我从未遇到一个不惧怕真理,或者不会在生活的规矩之前退缩的人……我无法尊敬这样的人。我觉得说一套做一套是一种犯罪。"③后来苏斯洛娃转投西班牙恋人的怀抱,但她与陀思妥耶夫斯基依然保持着联系,并成为陀思妥耶夫斯基笔下那些傲慢、叛逆的新女性的原型,例如《赌徒》中的波琳娜、《白痴》中的娜斯塔霞、《群魔》中的丽莎、《少年》中的阿赫玛科娃以及《卡拉马佐夫兄弟》中的卡捷琳娜·伊万诺夫娜。

## 二、新女性与文学产品

18世纪到19世纪是欧洲公众阅读兴趣逐渐增长的时代,读者阶层扩大,可供选择的文学作品增多。和男性读者庞大的数量相比,女性读者数量增长的幅度更大。这其中重要的原因是女性的闲暇时间增多,正如学者瓦特所言:"当时,休闲活动的分布证实和细化了我们对读者大众成分的已知情况;它还为解释妇女读者占比逐渐增加提供了最有效的佐证。"④

---

① [美]尼娜·珀利堪·斯特劳斯著,宋庆文、温哲仙译:《陀思妥耶夫斯基与女性问题》,吉林人民出版社2003年版,第17页。

② Joseph Frank. Dostoevsky: *A Writer in His Time*. Princeton:Princeton University Press,2012:358.

③ F. M. Dostoevsky. *The Gambler*,with *Polina Suslova's Diary*. trans. Victor Terras, ed. Edward Wasiolek,Chicago:University of Chicago Press,1972:365.

④ Ian Watt., *The Rise of the Novel*, *Studies in Defoe*, *Richardson and Fielding*. Berkeley:University of California Press,1957:43.

一方面,经济的发展使妇女从重复单调的工作中解脱出来;另一方面,当时女性总体而言不被允许参加无论是商业方面还是娱乐方面的男性活动,因此不得不留在家中通过阅读度过闲暇时光。与此同时,女性的阅读能力也随着教育的普及而提高。在 18 世纪末 19 世纪初,自由主义兴起时的女性主义思潮基于"平等"的启蒙理念认为女性应该是与男性一样的理性主体,而教育是培养理性的重要途径。倡导女性教育使更多女性拥有阅读的能力。在当时具有代表性的女权主义作品《女权辩护》中,玛丽·沃斯通克拉夫特即倡导女性与男性一起接受教育:"……为了使这一点成为实际可行,应该由政府建立适合于各个年龄的走读学校,在那里男女儿童可以一起受教育。"① 俄国女性教育的开端可以追溯到 18 世纪。崇尚启蒙思想的叶卡捷琳娜大帝立志培养俄罗斯新人,而对俄罗斯新人的抚养者——俄罗斯妇女——在教育方面也有相应措施。1764 年,根据女皇政令成立斯莫里尼女子贵族学校,其初衷是为国家培养受教育的女性、优秀的母亲,培养对家庭和社会有益的成员,这奠定了俄罗斯女性教育的基础。但总体而言,帝俄的女性教育由于得不到足够的支持而无法满足俄国妇女的需求,因此女性也会出国接受教育。② 19 世纪 60 年代,俄国女性中出现了接受高等教育的普遍需求。1869 年,莫斯科出现鲁宾斯基高级女子学习班,阿拉尔津斯基高级女子学习班和弗拉基米尔高级女子学习班出现于彼得堡,这些女子学习班都在有识之士的资助下创建,并无来自官方的支持。

在所有文学类型中,浪漫小说对女性的影响最大。珍妮斯·拉德威在著作《阅读浪漫小说:女性,父权和通俗文化》中指出:女性阅读浪漫小说时可以通过认同女主人公的幸福和爱情来获得替代性的愉悦,这是其他通俗文学无法提供的。拉德威在研究阅读浪漫小说的史密斯顿地区女性读者时发现,对于许多女性而言,阅读是为了与日常生活区隔,而"拿起书本"这个动作本身就足以让她们有能力应对日常生活遇到的种种焦虑与压力,得以逃避,在想像中假装浪漫小说中的生活模式就是她们的生活。③ 然而,反讽的是,十八九世纪印刷文学的兴起却将通过教育获得阅读能力的妇女置于感伤主义小说的"危险"之下。肇始于现代社会的"私人性"概念——事件参与者有保守秘密的责任——在西欧小说中兴起,并在批评传统中被建立起来。流行于 18 世纪的书信体小说,正是在"私人性"概念的引领之下,通过展现人物的内心世界而入侵私人领域,从而满足阅读者的窥视欲,使之产生隐秘的快感。对于"天真无邪"的女孩读者而言,这种"危险"的影响更甚。通过阅读浪漫的感伤小说,女性会获得秘密的知识并被激起欲望,这在当时自由主义女性思想中埋藏了一丝焦虑与矛盾。

在俄国,人们与印刷文学相遇的焦虑更为强烈。这其中的原因在于,俄国的新文学话语是建立在引进的西欧启蒙模式之上的,而非内在于绵延的俄罗斯传统。19 世纪中期,俄国现代化改革起步阶段,启蒙思想与商业殖民携手并进,作为思想传播载体的全新媒介——印刷文学——在俄国的兴起与城镇化息息相关。在这个过程中,无论是政府性质的印刷媒体还是廉价报纸,都有商业化经营的倾向。"就像西欧城市的类似报纸,俄国的娱乐报刊(boulevard press)代表了一个新的以及充满疑问的文化商业冒险。他们的编辑放弃了熟悉的智

---

① [英]玛丽·沃斯通克拉夫特著,王蓁译:《女权辩护》,商务印书馆 2009 年版,第 243 页。
② 优丽娅:《俄罗斯女性高等教育的历史与现状研究》,华中师范大学硕士论文 2017 年,第 10 页。
③ [美]珍妮斯·拉德威著,胡淑陈译:《阅读浪漫小说:女性,父权制和通俗文学》,译林出版社 2020 年版,第 67~69 页。

力上和商业上的共同体世界,试图通过吸引大众化的城镇读者,为此他们被迫在报纸上使用一种表现俄罗斯城市前所未有的方法。和在西方一样,俄国大众报刊在'创造它的民众'之前不得不'创造自己'。"①在此大背景下,陀思妥耶夫斯基的作品反映了当时俄国妇女与印刷文学阅读的关系。他的第一部引起文学界轰动的作品《穷人》就与"阅读"母题相关。《穷人》的文本表层是两位社会地位低下的"小人物"的受难史和互助史,然而文本深层却展现了两人建构主体的欲望,其中最重要的主体建构手段即阅读行为:杰武什金和瓦莲卡一起阅读和品评文学作品。杰武什金意识到阅读行为的危险性:"诗是胡说八道!现在学校里的孩子们还为了写诗而挨鞭子抽呢……"②但他持续阅读以及写作,因为这可以使这位在现实生活中被边缘化的小人物将自己置于层层叙述的保护之中,表现自我,阐明自我,建构自我。此外,不同于表现上看起来那样无私或者纯洁,杰武什金通过写作与阅读,也在暗中"操控"(manipulate)瓦莲卡,阻止瓦莲卡走出隐蔽的文字世界而接触外界。"意识到感伤文学对年轻女孩道德上色诱性的影响力,他通过给瓦莲卡提供道德品质值得怀疑的书或者情色片段的抄写件供她阅读来影响她。"③瓦莲卡同样受到阅读的影响,她与波克罗夫斯基的隐秘感情是例证。而且,隐秘的阅读激发了瓦莲卡的欲望:"我们应该指出在文学历史上年轻女士阅读的问题化的特征。在对西方世界的自慰历史的最新研究中,托马斯·W.拉克尔梳理了妇女阅读与独僻之罪之间的关系,特别是18世纪和19世纪早期的妇女:正如女性自慰者是危险的孤独性爱的典型,她只产生了欲望,纯粹的力比多欢愉——女性读者是所有虚构作品道德腐蚀潜能的黄金标准。"④这个观点看似激进,但陀思妥耶夫斯基的早期小说确实探讨了妇女阅读与隔离的主题。

陀思妥耶夫斯基早期作品中的女性与阅读主题流露出受到浪漫主义文学影响的梦幻色彩,而其成熟时期的作品中,女性与阅读的关系有所转变。在成熟时期的作品中,他所刻画的新女性更加积极地参与现实中的文学话语建构。在《群魔》中,"新女性"丽莎·图申娜在叙述者眼中以如下形象呈现:"她很认真地向沙托夫解释自己的计划,那股认真劲儿连我都感到奇怪。'想必是个新女性',我想,'怪不得在瑞士呆过'。"⑤她的成长经历了将斯塔夫罗金奉为"男性力量"的原型到最后打碎偶像并揭露其是需要看护的虚弱男人的过程。她不但是男性权力的牺牲品,同时也因对超人文化的迷恋而成为创造男性伪英雄的同谋。丽莎是积极和傲慢的新女性,她不被动地阅读文学作品,而主动参与文学话语的编纂。她向沙托夫寻求帮助,希望后者协助她汇编一本书,该书将俄国报纸上的事件分门别类,勾画俄国生活的特征。她对这本书充满热情,并指出:"但是在这一切当中必须挑选那些能够反映时代特点的东西;选录的一切都必须代表一定的观点,都应当有所指,都应当有用意、有思想,足以

---

① Daniel R. Brower. *The Russian City between Tradition and Modernity*, 1850—1900. Oxford: University of California Press, 1990:12.

② [俄]陀思妥耶夫斯基著,张羽、曹中德译:《陀思妥耶夫斯基中短篇小说》,人民文学出版社2018年版,第12页。

③ Carol Apollonio. *Dostoevsky's Secrets: Reading against the Grain*. Evanston: Northwestern University Press, 2009:24.

④ Carol Apollonio. *Dostoevsky's Secrets: Reading against the Grain*. Evanston: Northwestern University Press, 2009:23.

⑤ [俄]陀思妥耶夫斯基著,臧仲伦译:《群魔》(上),漓江出版社2013年版,第113页。

说明整个一切和全部总和……可以这样所吧,这应当是一幅描绘俄国全年精神、道德和内心生活的图景。"①丽莎的主意让沙托夫非常感兴趣,而她身上新女性萌发的觉醒意识也促使她发出自己的声音。在叙述者眼中,"她那深色的眼睛似乎在燃烧的目光流露出一种震慑人的威力;她是'作为一个战胜者'出现的,而且她出现就'为了战胜别人'。她的样子看上去很骄傲,有时候甚至桀骜不驯……在这天性里有许多美好的追求和十分正确的开创精神;可是她身上的一切似乎永远在寻找自己的水平线,但是又找不到它,因而一切都处在混乱、波动和不安之中"。②丽莎这一人物体现陀思妥耶夫斯基生活中的新女性对作者本人的影响:波琳娜和安娜·科尔温-克鲁克夫斯卡娅都热爱创作,是文学杂志的撰稿人。她们对社会生活的敏感以及责任感都吸引着作家,作者的文学观点也与她们的相呼应。陀思妥耶夫斯基曾在一封信中表明过希望编纂《群魔》中丽莎口中的那种厚书籍,来记录俄国生活、俄罗斯精神。然而,正当丽莎编撰书籍的点子激起沙托夫的兴趣时,她提到印刷厂,这一下子激怒了沙托夫。从《群魔》的整体道德体系判断,神秘的印刷厂是文字力量的象征,也是无政府主义宣传活动的象征,某种意义上也是沙托夫被谋杀的原因之一。在陀思妥耶夫斯基的作品中,宣传/文字的力量往往大于真相的力量,例如反面角色经常通过谣言企图操控他人,制造混乱。作为觉醒的"新女性",丽莎认识到文学宣传的作用并试图利用它,这展现她对权力的渴望。

因此,新女性与文学产品的关系复杂处却在于她们并不能总与文学阅读的力量"良性互动",有时也因置身于文学阅读影响之下,不知不觉中成为"被建构者"。《群魔》结尾处,彼得·韦尔霍文斯基使用俄国作家德鲁日宁受乔治·桑影响创作出的作品《波琳卡·萨克思》来劝说丽莎放弃"造成马丽娅·列别金娃"死亡的负罪感,与斯塔夫罗金在一起。这部宣传自由恋爱的作品成为彼得·韦尔霍文斯基唆使凶杀的堂皇借口,丽莎则在不知不觉中成为帮凶。此时,女性自由的思想被歪曲,最终成为无政府主义者的工具。另一则例子来自《白痴》中的娜斯塔霞·菲利波芙娜与法国作家福楼拜的《包法利夫人》。《包法利夫人》是作为娜斯塔霞生命中最后时日的阅读文本而直接出现的。"娜斯塔霞·菲利波芙娜,被过多的阅读所诅咒(这是她与阿格拉娅共享的一个特征),证明是《包法利夫人》最终的受害者,因为她死于/在阅读该书的过程中死去。她在模仿艾玛时接受了死亡。"③两本书之间有很多应和之处,而福楼拜梳理艾玛一生悲剧的路径时认为,重要的源头就是她在修道院时阅读到感伤主义文学。修道院与世隔绝、神秘而缥缈的气氛刺激了艾玛过度活跃的想像力。一种更致命的"毒药"来自她得到的"教科书"——盛极一时的浪漫主义传奇小说。她整日沉迷于浪漫主义作家——夏多布里昂、拉马丁和司各特——的作品,作品里缠绵凄怆、令人向往的爱情故事和神秘的、不切实际的激情吸引着这样一个少不经事且情窦初开的女孩,刺激了她不切实际和狂热的愿望。艾玛的人格和情感是她在阅读浪漫主义作品中逐渐形成的,主体也在阅读过程中形成。尽管,陀思妥耶夫斯基并未着意刻画娜斯塔霞拥有艾玛那样爱幻想的性格。但不可否认的是,娜斯塔霞对《包法利夫人》的阅读使她无意中确信了自己最终宿命般的毁灭。

---

① [俄]陀思妥耶夫斯基著,臧仲伦译:《群魔》(上),漓江出版社2013年版,第114页。
② [俄]陀思妥耶夫斯基著,臧仲伦译:《群魔》(上),漓江出版社2013年版,第95页。
③ Liza Kapp, ed. *Dostoevsky's The Idiot, A critical Companion*. Evanston: Northwestern University Press, 1998:58.

值得注意的是,对陀思妥耶夫斯基文本中新女性与具备现代特质的印刷资本主义进行关联性解读,并不意图将女性主义话语强加给陀思妥耶夫斯基,而是将作家及其创作定位于19世纪俄国的历史语境,揭示陀思妥耶夫斯基在妇女问题上的矛盾立场。陀思妥耶夫斯基所展现的文学阅读对女性的负面影响与其说体现了作家本人全然反对女性阅读,毋宁说他意识到阅读文学产品会使新女性的主体建构遭遇虚幻和缺陷,因而寻求其他资源。实际上,新女性在文学阅读过程中的欲望展现了陀思妥耶夫斯基所批评甚至否认的现代性思想的强大吸引力。他担忧西方现代身份的世俗意识过分强大,为此使用东正教神学资源将女性神圣化为"温顺的人"①。从更深层的历史动因看,陀思妥耶夫斯基的作品对自由主义女性主义"偏航"层面的揭示,体现了作家反对西方现代主义的自由理想对俄罗斯传统力量的转变或者削弱。

## 三、两性互动

陀思妥耶夫斯基的作品《群魔》中,男性虚无主义者通过权力运作来实现对"阴性"的俄罗斯母亲和俄罗斯妇女的统治。在陀思妥耶夫斯基看来,这象征了西方现代性对古老俄罗斯精神的侵蚀。那么,与男性虚无主义者某种程度上共享智识资源的俄国新女性如何面对这种男性权力的统治?无疑,以丽莎为代表的新女性也处于男性领袖魅力的影响之下。另一个例子是冯·伦布克夫人抛弃她那持保守主义态度的丈夫,转而拥护持激进主义和位于虚无主义者阵营的男性,通过与男权的共谋企图满足她对权力的渴望。然而,相较于冯·伦布克夫人被彼得·韦尔霍文斯基像傀儡般利用,丽莎最终发出审判斯塔夫罗金的呼声。她逐渐剥去斯塔夫罗金的"神秘"面具,揭露他实际上是需要女性看护的"阳痿"男人:"我压根儿就不想做同情你的看护。如果今天我没有轻易地死掉的话,我会做个医院的护士直到死,但我当然不会护理你,尽管,你确实和其他缺胳膊少腿的家伙没什么两样。"②她还原了斯塔夫罗金的真面目,实际上揭露了新女性对超人文化和英雄主义的崇拜,这进一步揭示了陀思妥耶夫斯基对新女性的观点——重视、尊重混杂着嘲讽与批评。陀思妥耶夫斯基认为,受西方思想浸染的俄国新女性会受到权力欲望的诱惑而与虚无主义同谋,因而对"俄罗斯灵魂"③造成负面影响。尽管如此,跳出作者的成见,新女性的声音在陀思妥耶夫斯基作品的复调中从来都没有放弃过参与对话的权力。

巴赫金在研究陀思妥耶夫斯基的文本时所使用的复调诗学事实上特别适用于分析陀思妥耶夫斯基现代主体建构过程。与传统的主体不同,无论能不能自己选择身份,现代主体都

---

① 俞航:《陀思妥耶夫斯基笔下"温顺的人"与圣像》,《广东外语外贸大学学报》2020年第1期。
② [俄]陀思妥耶夫斯基著,臧仲伦译:《群魔》(上),漓江出版社2013年版,第465页。
③ 别林斯基、果戈里、格里戈利耶夫和陀思妥耶夫斯基等知识分子于19世纪40年代到80年代借助德国唯意志论哲学话语和浪漫主义诗学话语发明了"俄罗斯灵魂"说。这种关于俄罗斯民族性的言说,与西方派相比更肯定本国传统与价值,与沉迷昔日温情的斯拉夫派相比则更面向未来。就陀思妥耶夫斯基本人的根基主义学说而言,他肯定彼得大帝的改革,但认为这一改革过于迅速,没能很好地保留俄罗斯的本土文化。事实上,这种"俄罗斯灵魂"说是在19世纪帝俄特定历史语境下的一种被发明与建构的准民族主义话语。

倾向于对自己的身份进行诠释和评价。身份议题的关键区别在于：是身份认同界定、淹没了主体，还是主体面对自己的身份认同还保有一定的自主性，可以重新评价、选择、诠释？笔者认为，后者更接近现代式主体。正如巴赫金指出的，那些通常用来塑造确切稳定人物形象的诸要素，如社会典型性，主人公的精神面貌、外表，在陀思妥耶夫斯基笔下都成为主人公自我意识的对象。对作家来说，重要的不是主人公在世界上是什么，而首先是世界和自身在他心目中是什么。①巴赫金认为，陀思妥耶夫斯基重在揭示的，并非主人公的确定存在和固定形象，而是最后综合起来的主人公意识和自我意识，陀思妥耶夫斯基"把一切都置于主人公自己的视域内，把一切都抛进主人公自我意识的熔炉内"②。因此，陀思妥耶夫斯基的主人公是思想者，"自我意识的强调，思想形象的创造，给陀思妥耶夫斯基的主人公带来了几个明显的特征，即开放性、反对背后议论、未完成性等"③。尽管巴赫金也同样讨论了反抗某种外部预设的女性人物，例如《白痴》中的娜斯塔霞·菲利波芙娜生活的悲剧性动机正在于力图打碎使她窒息的、他人话语对她所下定义的桎梏④，总体而言，思想者－主人公在巴赫金的分析中主要还是男性。然而，巴赫金理论为分析独白性与父权制之间的联系，分析复调与女性声音之间的联系提供了方法。女性（尤其是新女性）在陀思妥耶夫斯基的复调中通常展示了一种积极的对话态度，甚至成为独白力量的反对者。突出的例子出现在《白痴》第三部第七章中，当梅什金公爵向阿格拉娅谈论伊波利特未遂的自杀并分析伊波利特此举的深层动机之时，阿格拉娅指出："而按照您的看法，我认为这都是不好的，因为像您评判伊波利特这样去观察和评判人的心灵很是粗暴的。您缺乏温柔，仅仅有真实，这是不公正的。"⑤类似的观点同样出现于《卡拉马佐夫兄弟》中的新女性丽莎·霍赫拉科娃（尽管相较于卡捷琳娜·伊万诺夫，关于她的笔触要少得多）之口。丽莎反对阿廖沙随意分析他人的心灵，认为这是一种傲慢的行为。或许可以这样理解，新女性建构现代主体的主动性使她们十分抗拒入侵他人心灵的行为（因为每个个体都应该把握自我建构的主动权），从而成为复调话语中举足轻重的声音。

《卡拉马佐夫兄弟》中的卡捷琳娜·伊万诺夫娜同样是复杂的新女性，她的迷惘和独立是苏斯洛娃式的，她对自主权的狂热也是同时代许多男性难以理解的。作为觉醒的女性，卡捷琳娜通过自己的方式试图掌握命运。在德米特里看来，卡捷琳娜爱的不是作为活生生的人的他，而是自己的"美德"。的确，卡捷琳娜的行为指向的是她作为一个"人"的完整性。卡捷琳娜渴望作为一个完整的人被理解，但她看到，德米特里只把她看作"女人"——她的愿望维系在一个错误的男人身上。她的言说需要男人的回应，但德米特里视域里的缺乏认知卡捷琳娜女性伦理价值的情感反应，因而她转向格鲁什卡，企图与另一位女性达成同盟。遗憾

---

① ［苏］巴赫金著，白春仁、顾亚玲译：《巴赫金全集·第五卷·诗学与访谈》，河北教育出版社1998年版，第61~62页。
② ［苏］巴赫金著，白春仁、顾亚玲译：《巴赫金全集·第五卷·诗学与访谈》，河北教育出版社1998年版，第83页。
③ ［苏］巴赫金著，白春仁、顾亚玲译：《巴赫金全集·第五卷·诗学与访谈》，河北教育出版社1998年版，第7页。
④ ［苏］巴赫金著，白春仁、顾亚玲译：《巴赫金全集·第五卷·诗学与访谈》，河北教育出版社1998年版，第96~97页。
⑤ ［俄］陀思妥耶夫斯基著，臧仲伦译：《白痴》（下），漓江出版社2013年版，第399页。

的是，传统女性和新女性之间，在陀思妥耶夫斯基笔下，难以形成这一同盟，后者的"失败"既展示了接受西方现代性的新女性的"无根"状态与缺乏力量，也揭示了陀思妥耶夫斯基的偏见。

德米特里与卡捷琳娜的极其紧张的关系处于小说的表层，而遮盖的是卡捷琳娜与伊万的关系。事实上，卡捷琳娜真正的同盟者应该是伊万。伊万和卡捷琳娜孤独地处于"坏"现代人那一边，与伊万对正统基督教的怀疑一样，卡捷琳娜与传统两性观念的对立也体现了现代性。前者对包括上帝在内的一切权威的怀疑呼应于后者的女性主义思想的萌芽。在伊万与阿廖沙的谈话（探讨上帝的存在）以及伊万与自己对话（魔鬼的出现）这些重要的复调中，卡捷琳娜都作为"女性对话者"和"女性对位者"而存在，因而是复调话语中不可忽视的声音。伊万模糊了善与恶的边界，而卡捷琳娜则模糊了传统女性屈从与新女性挣脱男性控制的边界。前者尚有可以效仿的话语范例和可以汲取营养的西方现代思想，后者则显得更加孤立无援。俄国新女性拥有的本土资源极为匮乏，西方女性解放思想在俄国土壤中又容易演化为乌托邦主义和虚无主义，与"俄罗斯灵魂"脱节。卡捷琳娜身上的"歇斯底里"与矛盾正是俄国新女性成长过程苦难重重的表现。与伊万一样，脱离根基之后，卡捷琳娜的性格发展缺乏稳定的基础，偏离中心，常处于疯狂的边缘，小说行将结束之时卡捷琳娜的态度在审判德米特里的法庭上发生激烈的转变。

《卡拉马佐夫兄弟》法庭审判的章节可以被看作"女性问题"的载体。首先是女性听审得到细致的刻画，其次是卡捷琳娜在法庭上的作证以及随后态度的突然转变。卡捷琳娜审判德米特里的独特之处在于其公开性。在公开场合她利用德米特里在案发前夜酒醉后写给她的信对德米特里进行"审判"，而转变是因为意识到伊万对她的重要性。在"审判"德米特里的过程中，卡捷琳娜的话语逃脱了叙述者的掌控，也逃脱了叙述者一直为其定位的（或者她本人试图为自己定位）高贵的、为他人牺牲的传统女性的身份束缚；她一直以来的歇斯底里与不稳定是真我与面具之间的分裂造成的。现实世界中的老卡拉马佐夫是父亲的死亡以及伊万的诗学世界中上帝作为父权象征的衰微，给作为新女性的卡捷琳娜一个机会去判决、去谴责、去发现真正的爱憎是什么。卡捷琳娜的控诉代表新女性对男权的审问以及对内在自我的发现，而这使法庭场景面临着准女性主义氛围下的价值重估。她与伊万关系的进展与命运是陀思妥耶夫斯基刚开始探索的：从传统男女关系的山上摔下来的卡捷琳娜和从正统上帝与人关系的山上摔下来的伊万一起，面对的是"没有上帝"的孤独的世界。他们在小说中所代表的是与阿廖沙和格鲁什卡对立的反叛和怀疑的"邪恶"一方，却也是复调话语中举足轻重的声音。

新女性与男性的关系还体现在她们与陀思妥耶夫斯基笔下基督般的男性的互动之中，这突出表现在《白痴》中。梅什金公爵的基督之爱在处理两性关系上显得无能为力。一方面，像基督一样的梅什金公爵在文本中被作为男权象征的罗戈任的对立面展示出来，这体现了解决妇女问题的新方式：将基督之爱与对女性的尊重相结合。娜斯塔霞·菲利波芙娜这一形象结合了新女性和宗教中"堕落女子"双重维度，她被梅什金所吸引，体现了一种女性主义的幻想，即她可以从父权制控制中逃脱，进入非父权制的、非暴力的保护伞之下；但另一方面，梅什金与两位女性（娜斯塔霞和阿格拉娅）的关系中正常男欢女爱的情欲痕迹都被抹去，而试图以"手足之情"或者"爱邻人"来维系。梅什金在两性爱之中的无能喻示着用结合基督教理想的办法来解决"妇女问题"的努力成效并不大，梅什金被塑造为一名深植在俄国本土文化中的基督，试图将痛苦和邪恶兼收并蓄，接纳某位女性成为其抹大拉。但他逐渐发现，两位女性不可能被融合进他思想的综合体中——基督教"和解"之爱的传统理想,原因在于新女性身上有着更为复杂的一面。

《白痴》中更为突出的新女性形象是阿格拉娅。她被刻画为贵族小姐、新女性,接受良好的教育,阅读许多书籍。阿格拉娅对梅什金公爵的爱混杂了脱离家庭寻求自由的渴望以及对其善良品格的钦佩。她凭着萌发的女性主义冲动选择梅什金公爵,希望他能够帮助自己追求自由,"我不愿意参加他们的舞会,我要做有益于大众的事。我早就想走了。我二十年被他们禁锢在家里,他们一个劲地就想让我出嫁……现在我已经把什么都考虑好了,就等您来详细问问国外的情况。我没见过一座哥特式的大教堂,我想到罗马去,我想去参观所有的学术研究室,我想到巴黎去上学……我决定从事教育,我把希望寄托在您身上,因为您说您爱孩子们。咱俩可以一起搞教育,哪怕现在还不行将来干总行吧?咱们俩将来一起做有益于大众的事。我不想做将军的女儿……"①然而,梅什金公爵虽然因为基督般美好的天性而触及"妇女问题",但他并不能区别对"妇女问题"的着迷和着手真正改善妇女处境之间的不同。在这个意义上,梅什金公爵面临的问题是现代的,处于世纪之交的问题:那时的青年往往有着先于时代的思想,行动力却十分屡弱。同时,这也揭示俄国与西方现代性之间的不相融洽——俄罗斯对宗教信仰的看重与西方现代性对人性的看重之间有许多矛盾。对此,美国学者克尔格将这一问题的源头归于梅什金的双重性(duality)——神圣性与人性。当阿格拉娅被他身上的人性所说服,爱上他时,他又转向神性,认为应为了更广泛的爱的责任而选择娜斯塔霞,这最终导致阿格拉娅的悲剧。② 卡里尔·爱默生和斯特劳斯则将之归结于梅什金人格的独白特征。③ 可以说,陀思妥耶夫斯基在《白痴》中的梅什金公爵身上寄予对未来两性关系的希望(某种程度而言,梅什金确实是陀思妥耶夫斯基最喜爱的主人公)④;尽管娜斯塔霞对妇女苦难具有非凡的自我表现力,尽管阿格拉娅曾向他谈及妇女教育和妇女解放,但陀思妥耶夫斯基对通过基督精神使梅什金公爵来解决处于现代转型漩涡中的俄罗斯诸多问题的企图却阻碍了梅什金进一步深入探索妇女问题。梅什金公爵的来临是俄国社会"父权制等级的颠倒"的征兆,因而作为新女性的阿格拉娅将他看作希望。女性主义的幻想和宗教乌托邦被共同寄托在了梅什金公爵身上。遗憾的是,这种希望是华而不实的:虽然陀思妥耶夫斯基真诚地想让梅什金公爵拯救二位女性,但艺术的真实原则让作家只能表现一个开始,但难以做出结论。阿格拉娅在与娜斯塔霞对峙时,叙述者形容她像从山上摔下来一样,这种愤怒与卡捷琳娜在控诉德米特里时所感到的愤怒相似。阿格拉娅渴望在梅什金的帮助下获得自由,而卡捷琳娜则渴望德米特里将他看作一个完整的人,但她们都失败了。

(责任编辑　李婷文)

---

① [俄]陀思妥耶夫斯基著,臧仲伦译:《白痴》(下),漓江出版社2013年版,第402页。
② Murray Krieger. "Dostoevsky's Idiot: The Curse of Saintliness"// Rene Wellek ed., *Dostoevsky: A Collection of Critical Essays*. Holoken: Prentice-Hall Inc., 1962:39.
③ See Caryl Emerson. "Problems with Baxtin's Poetics". *Slavic and European Journal*, 1988(4):502-525.[美]尼娜·珀利堪·斯特劳斯著,宋庆文、温哲仙译:《陀思妥耶夫斯基与女性问题》,吉林人民出版社2003年版,第79页。
④ 俞航:《言说与他人:陀思妥耶夫斯基对现代主体建构的反思》,《外国文学评论》2020年第1期。关于梅什金公爵在神性意义上对他人面容的洞悉和开放在现代主体建构层面的讨论参见该文。

# 新的情感主体的诞生[*]

## ——论拉甫列涅夫《第四十一》与宗璞《红豆》中的革命书写

### 周师师

### （河南师范大学 文学院）

**摘 要**：拉甫列涅夫《第四十一》与宗璞《红豆》都讲述了两个分属于不同阵营的"敌人"之间的"孤岛之恋"，涉及人性/阶级性、文学/革命、爱情/国家、个人/集体等中国现当代文学史乃至跨国现代思想史上至关重要的问题。通过将两篇文本放置在其各自翻译和写作的历史与思想语境中，分析两部作品复杂的革命书写与新的"朝向他人"的情感主体的诞生，本文尝试寻找重新理解知识分子精神结构的契机，体认这一精神结构中蕴含的更立体而丰富的革命经验、中国内涵以及现实主义特质。

**关键词**：革命；情感；他人；现实

1924年，苏联作家拉甫列涅夫以苏联红军女战士与白军男俘虏之间的一段孤岛恋情为题材创作出小说《第四十一》，自1928年被曹靖华翻译为中文后，在现代中国引起了广泛的关注并产生了重大影响。1957年，在"双百方针"的影响下，宗璞发表了短篇小说《红豆》，《红豆》讲述了最终成长为"党的好干部"的江玫与选择远走美国的齐虹在1948年的孤岛之恋。两部小说在中国当代历史上都引发了激烈的关于"人性"和"阶级性"的论争，在五六十年代的主流批评中，《第四十一》和《红豆》都被认为带有浓郁的"小资产阶级情调"，对革命者和敌人的爱充满了同情，宣扬了"阶级调和论"。《第四十一》的批评者指斥女主人公马柳特迦最后一枪打得非常没有"力量"和"觉悟"，"不是战士的一枪"[①]；《红豆》的评论者则建议宗璞让女主角江玫将象征爱情的红豆扔出窗外。80年代以来，受新启蒙思潮的影响，两部作品中的"人情味"被重新评价和认知，评论家们赞扬《第四十一》"站在人性的立场上描写战争"[②]"表现战争中的美好人性——枪口下的人性"[③]；发掘《红豆》在显性的"知识分子/党的

---

[*] 本文为河南省哲学社会科学规划年度项目青年项目"情动视域下新世纪河南女性小说研究"（2023CWX038）成果。

① 张孟恢：《这不是战士的一枪——谈〈第四十一〉》，《读书杂志》1958年12期。
② 王达敏：《枪口下的人性》，《读书》2014年第8期。
③ 王达敏：《枪口下的人性》，《读书》2014年第8期。

引导(群众中锻炼)/走向革命"[①]这一主流政治模式下隐藏的"丰富的、个人性的话语因素"[②],肯定《红豆》作为"一体化"中"异质"声音的典范。

不难看出,这一新的批评实践颠倒了"十七年"文学时期"人性"与"阶级性"的价值等级,但却分享着一致的文学/革命、个人/集体、爱情/祖国二元对立的思维框架。这种静态的、非辩证的二元思维在一定程度上削减了文本复杂的历史内涵,批评者多站在特殊的视角或批判两部作品中的"小资产阶级趣味",突出文本表现了"政治改造的无效"(未能把知识分子真正驯服),或聚焦于知识分子的"隐痛""哀恸和流连",在弘扬知识分子话语立场的同时也暗示"被改造的无奈"(知识分子无法摆脱权威意识形态)。如果我们暂时跳出这一二元对立的立场,将《第四十一》和《红豆》分别回置到二三十年代错综复杂的社会历史语境和四五十年代真实的历史构造中,在 20 世纪中国革命经验的内部重构两篇文本中真实的张力关系,会对两部小说关涉的革命问题产生新的当代思考,并能够打开新的研究空间和情感维度。

## 一、鲁迅、《第四十一》与革命文学

自 1924 年在苏联发表后,《第四十一》就被翻译成不同国家的语言,鲁迅看到日译本后,便非常关心《第四十一》在中国的翻译出版和发行。1929 年 3 月 22 日,鲁迅给李霁野的信中写道"《未名丛刊》中要印的两种短篇,我以为是很好的——其中的《第四十一》,我在日译本上见过"[③],1929 年 4 月 20 日,鲁迅再次跟李霁野谈及"《四十一》早出最好"[④]。1931 年,未名社解体,《第四十一》和曹靖华翻译的另外一本苏联小说《烟袋》在台静农家中被北平警察局没收。1933 年,曹靖华将书稿寄给上海现代书局希望再版,但书局扣押了书稿,在鲁迅的帮助下,1936 年 3 月底终于将书稿索回。随后鲁迅频繁联系良友图书赵家璧希望可以帮忙出版,并建议合成一本印刷,书名定为《苏联作家七人集》,并为之作序。1936 年 10 月 17 日,鲁迅写下了生前最后一封信:"兄之小说集,已在排印,二十以前可校了,但书名尚未得佳者。"[⑤]曹靖华收到信的时候,鲁迅已经去世。

那么,鲁迅为何会如此重视《第四十一》呢?众所周知,1925 年前后,随着新文化共识破裂,《新青年》团体分化,鲁迅陷入了人生的彷徨期。1926—1927 年,鲁迅离开北京,南下厦门和广州,在新的革命和历史形势面前,重新开始思考文学与现实、文学与革命以及革命中的知识阶级等相关问题。1928 年,鲁迅与太阳社和后期创造社的革命文学家展开了激烈论战,鲁迅反感革命文学家们"唯我是无产阶级""不革命便是反革命"的霸权姿态,也不同意他们将文学简化为组织革命的工具论调。对《第四十一》译介的重视,在某种程度上可以看成是对太阳社和后期创造社的回应,正如他在写给李霁野的信中所言:"《四十一》早出最好。上海的出版界糟极了,许多人大嚷革命文学,而无一好作,大家仍大印吊膀子小说骗钱,这样

---

[①] 孙先科:《话语"夹缝"中造就的叙事——论宗璞"十七年"的小说创作》,《创作与评论》2006 年第 4 期。
[②] 孙先科:《话语"夹缝"中造就的叙事——论宗璞"十七年"的小说创作》,《创作与评论》2006 年第 4 期。
[③] 鲁迅:《鲁迅全集》第 12 卷,人民文学出版社 2005 年版,第 154 页。
[④] 鲁迅:《鲁迅全集》第 12 卷,人民文学出版社 2005 年版,第 161 页。
[⑤] 鲁迅:《鲁迅全集》第 14 卷,人民文学出版社 2005 年版,第 171 页。

下去,文艺只有堕落,所以绍介些别国的好著作,实是最要紧的事。"① 在鲁迅看来,《第四十一》揭示了一种新的思想方法和文学表现手法,能够为中国革命文学提供较好的范例。与躲在上海租界空嚷"唯我把握住了无产阶级意识,所以我是真的无产者"②的革命文学家不同,《第四十一》的作者拉甫列涅夫参加了苏联国内战争,再现了俄国 20 年代革命和社会的真实情况,这与鲁迅所赞成的"革命与否,还在其人,不在文章"③以及文艺的功能主要在于对"时代人生的记录"的观点一致。与此同时,这一阶段苏联革命文学的包容性也让鲁迅欣赏,无论是对托尔斯泰的人道主义文学还是对"同路人"文学,文艺界都显现出"很多的人性和宽大"④,并不想杀了他们来"祭革命的军旗"⑤。在苏联革命文学的参照下,国内的"彻底革命者"其实只是"极不革命或有害革命的个人主义的论客"⑥。他们不仅思想专制,创作上也存在着教条化、公式化和概念化等诸多问题。比如他们提出必须描写"完满的革命,完全的革命人"⑦说"必一切战士的意识,都十分正确"⑧,鲁迅认为这种论调"固然是高超完善之极了"⑨,但却是"空洞的高谈",甚至是"毒害革命的甜药"⑩。与革命文学对阶级意识的片面强调不同,鲁迅认为:"在我自己,是以为若据性格感情等,都受'支配于经济'(也可以说根据于经济组织或依存于经济组织)之说,则这些就一定都带着阶级性。但是'都带',而非'只有'。"⑪鲁迅在一种复杂的辩证关系中理解人身上超阶级的共同性与阶级差异性,不排斥差异性也不否认共同性,《第四十一》中红军女战士马柳特迦便体现出超阶级的共有人性和人情。马柳特迦出身于贫穷的渔民家庭,但却喜欢写诗和幻想,作为一名枪法精准意志坚定的革命者,马柳特迦感情异常丰富,小说中多次描写她发自肺腑的"哭泣",她未能打中中尉,懊恼于自己的失误,"把枪往沙地上一掷就哭起来,眼泪顺着那很脏的面孔流着"⑫;在战友不幸葬身大海后,"她坐到口袋上,扯着女人的腔调哭起来"⑬;当中尉奄奄一息生死未卜时,"她孤零零的缩成一团在旁边躺着。凄惨的泪珠,顺着那憔瘦的双颊点滴儿滴着"⑭;在打死中尉后,又让她拉着细锐的腔子痛哭道:"我的心爱的!我干嘛了呢?你醒醒吧,我的心爱的蓝!蓝!眼!睛的!"⑮这是一个有血有肉有感性的栩栩如生的活人,藏在她铠甲似的革命皮衣里的是一颗无限深情的爱的心灵,拉甫列涅夫写出了马柳特迦"哭泣"里所内隐的关于革命的情感愿景。她的"哭泣"不是对自我苦难的哀怜,而是"朝向他人"的"同情政治",因此,当中尉问马柳

---

① 鲁迅:《鲁迅全集》第 12 卷,人民文学出版社 2005 年版,第 161 页。
② 鲁迅:《鲁迅全集》第 4 卷,人民文学出版社 2005 年版,第 128 页。
③ 鲁迅:《鲁迅全集》第 4 卷,人民文学出版社 2005 年版,第 100 页。
④ 鲁迅:《鲁迅全集》第 10 卷,人民文学出版社 2013 年版,第 331 页。
⑤ 鲁迅:《鲁迅全集》第 10 卷,人民文学出版社 2013 年版,第 331 页。
⑥ 鲁迅:《鲁迅全集》第 4 卷,人民文学出版社 2005 年版,第 232 页。
⑦ 鲁迅:《鲁迅全集》第 10 卷,人民文学出版社 2005 年版,第 372 页。
⑧ 鲁迅:《鲁迅全集》第 4 卷,人民文学出版社 2005 年版,第 231 页。
⑨ 鲁迅:《鲁迅全集》第 10 卷,人民文学出版社 2013 年版,第 333 页。
⑩ 鲁迅:《鲁迅全集》第 4 卷,人民文学出版社 2005 年版,第 231 页。
⑪ 鲁迅:《鲁迅全集》第 4 卷,人民文学出版社 2005 年版,第 128 页。
⑫ [苏]拉甫列涅夫等原著,曹靖华译:《苏联作家七人集》,良友图书公司 1936 年版,第 17 页。
⑬ [苏]拉甫列涅夫等原著,曹靖华译:《苏联作家七人集》,良友图书公司 1936 年版,第 48 页。
⑭ [苏]拉甫列涅夫等原著,曹靖华译:《苏联作家七人集》,良友图书公司 1936 年版,第 57 页。
⑮ [苏]拉甫列涅夫等原著,曹靖华译:《苏联作家七人集》,良友图书公司 1936 年版,第 89 页。

特迦为何要救自己时,她说:"你以为白白的看着一个人去死了吗? 我是兽呢,还是人呢?"[1]

在《第四十一》中,拉甫列涅夫为马柳特迦涂绘的色调并不是单纯的红色,而是暖黄色,文中多次描写马柳特迦"带着淘气的猫一般的闪光的眼睛"[2],比如刚败退沙漠时大多数红军战士内心绝望,但马柳特迦的眼睛却"在那灰黄的风雪里,闪出猫一般的光辉来"[3];在沙漠行军的时候马柳特迦几乎要走不动了,但凹陷的大眼睛仍然"在闪着猫一般的黄黄的光辉"[4];在船上时她"那猫一般的黄睛珠,突然的钉到中尉的极蓝极蓝的眼珠上"[5];在孤岛上中尉昏睡时感到有一双"圆圆的,黄黄的睛珠"[6]直瞪着自己的心坎,醒来时发现那"可爱的黄黄的眼睛"[7]来自于马柳特迦。小说中,黄色是生命和爱的象征,马柳特迦黄色的睛珠与沙漠中"红黄的火炭"[8]、海上"黄色的,坚固的橡木船"[9]和孤岛上"黄色的火焰"[10]与"纯黄的"[11]春光一样,都以其温情淡化了阶级之间的对立,这一类描写在20年代中国革命文学的标准下固然不完美和不超绝,但其对阶级性与人性复杂辩证关系的动态把握却可以增强革命内在的情感感召力。

此外,《第四十一》在叙述布局上也有较高的技巧,小说在叙事中融入戏剧手法,以戏剧化的第一人称开场白从全知角度介绍小说的历史语境和马柳特迦参军的来龙去脉,而后却说这一章"是没有什么意思的"[12],用打破第四堵墙的手法将楔子与故事分开,并且某种程度上解构了叙事权威及其不得不服从的意识形态。从第二章到第十章,小说交替采用外视角第三人称叙事、选择性全知视角和人物有限视角在人物内外和舞台空间的中心与边缘纵横捭阖,在生动再现人物互动和内心活动的同时尊重人物自身的灵魂世界,写出战争双方各自的伟大壮丽与英雄气概。正如鲁迅对拉甫列涅夫另一篇讲述红军士兵与富商兼地主的妻子之间悲惨爱情的《星花》的评价,"看去就觉得教民和红军士兵,都一样是作品中的资材,写得一样地出色,并无偏倚"[13],鲁迅认为,"将这样的'同路人'的最优秀之作,和无产作家的作品对比起来,仔细一看,足令读者得益不少"[14]。

在鲁迅与革命文学论争的语境中重新阐释《第四十一》,有助于我们理解鲁迅与太阳社和后期创造社在文学与革命之间理解的差异,纠正后者的问题。但鲁迅对《第四十一》译介的重视,更重要的是为中国现实的革命斗争服务,正如他自己所言:"我看苏维埃文学,是大

---

[1] [苏]拉甫列涅夫等原著,曹靖华译:《苏联作家七人集》,良友图书公司1936年版,第63~64页。
[2] [苏]拉甫列涅夫等原著,曹靖华译:《苏联作家七人集》,良友图书公司1936年版,第4页。
[3] [苏]拉甫列涅夫等原著,曹靖华译:《苏联作家七人集》,良友图书公司1936年版,第13页。
[4] [苏]拉甫列涅夫等原著,曹靖华译:《苏联作家七人集》,良友图书公司1936年版,第27页。
[5] [苏]拉甫列涅夫等原著,曹靖华译:《苏联作家七人集》,良友图书公司1936年版,第44页。
[6] [苏]拉甫列涅夫等原著,曹靖华译:《苏联作家七人集》,良友图书公司1936年版,第61页。
[7] [苏]拉甫列涅夫等原著,曹靖华译:《苏联作家七人集》,良友图书公司1936年版,第61页。
[8] [苏]拉甫列涅夫等原著,曹靖华译:《苏联作家七人集》,良友图书公司1936年版,第13页。
[9] [苏]拉甫列涅夫等原著,曹靖华译:《苏联作家七人集》,良友图书公司1936年版,第38页。
[10] [苏]拉甫列涅夫等原著,曹靖华译:《苏联作家七人集》,良友图书公司1936年版,第52页。
[11] [苏]拉甫列涅夫等原著,曹靖华译:《苏联作家七人集》,良友图书公司1936年版,第83页。
[12] [苏]拉甫列涅夫等原著,曹靖华译:《苏联作家七人集》,良友图书公司1936年版,第8页。
[13] 鲁迅:《鲁迅全集》第10卷,人民文学出版社2005年版,第382页。
[14] 鲁迅:《鲁迅全集》第10卷,人民文学出版社2005年版,第382页。

半因为想绍介给中国,而对于中国,现在也还是战斗的作品更为紧要。"①在 40 年代太行山敌后根据地,《第四十一》也确如鲁迅所愿,成为革命战士在紧张而艰苦的战争岁月中不可或缺的精神食粮,对鼓舞战士的革命斗争精神起到了重要作用。

## 二、"快乐的生活"与"活人的生活"

马柳特迦与蓝眼睛中尉的爱情发生在伯沙-克梅岛,拉甫列涅夫在文中直接表明这一情节模仿的是英国小说家笛福的《鲁宾逊漂流记》。许多批评者都认为特殊的环境使得两人脱离政治性的身份还原成自然人,但正如马克思在评价鲁滨逊时说"他终究要满足各种需要,要从事各种有用的劳动"②,鲁滨逊将其在人类社会中习得的经验运用到岛上,从事各种不同方式的劳动,因此岛上的生产是一种类似社会化的劳动生产。尤其是,鲁滨逊与"星期五"相互依赖,"星期五"为主人服役,岛上的物质生产以人身依附为特征,"人们在他们各自的劳动中的社会关系清楚地表现为他们本身之间的个人的关系"③,因此这不是一个脱离人类社会关系的岛屿,它表现为人与人之间的关系。在伯沙-克梅岛,人类的生活和生产知识发挥着主要作用,中尉凭借自己的中学知识找到鱼仓,马柳特迦用烧鱼的经验给他们送来取暖的火,而他们栖居的小屋也是人类生产的产物。更重要的,马柳特迦承担起了所有的物质粗活,而中尉则负责精神生产,小岛几乎完全复制了现实的性别、阶层和种族关系,中尉更是将马柳特迦直接称呼为"星期五"。

在马柳特迦与中尉的交流中,我们了解到身材挺拔、长相俊朗、蓝眼睛魅人的中尉郭鲁奥特罗在战前是研究语言学的大学生,那个时候,他在生着暖炉的房间里,在罩着蓝色灯罩的电灯旁,在让人万虑俱忘的安乐椅上看着书,但是为了家族荣誉,他走出书斋参加了战争。不久之后,在脓血淋漓的、疥癣似的战争的污坑里,他发现"所谓祖国者也是同革命一样的空虚。它俩都是爱喝人血的东西"④,他感到:"一切的人生都是连绵不绝的空虚。什么良智、理想,都是废话!"⑤幻灭的中尉想起书籍,"想去埋头于它们里边"⑥,过一种清闲幽雅的隐居生活,他对马柳特迦说:"最好是永远不要离开这赤日烁金的闷人的沙岛,永远留到这里,过着兽一般的快乐的生活。"⑦

中尉身上强烈的空虚感伤情绪乃至这一人物形象,在彼时的中国不乏其对应群体。1929 年,也就是鲁迅频繁催促《第四十一》尽早刊印的那一年,鲁迅在《柔石作〈二月〉小引》中评价萧涧秋"其实并不能成为一小齿轮,跟着大齿轮转动,他仅是外来的一粒石子,所以轧

---

① 鲁迅:《鲁迅全集》第 6 卷,人民文学出版社 2005 年版,第 19~20 页。
② 中共中央马克思恩格斯列宁斯大林著作编译局编译:《马克思恩格斯全集》第四十三卷,人民出版社 2016 年版,第 70 页。
③ 中共中央马克思恩格斯列宁斯大林著作编译局编译:《马克思恩格斯全集》第四十三卷,人民出版社 2016 年版,第 71 页。
④ [苏]拉甫列涅夫等原著,曹靖华译:《苏联作家七人集》,良友图书公司 1936 年版,第 79 页。
⑤ [苏]拉甫列涅夫等原著,曹靖华译:《苏联作家七人集》,良友图书公司 1936 年版,第 76 页。
⑥ [苏]拉甫列涅夫等原著,曹靖华译:《苏联作家七人集》,良友图书公司 1936 年版,第 80 页。
⑦ [苏]拉甫列涅夫等原著:《苏联作家七人集》,曹靖华译,良友图书公司 1936 年版,第 77 页。

了几下,发几声响,便被挤到女佛山——上海去了"①。某种程度上,萧涧秋就是中国版的郭鲁奥特罗,是典型的"小资产阶级流浪人的知识青年"。他们以现代陶渊明自喻,想要用书斋的隐士生活替代现实的政治抵抗。与世人不同,鲁迅在"浑身静穆"的陶渊明身上看到他始终留心于朝政"金刚怒目"的一面,鲁迅指出陶渊明之所以能隐,主要在于他仍然是居于"阔绰"的主人地位,家里有可以役使的奴子。《第四十一》中马柳特迦也讽刺中尉把自己当王孙贵族,舒舒服服在"温柔乡中过生活","吃着那每块都浸着人血的果子糖"②,"叫别人去流着血汗种地"③。这些话语无情地揭开了隐士和中尉生存的社会结构,暴露了隐士和中尉高于一般人的社会地位和财富,以及他们所希冀的"快乐的生活"背后的现实权力机制。鲁迅和马柳特迦之所以不容知识分子闲舒观战是因为二三十年代的中国和俄国都是风沙扑面的大时代,正如《第四十一》中无处不在的风雪黑暗与荒沙,"愁杀人的中亚细亚的国度呵"④,"挨饿的疲毛的骆驼,口里在倒着白沫"⑤,牺牲战士身上"全无血水的黑伤孔"⑥,到处都徘徊着死亡的阴影,黑风黑浪黑云黑夜,而岛屿"伯沙-克梅"本就是"死人"的意思,"岛上什么生物也没有的。没有飞禽,也没有草木"⑦。在这样的时代背景下选择隐士生活,看起来是非功利超阶级的,但事实上却参与了社会压迫机制的建构与维护,成为同情于压迫者的"帮闲"。正像《第四十一》中马柳特迦对中尉的反诘:"你要知道……地球都撕两半了,人们为着真理都肝脑涂地的去斗争,可是你光游手好闲,一无所事的去看小说吗?"⑧

《第四十一》中,面对中尉"快乐的生活"选择,马柳特迦坚定地表示自己不愿意留在沙岛,她说:"将来会把人懒坏了的。自己的幸福也没有人可以告诉的。四面八方都是死鱼堆……我苦念着那些活人的生活。"⑨在某种意义上,这一"活人"正是鲁迅大声疾呼的"活人"。马柳特迦从一出场就是红军队伍中"一个不平常的人"⑩,"不平常"主要在于她会用自己的全副心血去书写亲身经历的战斗、饥寒和痛苦,虽然她的诗艺简单粗糙,但这些关于"穷人"和"革命"的诗却并非"消遣品",而是她内心强烈情感的自然流露和她灵魂深处所潜藏的政治激情的真实反映。一如鲁迅对自己翻译的《毁灭》和曹靖华翻译的《铁流》的评价:"这两部小说,虽然粗制,却并非滥造,铁的人物和血的战斗,实在够使描写多愁善病的才子和千娇百媚的佳人的所谓'美文',在这面前淡到毫无踪影。"⑪

马柳特迦符合鲁迅对底层民众"神思美富"的想像,她虽然没有受过教育,但并不是没有知识和智慧,她没有听过《鲁宾逊漂流记》,但却在伯母家听过一百多岁的顾老妈子讲的关于拿破仑的故事,她有朴素的阶级意识,在听到中尉讲鲁滨逊是利物浦城的一个富人时,她自

---

① 鲁迅:《鲁迅全集》第 4 卷,人民文学出版社 2005 年版,第 153 页。
② [苏]拉甫列涅夫等原著,曹靖华译:《苏联作家七人集》,良友图书公司 1936 年版,第 81 页。
③ [苏]拉甫列涅夫等原著,曹靖华译:《苏联作家七人集》,良友图书公司 1936 年版,第 82 页。
④ [苏]拉甫列涅夫等原著,曹靖华译:《苏联作家七人集》,良友图书公司 1936 年版,第 25 页。
⑤ [苏]拉甫列涅夫等原著,曹靖华译:《苏联作家七人集》,良友图书公司 1936 年版,第 7 页。
⑥ [苏]拉甫列涅夫等原著,曹靖华译:《苏联作家七人集》,良友图书公司 1936 年版,第 26 页。
⑦ [苏]拉甫列涅夫等原著,曹靖华译:《苏联作家七人集》,良友图书公司 1936 年版,第 40 页。
⑧ [苏]拉甫列涅夫等原著,曹靖华译:《苏联作家七人集》,良友图书公司 1936 年版,第 80 页。
⑨ [苏]拉甫列涅夫等原著,曹靖华译:《苏联作家七人集》,良友图书公司 1936 年版,第 77 页。
⑩ [苏]拉甫列涅夫等原著,曹靖华译:《苏联作家七人集》,良友图书公司 1936 年版,第 4 页。
⑪ 鲁迅:《鲁迅全集》第 4 卷,人民文学出版社 2005 年版,第 394 页。

觉地反问:"等一等……你说是富人吗?可是为什么一切的故事里说的都是关于富人和皇帝的?为什么没有关于穷人的呢?"[①]在小说结尾处与中尉论争时,当中尉指责马柳特迦如"满身虱子的无业流氓"[②]一般"粗野"时,马柳特迦不卑不亢回应:"他们或许身上有了虱子,可是你的心肝都叫虱子穿透了!"[③]更可贵的是,"为自己权利而斗争的穷苦的无产阶级"[④]马柳特迦体现了女战士成长的可能性,小说中写到越过沙漠之后,当幸存下来的同志们都沉浸在食物和睡眠的物质安慰中,马柳特迦在纸张上开始了自己的精神之旅,这一行动展示了无产阶级面向未来敞开的无限的历史潜能。

《第四十一》中呈现出来的诸种与革命相关的新旧问题以及其中所流露的新的革命趋向都是鲁迅长期关心的思想命题。女主人公马柳特迦既是情感真挚饱满的女诗人,也是勇于介入现实、战争与革命的女战士,两种形象背后是一致的"朝向他人"的主观的情感逻辑。1936年,鲁迅在为《苏联作家七人集》所作的序中评价小说集中的小说"所取题材,虽多在二十年前,因此其中不见水闸建筑,不见集体农场,但在苏联,都是保有生命的作品,从我们中国人看来,也全是亲切有味的文章"[⑤]。对《第四十一》而言,这种"保有生命""亲切有味"主要在于它立体而生动地展示了丰富的历史细节和磅礴的对他人的情感关怀,在文学与时代和现实的复杂互动中,开拓了一条"朝向他人"的情感主体与革命斗争和政治实践能有效对话的文学之路。

## 三、爱情、风景与"内面的空隙"

与《第四十一》的均衡内聚焦不同,《红豆》采用选择性全知视角讲述出身相近、情投意合的校园恋人江玫和齐虹最终因思想的分歧而分道扬镳的恋爱悲剧。所谓选择性全知视角,即全知叙述者限制自己的观察范围,仅揭示江枚这一位主要人物的内心活动,而让其他人物心理保持未知和推测状态,这样一种聚焦人物内心的叙述策略在"十七年"的中短篇小说中所占的比例是极少的。此一时期的作品,大都采用全知叙事和第一人称他叙来讲述革命历史和集体英雄,较少触及人物内心。《红豆》的叙述策略突破了主流的限制,塑造了一个关注自身情感和个人生活的具有内在深度的现代人。

在现代文学中,描写心理是一种特权,它与客观描写、言文一致的口语化书写语言等共同展示了现代主体所具有的"自我"与外部世界二元分立的新空间感受。《红豆》正是通过三重对峙的内/外空间来凸显内面的优越性:宁静温馨的校园与动荡不安的社会;科学的、美的

---

[①] [苏]拉甫列涅夫等原著,曹靖华译:《苏联作家七人集》,良友图书公司1936年版,第71页。
[②] [苏]拉甫列涅夫等原著,曹靖华译:《苏联作家七人集》,良友图书公司1936年版,第81页。
[③] [苏]拉甫列涅夫等原著,曹靖华译:《苏联作家七人集》,良友图书公司1936年版,第82页。
[④] [苏]拉甫列涅夫等原著,曹靖华译:《苏联作家七人集》,良友图书公司1936年版,第37页。
[⑤] 鲁迅:《鲁迅全集》第6卷,人民文学出版社2005年版,第573页。

世界与"咱们活着"的丑恶的城市;彼得潘的梦幻岛与沉重的成人世界。江玫和齐虹的爱情存在于前一个安宁的内世界中,在这里,他们两个人尽情欣赏着染黄了嫩枝的迎春花,铺满了池塘的荷叶,浓酽甜香的桂花,以及迷乱飞舞的雪花,"世界上什么都不存在了"①,他们徜徉在没有人迹的长堤,为"没有别人而感到自由和高兴"②。

在《日本现代文学的起源》中,柄谷行人认为,现代文学中的"风景""自白""疾病""儿童"等一系列事物的发现,都是现代认识装置的产物,并非自然而然不证自明。也就是说,现代文学中的"风景"描写并非客观写实的风景,而是虚构,它是作家主观创造的风景,是主体意识的显现:"风景是和孤独的内心状态紧密连接在一起的……只有在对周围外部的东西没有关心的'内在的人'那里,风景才能得以发现。风景乃是被无视'外部'的人发现的。"③小说中,江玫和齐虹对"风景"的发现正是以对"外部"的彻底忽略为前提的,他们通过一种"近处爱情大,远处历史小"的现代透视机制,将原本虚无缥缈的情感活动转变成最真实的生存处境。

《红豆》中江玫很快意识到这场童话般的现代恋爱中隐伏着的不为人察觉的性别权力关系,小说中两人最激烈的一次冲突是齐虹邀请江玫和他一起到"绝域"做大扫除,江玫因要帮萧素修改壁报不能答应他,齐虹大发雷霆:"我想要怎样,就要做到!""好像江玫是他的一本书,或者一件仪器"④,为了阻止江玫出去看壁报漫画,齐虹用"穿着两色镶皮鞋的脚"⑤踩碎了红豆发夹,"江玫觉得自己整个的灵魂正像那个发夹一样给压碎了。她再没有一点力气,屈辱地伏在桌子上哭起来"⑥。

这是一个非常有意味的性别博弈场景,它暗示了一场关于统治与被统治,虐待与被虐待的微观权力实践。五四时期,宗璞的姑姑冯沅君在小说《隔绝》与《隔绝之后》喊出"我们开了为要求恋爱自由而死的血路"⑦的口号为现代青年争取恋爱自由,"恋爱自由"遂成为五四青年最早的"觉悟",也是建构中国新伦理和新道德的基础。但在有限的政治经济结构条件下,"恋爱自由"对女性产生的负面影响也逐渐显露出来,比如《红豆》中提到的萧素在诗朗诵中所扮演的艾青《火把》中的女革命者李茵,便是一个追求"恋爱自由"而遭军官随意遗弃的"五四娜拉",《火把》为女性提供了"堕落"与"回来"之外的第三条路,通过参与民族活动摆脱自身的精神危机,"爱情并不能医治我们/却只有斗争才把我们救起"⑧,"人生应该是一种把自己贡献给群体的努力"⑨。在这个意义上,我们也可以理解《红豆》中萧素反复对江玫的告诫,"爱情会毒死你""他真的会毁了你的","结束了吧,你那爱情!真的到我们中间来,我们

---

① 宗璞:《红豆》,《人民文学》1957 年第 7 期。
② 宗璞:《红豆》,《人民文学》1957 年第 7 期。
③ [日]柄谷行人著,赵京华译:《日本现代文学的起源》,中央编译出版社 2013 年版,第 13 页。
④ 宗璞:《红豆》,《人民文学》1957 年第 7 期。
⑤ 宗璞:《红豆》,《人民文学》1957 年第 7 期。
⑥ 宗璞:《红豆》,《人民文学》1957 年第 7 期。
⑦ 冯沅君:《冯沅君创作译文集》,山东人民出版社 1983 年版,第 12 页。
⑧ 艾青:《艾青叙事诗选》,花城出版社 1980 年版,第 67 页。
⑨ 艾青:《艾青叙事诗选》,花城出版社 1980 年版,第 70 页。

都欢迎你,爱你"①。

不过,与现代爱情内在的性别权力等级关系相比,江玫对支配两人爱情发生的结构性生产力量的质疑,是两个人爱情更根本的危机。与《第四十一》中超阶级的爱情书写不同,《红豆》中江玫与齐虹的外貌品位、生活方式和文艺趣味与两人的阶级出身、教育水平以及审美教养息息相关。齐虹家"富丽堂皇的大厅,老银行家在数着银元,叮叮当当响"⑪是他们爱情看不见的物质性制度基础,"我们是特殊的人"⑫,齐虹的话让江玫在战乱频仍,民不聊生的40年代意识到他们的爱情只能存活于"并不存在的童话、终究要萎谢的花朵、要散的云、会缺的月上面"⑬。江玫留恋这一不受现实限制的精神王国,她说:"齐虹,咱们最好去住在一个没有人的岛上,四面是茫茫的大海,只有你是唯一的人"⑭,但她无法忽略自己在"充满爱情的心灵里"感受到的"奇怪的空隙","这空隙是那样尖锐,那样明显,使她在夜里痛苦得睡不着……但那空隙,是无论怎样的诉说也填不满的罢"⑮。正是这一无法弥合的"内面的空隙"成为重述这一文本的思想动力,它开启了江玫从封闭的现代主体向某种处于感性实存场域的个体转向。毫无疑问,这是一份缠绵悱恻的爱情,但也不得不承认这是一份令人厌倦的爱情,小说中写到两人为江玫参加集体活动激烈争吵后,"江玫觉得这一切真没意思"⑯,她对萧素说:"萧素,要知道,我是多么寂寞啊!"⑰萧素在此说出了最打动江玫的一句话:"人生的道路,本来不是平坦的。要和坏人斗争,也要和自己斗争——"⑱这句极具现实感的革命话语对江玫有非常大的影响,"以后江玫在最困难的时候,总会想起这几句话"⑲。

在以往对《红豆》的研究中,萧素和江玫的关系通常被理解为"改造/被改造"的关系,但一种观点认为作品对革命理论布道者萧素的塑造过于扁平和单薄,其对江玫的"改造"是不成功的;另一种论点则强调萧素是披着阶级革命外衣的亲伦者,在一种自然人伦与阶级革命对立的视野中消解《红豆》的革命意义。如果我们回到文本追溯江玫主体情感发展和演变的过程,会发现小说中的江玫并非消极的"被改造"客体,《红豆》中,江玫称萧素为"素姐"只有两次,一次是对萧素卖血为母亲治病的感谢,另外一次是对萧素游行回来脸色不好的关心,其余的时候基本以"萧素"和"素"相称。《红豆》中的江玫具有极强的个人能动性,她在萧素的革命"斗争"哲学中找到了突围爱情的新路,正是"斗争"将江玫从空洞的自我同一性拉回到现实的生死场域,并在与社会政治碰撞的过程中不断生成一种"朝向他人"的新的情感主体。

---

① 宗璞:《红豆》,《人民文学》1957年第7期。
⑪ 宗璞:《红豆》,《人民文学》1957年第7期。
⑫ 宗璞:《红豆》,《人民文学》1957年第7期。
⑬ 宗璞:《红豆》,《人民文学》1957年第7期。
⑭ 宗璞:《红豆》,《人民文学》1957年第7期。
⑮ 宗璞:《红豆》,《人民文学》1957年第7期。
⑯ 宗璞:《红豆》,《人民文学》1957年第7期。
⑰ 宗璞:《红豆》,《人民文学》1957年第7期。
⑱ 宗璞:《红豆》,《人民文学》1957年第7期。
⑲ 宗璞:《红豆》,《人民文学》1957年第7期。

## 四、"一个人怎么活？"与新的情感主体的诞生

纵观《红豆》全文，"一个人怎么活"[①]是萦绕在江玫心中的主体问题。"一个人怎么活"，这句话至少有两层含义，其一是一种反问，人是社会性动物，一个人不可能独自在世界上存活，人必须思考如何与世界、与他人相处的问题；其二是关于"人活着是为了什么"，即一个人如何选择能使自己的灵魂"趋向更善、更美的境界"[②]。《红豆》中，江玫正是在清高自私的齐虹和热情无私的萧素的结构性对照中思考这一四五十年代青年共同关心的人生问题。小说在春夏秋冬的四季流转中对比浪漫、信任、愤怒和牺牲等情感内在的不同层次以及对江玫的差异作用，在一系列艰难细致痛苦的"情感斗争"中，江玫最终想清楚了"一个人怎么活"。

在春天，《红豆》对比了两种浪漫和自由，一种是萧素带江玫参加"大家唱"歌咏团，江玫在"你来我来他来她来大家一齐来唱歌"[③]的歌声中感受到集体的浪漫和热情；另一种是齐虹为江玫弹奏钢琴，江玫在柔软动情的琴键声中听到齐虹热烈的心跳。这是两个完全不同的世界，却一样的伟大丰富，朴素诗意。江玫这一阶段的倾向性是明显的，她沉醉在与齐虹的二人世界里，只是略微地感受到两人对自由的理解并不一致，她不赞同齐虹对自由"就是什么都由自己，自己爱做什么就做什么"[④]的解释。但她对"认识必然才是自由"也没有真正的理解，只是本能地提出小说中的核心问题："人也不能只为自己，一个人怎么活？"[⑤]

在春夏之交的五月，鼓励与讥讽，支持与争吵，信任与不信任两种情感交织在江玫的精神世界。积极的情感来自萧素及其象征的同志情，消极的情感则源于齐虹和爱情。五月五日，江玫参加了诗歌朗诵会，在萧素的鼓励下扮演了艾青诗歌《火把》中的唐尼。《火把》是艾青1940年的转型之作，是"发现大众的力量的强大"[⑥]的代表诗作，诗歌讲述了一个天真善良的女青年为寻找自己的恋人来参加纪念抗日两周年的火炬游行。排山倒海的"火"与"光"的洪流，洪流中群众的示威、呐喊与怒吼给了唐尼极大的刺激和激励。在为革命牺牲的哥哥和李茵的感召下，唐尼决定从狭小的感情天地中走出来，寻求新的生活和自我。诗歌以具有性格色彩的两名女性为视点，呈现了宏阔的抗战时代的民众抗日激情和信念："大家一起来／一起来参加／来喊口号 来游行／来举起火把／来喊口号 来游行／来举起融融的火把／把我们的愤怒叫出来／把我们的仇恨烧起来。"[⑦]口语化的语言与明快的节奏使得这首诗非常适合朗诵，朗诵的抒情机制能激活诗剧中孕育的情感力量，塑造共同的情感认同，正如《红豆》中江玫所感受到的"和上千的人共同呼吸，自己的情感和上千的人一同起落"[⑧]，这里没有矛盾分裂压抑，只有统一协调舒展，新的情感主体在音响节奏与语义内容的互动中呼之欲出，江

---

[①] 宗璞：《红豆》，《人民文学》1957年第7期。
[②] 宗璞：《宗璞文集》第四卷，华艺出版社1996年版，第307页。
[③] 宗璞：《红豆》，《人民文学》1957年第7期。
[④] 宗璞：《红豆》，《人民文学》1957年第7期。
[⑤] 宗璞：《红豆》，《人民文学》1957年第7期。
[⑥] 朱自清：《新诗杂话》，生活·读书·新知三联书店1984年版，第40页。
[⑦] 宗璞：《红豆》，《人民文学》1957年第7期。
[⑧] 宗璞：《红豆》，《人民文学》1957年第7期。

玫"觉得自己就是举着火把游行的唐尼,感觉到一种完全新的东西、陌生的东西"①。

朗诵会回来之后,江玫对萧素说自己对"大伙儿"的"爱恨共同体"有了更新的体认,但两人很快因对齐虹认识的不一致产生分歧。面对江玫强硬捍卫齐虹的态度,萧素只是将"要民主反饥饿"之类的壁报交给江玫修改,同时又召集同学为江玫贫血严重的母亲卖血筹款,江玫在萧素这里感受到宽怀、鼓舞与温暖。与之相对照的,齐虹在知道江玫参加诗朗诵的群体活动后,毫不客气地讥刺她"我的女诗人""你真傻透了"②,他强制禁止江玫对现实生活的介入,"监视着江玫""监视着幸福""监视着爱情",因为他"对人生不信任""对爱情也不信任"③。

六月,江玫参加了"反对美国扶植日本的运动",在这场运动内外,江玫感受到两种性质各异的愤怒:一种是人民大众为捍卫国家主权反抗美帝国主义的集体愤怒,另一种则是齐虹为宣示君主权威的个人愤怒。两种愤怒巩固了江玫在五月形成的基本情感认知,并在持续的相互对照中为江玫的人生抉择增加新砝码。《红豆》中衰老病弱形销骨立的母亲隐喻帝国主义统治下的民族苦难,这种忧国的情感与五月忧民的情怀相互呼应,共同折射出美帝国主义扶持下国民党政权治理的各种乱象:经济崩溃、官僚腐败以及极端的贫富悬殊等。1948年,宗璞曾创作诗歌《一个年轻的三轮车夫》,描述三轮车夫在恶劣的自然环境/政治环境下悲惨的生存境遇。《红豆》中的民族愤怒有坚实的现实生成机制,青年群体对美帝国的集体愤怒表达的是对当时国际秩序的反抗以及对民族尊严的维护。而齐虹在江玫参加游行时愤怒地能把"阎王殿都给烧了"④的情感,显示的则是经典的社会较高等级对较低等级实行的权力,一种极端"自私残暴和野蛮"⑤的情感表达。在萧素被捕时,齐虹表现出的"漠不关心"也让江玫最终痛苦地说出"你真是没有心肝"⑥这样惊心动魄的句子,她不得不认同母亲对齐虹的看法,"作为一个人,他似乎少了些什么"⑦。1963年,宗璞在短篇小说《知音》中讲述了一个沉迷于学术的物理教授在穷苦农村现实的感召下成长为革命新人,其转变的核心情感逻辑也是"我们不只有脑子,还有心"⑧。对"心"的强调,是作者在一个物价飞涨,血泪凝重的时代对"一个人怎么活?"的基本回答。

进入秋冬,江玫在为集体牺牲和要求他人为自己牺牲的两种牺牲中做出了选择,并在前者的感召下,主动投入到高度情感化的民族斗争事业中,不断成长为"朝向他人"的新情感主体。牺牲,对宗璞来说并不陌生,萧素式为民族独立和人民解放的牺牲对宗璞产生过深刻的触动。1947年,宗璞发表纪念闻一多的新诗《我从没有这样接近过你》,"我从没有这样接近过你。真的,我从没有这样接近过你。/在大家沉重的脸中我看见了/你的脸。/在大家呜咽的声音里我听到了/你的声音"⑨。众所周知,闻一多在晚年非常欣赏"抛弃了知识分子灵魂

---

① 宗璞:《红豆》,《人民文学》1957年第7期。
② 宗璞:《红豆》,《人民文学》1957年第7期。
③ 宗璞:《红豆》,《人民文学》1957年第7期。
④ 宗璞:《红豆》,《人民文学》1957年第7期。
⑤ 宗璞:《红豆》,《人民文学》1957年第7期。
⑥ 宗璞:《红豆》,《人民文学》1957年第7期。
⑦ 宗璞:《红豆》,《人民文学》1957年第7期。
⑧ 宗璞:《知音》,《人民日报》1963年11月26日。
⑨ 冯璞:《我从没有这样接近过你》,天津《大公报》1947年6月20日。

的战争诗人、民众诗人"①田间，因为他没有书斋里的"那一套泪和死"②，对集体和他人的关心冲淡了个人痛苦，引向了一种"朝向他人"的新的情感主体的生成。这种新的情感主体意味着主体的构成建立在与他者关系的基础之上，主体需要在与外界不断变化的他者的对话中形塑自己。而说出"你就不能为我牺牲一点"③的齐虹即使与他者互动，也根本无法感受他们，他的世界，是根据他的观念被选择和构成的现实，只能在面对着他自己所构筑的主观的现实中遇到他自己，既没有转向也无法产生经验。深处四五十年代历史转型的大时代，爱情的隐患，家庭的灾难与民族的危机共同促进了不愿意"活得不像个人"④的江玫选择了走向他人，这种齐虹永远不会懂的生活和情感。

《红豆》用一种灵魂对话的形式展现了自我与他人之间的多重辩证关系，江玫在齐虹和萧素之间剧烈的精神矛盾、思想挣扎和感情动荡证明了旧我与新我之间不是截然断裂，互不相干，恰恰是江玫对齐虹的意犹未尽和流连忘返才表明江玫是一个真实的人，一个"活的人"。而《红豆》中一半欢乐一半悲哀则显示了从内面封闭的个体蜕变为"朝向他人"的主体需要走过的并非康庄大道，而是"一条弯曲的小道"⑩。

《第四十一》和《红豆》两部作品都具有深刻的现实性，两部作品将20世纪革命历史用精湛的艺术形式尖锐地呈现出来。小说主体内部的经验、回忆以及冲动的碎片与历史场域和现实关系中的伦理意向之间的张力共同展示出历史背后复杂的现实逻辑与情感机制。打破二元对立的固化认知，两部小说与其说描写了复杂的意识形态对主体的激烈争夺，不如说展现了两位女主人公如何在具体的现实境况中实践性地转变为"朝向他人"的情感主体。这一具有伦理性的情感主体的诞生，对当下中国社会及知识界尤具有重要的启示意义。

（责任编辑　李婷文）

---

① 闻一多：《闻一多全集》第2卷，湖南人民出版社1994年版，第233页。
② 宗璞：《红豆》，《人民文学》1957年第7期。
③ 闻一多：《闻一多全集》第2卷，湖南人民出版社1994年版，第233页。
④ 宗璞：《红豆》，《人民文学》1957年第7期。

# 汉字圈世界文学视域中的甲午战争小说
## ——桃水痴史《续风吹胡砂》文学谱系初探

任勇胜

（延安大学 文学院）

**摘 要**：1895年1—4月，因应东亚区域的重大事件"甲午战争"（1894—1895），《东京朝日新闻》的文艺记者桃水痴史（十余年后夏目漱石接任其职）创作出"新闻小说"《续风吹胡砂》，叙写1880年以降中日韩三国连动的时事政局，艺术手法上承续江户后期戏作大家曲亭马琴"读本"创作和明治"政治小说"的传统。说书在近代日本文学中堪称独树一帜，但由于"现代文学"（modern literature）观念与体制的制约，其在后世的"日本近代文学史"中并未得到重视和评价。本文分析其情节结构、小说体式和空间设置上的特点并认为，经由江户文人的翻译和"翻案"（例如马琴著名的《八犬传》和《椿说弓张月》），明清章回小说已经是19世纪初叶东亚区域"汉字圈世界文学"中的传统；其对日本文学的影响至明治时期仍在延续，只是被"现代文学"的话语遮蔽了。

**关键词**：桃水痴史；甲午战争；新闻小说；汉文化圈

《朝日新闻》与近代日本文艺发展有密切的关联，即使仅从作品刊布与作家养成方面着眼，其也有不俗的表现。例如，二十世纪日本文学最脍炙人口的"国民作家"夏目漱石，就是朝日新闻社专用的文艺记者。也可以说，《朝日新闻》及其文艺栏的变迁，鲜明呈现近代日本转型过程中明治知识分子与国民国家和现代知识分子制度之间的复杂纠葛。

《朝日新闻》早期的文艺记者是半井桃水，1881年作为驻釜山特派通信员加盟朝日新闻社，至1926年去世，服务该报近半个世纪。期间刊发各类作品千万余字，单就刊发的"新闻小说"而言，就有长短篇三百余部。他在"甲午战争"（1894—1895年）中发表的长篇小说《续风吹胡砂》（署名桃水痴史）[1]，学界讨论得较少[2]，本文拟把该文本重置于这一时期的社会——

---

[1] 为1891—1892年发表于《东朝》的长篇小说《风吹胡砂》（Kosa fuku kaze）的续篇。《风吹胡砂》原名"胡砂吹く風"，意译乃"激荡胡砂之疾风"。日本学者上垣外宪一在其相关论文的英文稿中曾译作"The Wind Blowing Yellow Sand"（见日本京都国际日本研究中心编，Japan Review, 1997.9: 109~126），也仅是采用字面直译；目前所拟汉译似不能尽其原题之意涵，姑置于此，以待高明。

[2] 管见所及，日韩学者的研究论著中，仅见上垣外宪一《ある明治人の朝鮮観——半井桃水と日朝関係》（东京：筑摩书房，1996年版），權美敬《「続胡砂吹く風」研究：「謝氏南征記」の受容と变形》（《社会環境研究》6, 2001-03, 第35~43页），草薙聡志《半井桃水 小説記者の時代(10)新聞小説は戦争に適応できたか》（《朝日総研リポート》(188)，2006-01, 第106~126页）涉及这部小说，但他们的关注重点，要么在于日韩文学比较，要么藉此小说探测明治日本人的朝鲜认识，均不曾把其放在东亚区域文学的视野中予以论述。

历史脉络中,关注其在时代风云中如何驱遣时事话题和历史记忆,尤其重视这部小说承续的汉字圈文学传统,藉此个案研究尝试从"亚洲视角"重审汉字圈"世界文学"问题。

## 一、"新闻小说"《续风吹胡砂》刊载情形与故事梗概

如众周知,甲午战争中的平壤战役(1894年8月16日)和黄海海战(8月17日)之后,清军连连败退。随着日本军队跨过鸭绿江,战场转移至中国的辽东地区,此时的主要战役是鸭绿江防之战和金州、旅顺之战。鸭绿江防之战开始于1894年10月24日,是清军抗击日军入侵中国国土的首次保卫战。当时部署在鸭绿江北岸的清军共八十二营,约两万八千人。清政府任命宋庆为诸军总统,节制各军。日军进攻部队是山县有朋大将统率的第一军,包括桂太郎中将的第三师团和野津道贯中将的第五师团,共三万人。双方兵力不相上下。但是,宋庆虽负节制诸军之名,各军实则不服调度,而且士气不振,将领多无抗敌决心。在不到三天时间内,清朝近三万重兵驻守的鸭绿江防线竟全线崩溃。

金州、旅顺口之战也开始于10月24日,至11月22日旅顺口陷落结束,这是甲午战争期间中日双方的关键一战。日本第一军进攻鸭绿江清军防线的同一天,大山岩大将指挥的第二军两万五千人在日舰掩护下,于旅顺后路上的花园口登陆。11月6日,日军进占金州(今辽宁金县)。7日,日军分三路进攻大连湾,发现清军早已溃散,不战而得大连湾。在大连湾休整十天后,日军开始逼近旅顺。当时旅顺地区清军有七统领,道员龚照玙为前敌营务处总办,有"隐帅"之称,共辖三十三营,约一万三千人。18日,日军前锋进犯土城子,徐邦道指挥拱卫军奋勇抗御,将日军击退。是日,龚照玙置诸军于不顾,乘鱼雷艇逃往烟台。19日,黄仕林、赵怀业、卫汝成三统领也先后潜逃。21日,日军向旅顺口发起总攻。22日占领旅顺口并血洗全城。

日本战事进展顺利,逐渐获得对战争的主导权,清朝政府把"议和"提上日程。《东京朝日新闻》1894年11月28日第1版"电报"栏刊载清朝意欲媾和的消息,电讯注明为"继23日伦敦来电报后,27日伦敦发至神户的急电"。次日的第1版又连续发表电讯和报道,讨论"媾和事件与阁议""清国媾和使之资格""政府之意向""清廷之和战全权者""清国媾和大使"等问题,传递日本方面对议和的态度和准备。这就导致媒体刊载的战地报道稿件减少,日本国内舆论和读者对战事的关注度下降,报纸版面亟待新的内容来填充。

应对这一情况,《朝日新闻》的媒体报道也随之进行了调整,最明显的变化就是文艺栏的发稿量增大。例如1895年元旦以后,《东京朝日新闻》分三回短期刊载了"三昧道人"所作《老壮士》[①]作为过渡,之后推出半井桃水的长篇连载小说《续风吹胡砂》。"桃水痴史"署名的这部连载作品从1895年1月17日开始刊发,至4月25日停刊,共刊载81回。

---

① 此文分上中下三部分,分别刊载于《东京朝日新闻》1895年1月3日第2面,1月5日第5面,1月6日第7面。

按照惯例,每期的小说配有木板画家右田年英根据故事情节制作的插画①;插画所占版面空间与连载小说的文字内容几乎对等,这样就在一定程度上填充了因新闻稿减少而腾出的版面。同理,此后,中日《马关条约》议定后,受到德、法、俄三国的干涉,再起风波,日本国内群情汹汹,各大媒体纷纷介入时局讨论时,文艺栏的版面就不得不裁减,《续风吹胡砂》也就被叫停。这是"新闻小说"的宿命。②

下面介绍一下这部小说的故事梗概。

《续风吹胡砂》的主人公叫元义达,是日本平安末期贵族末裔源义经(1160—1189)"渡满"后在"满洲"繁衍的后代。元义达出生后随父亲义刚迁居北京城,三岁左右,遭清廷灭门,由保姆春氏救护,逃出东直门,途径"大(太)行山永福寺",被主持惠然救下(第19回);在寺中作小沙弥十年,然后游历中国南方各省一年,习得南方各地语言,14岁(1881年左右)东渡日本,后复游学欧美(第22回)。1894年之际回到东方,在新嘉坡(即新加坡)结交《风吹胡砂》(前编)中的主人公林正元(日韩混血儿,第5回)。同一回中又交代元义达年龄二十七八岁(此当1894年,即明治二十七年,清光绪二十年),据此可知义达当出生在1867年前后(约与孙中山同年),时当清同治六年(1867);则其家遭灭门之祸约在同治九年(1870年)前后,时当日韩近代外交关系交涉发端之际。③ 以上是小说的开端,主体内容是元义达自述其身世故事,为小说的第一大段落(第1—23回)。

这部小说,按照故事情节,大致可分为四大段落。在第23回后半,元义达与林正元谈论天下时势,此后林正元以到欧美游历为由退场,转向1890年代的当代故事,预告此后元义达的行踪线索——先回中国寻亲、祭祖,然后再到朝鲜观察时事形势。

第二大段落(第24—53回,共30回)围绕90年代中日韩三国时局和外交关系展开,按照时间顺序,叙述了1894年春"朴泳孝、金玉均被刺杀事件"的经过和缘由,以杀手洪章羽(现实中名洪钟宇,小说中涉及真实人物均改易一字,或用谐音法,可能是为了避免"诽谤罪"

---

① 右田年英为浮世绘画家中歌川派的末代弟子,为月冈芳年的弟子,与其同门水野年方同为《朝日新闻》的专用画师。另外,因为日刊报纸连载小说的周期问题,小说创作和插画制作的时间都很有限,插画内容更多时候并不能配合当期故事情节,刻画的是下一次连载内容的场景。据此推断,小说作者也就是在报纸刊出前一两天交稿。另外,关于《续风吹胡砂》与插画表象的互文关系,特别是二者之间在视觉语法上与同时代视觉艺术的内在联系,也是很有意思的话题,只能另找机会再行讨论,此处不赘。

② 在日语中"新闻小说"有两层含义:一,日语中的"新闻"即报纸,"新闻小说"指在报纸上连载的小说,接续日本近代报纸连载读物"续き物";二,"新闻小说"指与时事话题密切相关的小说读物,这是出于报纸作为商品要吸引读者持续购买的需求,因此,小说的创作与接受,也就受到时事话题的影响。

③ 第5回中描述元义达二十七八岁,辫发长衫,自称支那人。按小说内部时间,林正元在新嘉坡旅馆遭遇元义达,约在1894年春,时当金玉均被刺之后。据此推算,元义达当出生于1866年或1867年,即清同治五年或六年,约当孙文出生之年(1866年)。源家被清廷灭门,约在1870年,时当同治九年。据郭廷以《近代中国时事日志》第532页所列大事记,为日中交涉事起之际——1870年4月1日(农历三月初一),日使抵朝鲜釜山,要求覆书(1869年日本对马藩藩主宗义达曾致书朝鲜,告以王政维新及愿与朝修好《废藩置县后之新的外交关系之缔结》,朝鲜不答。而元义达东渡日本之年(1881年),前此1880年(光绪六年)10月,中日琉球案草约签订,李鸿章主张联俄慑日;同年11月,中法越南交涉事起;光绪七年(1881年)2月,曾纪泽改订《中俄伊犁条约及通商章程》。次年,中法战争爆发,7月朝鲜京城变乱(壬午事变),8月日朝《济物浦条约》,10月《中韩贸易章程》签订。1884年(光绪十年)5月,《中法天津简约》签订;12月,朝鲜京城发生二次变乱(甲申政变)。1885年1月,日韩签订《京城条约》,4月中日签订《天津条约》,6月签订《中法和约》;10月袁世凯任驻韩商务委员。

等民事纠纷,但读者一看即明瞭现实中所对应的人物原型)被金玉均亡魂索命结束;甲午战争的前奏朝鲜政局的混乱和"东学党暴乱"引起日清两国出兵。

此后,在第35—41回插叙元义达在此期间返回中国后的行踪,先是回北京访惠然和尚;然后赴长白山祭祖,以及与崔氏一家发生纠葛。然后元义达渡过鸭绿江前往朝鲜,遭遇平壤战役之后的混乱局面,前往左宝贵军营救出被掳掠的民女藤芙蓉;第53回后半写藤、元逃离平壤,路遇出家之金玉均未亡人。到此与这一段落开始的时事呼应。在此一大段落中,主要依托现实发生的事实展开情节,作者借实写虚、由虚生实妙笔之展示,以藤氏父女和金玉均遗属为代表,写出战时朝鲜当地居民亲日、拒清的心理逻辑。

第三大段落(第54—75回,共22回)叙写元义达在朝鲜京城的一系列故事。接续第53回,元义达在平壤左宝贵军营中救出藤氏,携其前往京城途中,巧遇陈守一(寄居林正元京城家中之朝鲜人门客),遂往京城林家。第62—65回倒叙林正元与陈守一结识的经过。然后写元义达在林家跟随陈守一学习韩语,同时研讨天下大势(66—73回)。在这一段落的结尾,元义达听闻日军渡过鸭绿江,就欲赶赴"满洲"观战,借机谋划恢复之事。林家为元义达举行饯别会,不想为了川资,元义达盗取林正元夫人的首饰,自称大行不顾细谨。

第76—81回,仅有6回,可看作《续风吹胡砂》的第四段落。叙写元义达返回"满洲"参与争霸"复国"的故事。如前文所说,半井桃水的这部长篇连载小说虽有"腹稿",但其写作原因更多是1895年以后前线战局平缓,中日展开议和活动,为报纸版面过多,随着4月17日《马关条约》的缔结,特别是随之而起的所谓"三国干涉还辽"事件,日本国内的舆论热情再次激起,"新闻小说"这类时效性不太强烈的新闻产品,不得不为时局报道腾出版面。因此仅仅用了六回的篇幅,《续风吹胡砂》就仓促收尾。

情节虽然仓促,就故事发展而言,还算完整。第76回开始,叙写离开韩国京城的元义达智渡鸭绿江,在吉林宽甸劝说父亲义刚的故友吉林将军刘周(对应于现实中的吉林将军长顺)倒戈反清,随着日本"北征军"大获全胜,元义达借机在"奉天"建国,打出"大源帝国"的旗号,亲自化妆扮作大源帝国的使者前去会见日本军司令。在刊出的最后一回(第81回),概述交代此后的故事发展及结局情形。

通观这部小说的布局,第23回之后的故事才是主人公游历江湖、建功立业的"成长故事"之主体,也是作者要着力塑造的"英雄传奇"。但是由于这部小说是个被中断的"未完的故事",本来应该波澜万丈、丰富多彩的主人公建立功业的具体过程并没有充分展开(参照其前作《风吹胡砂》,可知作者预想的续作也会有150回左右,实际上只完成一半)。

在我看来,小说第一段落,元义达讲述其先祖源义经渡满创业的故事值得特别重视,这是作者在同时代的时事关系之外,通过血统这条线索讲述的家族故事,意图在于建构"古今互观"的故事结构。具体来说,在半井桃水创作的这个以元义达为主人公的现代故事中有两重镜像关系:表层的是《续风吹胡砂》与其前作《风吹胡砂》在创作手法和人物关系上的镜像关系;深层的则是元义达和其先祖源义经在"渡满—创业"故事上的镜像关系。后者更在"英雄传奇"的情节模式上共享"英雄史诗"的母题和程式;而这一层关系,因为处于《续风吹胡砂》这部小说的故事内部,一般读者并不会把二者叠合起来观察其互文关系。其实,正是在这里,作者借助文学想像力,暂时逸脱出甲午战争这一时代话题。

此外,从文学谱系看,这部小说借助"太行山永福寺"这一地理符号,接续了《水浒传》《金瓶梅》《椿说弓张月》等中日近世小说的空间设置传统,把空间结构和小说主旨上绾合起来,也为我们重审"汉字圈文学"提供了契机。下文重点探讨《续风吹胡砂》承续的文学传统,其他话题,限于篇幅,只能另文讨论了。

## 二、曲亭马琴《椿说弓张月》延长线上的"英雄传奇"

前文已说过,《续风吹胡砂》这部小说是部基于甲午战争前线战事大局已定情形之下,为填补新闻稿减少导致的版面空白而刊出的连载"新闻小说",它受制于时事形势的状况已如前述。另一方面,这部"续作"与其前身《风吹胡砂》的关系,这两部小说在体式和情节模式上的特色,要放在日本文学的谱系中才能看得明白。

因此,我们首先来看一下作者均命名为"风吹胡砂"的小说,在其正、续作之间存在的镜像关系。

1891年10月1日开始连载的《风吹胡砂》,其"前言"中作者曾简要介绍小说情节主线,如下这般:

> (前略)东洋一大伟人,日本安政、朝鲜咸丰年间生于朝鲜国釜山草梁倭馆,在日本其名林正元(Bayashi Masamoto),在朝鲜被读作林正元(Imushi Magon),父亲为日本萨摩人林正九郎,母为朝鲜梁山人元氏。从小学习文学武艺,稍长游学于欧美诸洲,熟知天下大势,一日忽悟得东洋振起之策,先挺身入朝鲜,白手起家,排除万难,对内打破旧惯陋习,对外防止俄国蚕食外境,摈斥清国干涉内政,由此巩固其纯然之独立地位,遂深得朝鲜国王敬信,以至出任最高顾问。其卓荦气概令人敬仰,堪称经纶之才。①

由此简要的情节概要,我们也可以看出,半井桃水的《风吹胡砂》塑造了一个现代政治强人的"成长故事",其间为强化主人公的正面形象,又继承了日本"某某一代记"的写法,是近乎"林正元外传"的"英雄传奇"。在主人公的功名事业之外,小说还穿插了与其生命历程发生交集的两位女性的故事,这又颇有中国明清"才子佳人"小说的风味。

从整体看,会发现这部作品中其实还糅合了其他文学传统,除了从半井曾经翻译为日文的朝鲜小说《春香传》的人物关系为骨架外,更接近于中国章回小说中的"东征"和"平辽"故事,或者朝鲜谚文小说《谢氏南征记》《九云梦》②等"才子佳人+军功故事"类复合故事的取向。

但是,比较《风吹胡砂》"正、续"编,我们可以看到,《续风吹胡砂》由于创作于甲午战争期

---

① 1891年10月1日《东京朝日新闻》第2面。其中对"林正元"的标音原为平假名和片假名,译为汉语时改为罗马字标音。

② 刘勇强:《明清小说中的涉外描写与异国想像》,《文学遗产》2006年4期。有关讨论参见该文。李朝肃宗时期文人金万重(1637—1692)创作的韩文长篇小说,为了保有异国色彩,或者是模仿中国明清小说所致,其故事场景都设置在中国。例如《九云梦》以梦幻的形式叙写书生杨少游的宦途经历,及其与若干女子奇异遇合的故事。书中故事的背景设置在唐代,有杨少游出征平定吐蕃之乱的故事。显然这部小说受到元明时期"薛仁贵征东"故事、清代褚人获《隋唐演义》以及清代编写狄青平辽故事的影响。金万重的这两部小说由其后人金春泽译补为汉文。研究者已经普遍指出,较之韩文本,汉文本在情节设置、人物描写等方面更显得生动自然,文学性更强;这显然与中国古代叙事文学的繁荣和高度成熟相关,在汉文叙事文学可借鉴的资源上给其增补提供了丰富的内容。

间,这一时代氛围不仅影响到续作的故事走向,也影响读者的心理期待,过多的"风花雪月"很可能不适宜金戈铁马的战时气氛。因此,在《续风吹胡砂》中,主人公元义达建功立业,已经不再仅仅满足于成为能臣贤相,然后上立身朝堂,下封妻荫子;而更有所图——趁着中日韩三国发生战争,各方势力变动调整,借助吉林将军刘周的兵力攻取"奉天"、恢复"源氏帝国"。

同时,在这一过程中,虽也写元义达的两段恋情故事,两个女性崔氏女、藤芙蓉虽然是比照、对应于《风吹胡砂》中的"青杨""香兰"的镜像人物,但戏份明显减少,性格刻画也不及那两位女性丰富、立体。因此,我们也许可以说《续风吹胡砂》更趋向于叙写一曲"英雄传奇",而非表现"才子佳人"儿女恋情。

如此一来,我们就需要换个思路,从小说体式和故事情节上来考察《续风吹胡砂》接续的文学谱系。

如前所述,《风吹胡砂》正、续两篇,是半井桃水的得意之作。其小说体式最明显的特征是交代小说中名物制度、故事来源以及所借资文献的出处,大多都在回末结尾处以"附记"形式列出本回故事中涉及的典故、名物制度的内容和含义,或者文献出处。这是《朝日新闻》其他小说作者的作品中不曾出现的现象。

下面试列举几条本文要集中讨论的《续风吹胡砂》中不同类型的"附记",以见其形式和内容。

例如在第一回中,林正元向朝鲜国王请辞三国同盟委员长和朝鲜最高顾问,其中临别上言自比申叔舟临终奏言成宗之例,这是朝鲜历史上的著名典故,因此,在本回末尾交代说:"附记:申叔舟临卒,成宗问所欲言。叔舟对曰,愿国家毋与日本失和(《我々》及《惩毖录》)。"[①]同类的还有第34回附记:"李德馨至上国请援,三日三夜露立,哭声不辍口(《我々》)。这类附记,引用朝鲜史书或典籍原文,作为正文补充;而小说正文中撮述大义,或因日文行文采用意译方式,拈出原文,也可以供读者比对参考。第35回的附记:"长白山麓有源义经之碑,数十年前被毁一事,乃来自土人之传说。"这也是意在说明小说情节虽来自传闻,然渊源有自。

第25回中的"附记"则概括说"本回及次回故事皆为肃宗朝之事"。第46回附记:丙子之乱[②]时,权顺长之妻李氏,夫死之后,为保全贞节,勒死三女之后,亦自尽身亡;李敏求之妻女则被清军掳掠,受辱破节;洪晔寅当贼斩其母之际,以身翼蔽之,自身受刃而死。这一类都是补充说明小说中未及详细介绍的历史背景或故实。

再如第24回"附记:权姓被称为四物汤,详见前编(即《风水胡砂》)。"第67回"附记"说:"秋氏乃佛国宣教师(即法国传教士),曾救林正元于危难中,事见前编。"这一类是交代续作故事与前编的呼应关系,提醒读者注意其间的镜像关系和作者的匠心所在。

最典型的例子,莫过于作者对《清俗纪闻》一书的借用。小说主人公在中国境内的活动场景,凡涉及中国日常生活中的风俗惯习,例如寺院格局、规制,婚丧嫁娶的仪式风俗,或者

---

[①] 见《东京朝日新闻》1895年1月17日;半井所引原为汉文,施以训点符号,本文所引省去,为保留汉文样式,未加标点。下文皆同此例,不赘。

[②] 陈捷先:《三田渡满文清太宗功德碑研究》,《满学研究》,1992年第1辑;王元崇:《三田渡"大清皇帝功德碑"满汉碑文再研究》,《中国边疆学》,2005年第3辑。近年关于"三田渡碑"满、汉碑文的讨论,参见这两篇文章。指1636年,皇太极率兵攻打朝鲜,逼迫李氏朝鲜签下城下之盟,其后勒石记事,即著名的"三田渡碑"。朝鲜史书所谓"丙子、丁卯之乱"都是清朝入关之前,扫平四周部落,征服朝鲜而发动的战役,分别发生于1628、1636年。

清朝官员服饰与等级的差别等等,如果内容比较短小的,作者大都在"附记"中全部抄录;内容较多或比较分散的则隐括于行文中。

实际上,如果对日本文学传统有所了解,就会注意到,这种在小说中附记名物制度和文献出处,并对小说所涉及的历史细节加以详细考证的做法,正是江户后期著名作家曲亭马琴的惯用手法。半井桃水不仅在小说情节模式上受到马琴《椿说弓张月》的影响,还借鉴了这一小说体式。

曲亭马琴(1767—1848)是日本江户后期最重要的流行作家,其一生创作了三百多部作品,共千余卷。这些小说可分为复仇小说、巷谈小说、传记小说和历史小说等。其复仇小说中具有代表性的作品有《月冰奇缘》《稚枝鸠》《石言遗响》《三国一夜物语》《云妙间雨月夜》,这些作品都描写善恶分明的复仇故事。《三七全传南柯梦》《常夏草纸》《丝樱春蝶奇缘》是巷谈小说的代表作,以男女恋爱的巷谈街说,表现忠、孝、贞、仁、勇等观念。属于传记小说的有《劝善常世物语》《新累解脱物语》和《墨田川梅柳新书》等。而其代表性的历史小说则有《椿说弓张月》《俊宽僧都岛物语》《朝夷巡岛记》《近世说美少年录》《侠客传》。

文学史研究者,一般认为,曲亭马琴在创作思想上和武家统治有密切的联系,他留恋武士世界,反对文学单纯为了娱乐,特别是反对町人的娱乐思想,主张文学要有惩恶劝善的效果。他的小说充满武士道精神、儒家仁义观念和佛教的因果报应思想。他笔下的人物往往就是这些思想观念的化身。但若从小说技巧,特别是从长篇小说创作看,不能不说他超迈前人,独树一帜。

例如,其最有名的长篇小说《南总里见八犬传》的创作时间很长,从文化十一年(1814年)到天保十三年(1842年),历时二十八年。《八犬传》共两百余万字,长达一百九十回。这部巨著以足利幕府末期为历史背景;以嘉吉之乱中里见义实从结城逃回安房并在安房开创基业的史实为依据;以里见一家及虚构的八犬士为主要人物,展开了一段起伏跌宕的传奇故事。故事前后延续长达六十余年,活动的舞台遍及半个日本,登场人物四百余人,可谓是洋洋大观。这本书有作为读本小说所固有的两个特点,即以"惩恶劝善"为主旨,是对中国明清小说的模仿与借鉴,不过马琴凭借他超群的能力和毅力,创作出超越以往任何一部读本小说的杰作,为江户文学写下了最为浓墨重彩的一笔。

日本文化四年(1807)开始出版的《椿说弓张月》[①],共五篇三十九册,写作历时四年,至文化八年(1811)才完成[②]。小说描写的是平安时代的大将源为朝在保元之乱后被流放伊豆岛,后来逃脱前往琉球的故事。为朝与琉球王女结合所生之子舜天丸,后来即琉球国的开国之主舜天王。其中吸收了中国古代章回小说《三国演义》《水浒传》《西游记》等的技法,而以日本的《保元物语》《太平记》《里见军记》等作品为基础资料,结构复杂,人物众多,情节曲折,文辞华丽,使读本、合卷小说的创作发展到新的水平。

半井桃水的小说体式附加说明,这是对马琴"史传"类物语创作手法的接受与借鉴。下面就以曲亭马琴《椿说弓张月》附记的考证为例,来做一些对比。

---

① 日本最常见的整理校注本是收入"日本古典文学大系"的曲亭马琴著、后藤丹治校注的《椿说弓张月》(上下两册,岩波书店1958年版)。

② 具体来说,《椿说弓张月》全称应为《为朝外传 椿说弓张月》,前篇初版于日本文化四年(1807),至文化八年(1811),共刊出半纸本二十八卷二十九册,全六十八回。前篇,六卷六册,文化四年一月刊,文化二年十一月至十二月稿;后篇,六卷六册,文化五年一月刊,四年三月至九月稿;拾遗,五卷五册,文化七年八月刊,六年冬起稿;残篇,五卷六册,文化八年三月刊,七年三月至五月稿。

马琴《椿说弓张月·后篇》一开头,就是一篇"备考",备采林罗山所著《本朝神社考》《和汉三才图会》,清邵远平所著《元史类编》,清徐葆光所著《中山传信录》,汤浅元祯所著《常山楼笔余》,王充《论衡》,李时珍《本草纲目》,元马端临《文献通考》,梁任昉《述异记》,明谢肇淛《五杂俎》,明徐渤著《笔精》、松下见林著《异称日本传》、清徐釚著《南州草堂集》、清顾奎光编《金诗选》、《陆奥话记》、今川了俊著《难太平记》、天野信景著《盐尻》、西道智编《大系图卷》、《新板源平系图》、《本朝武家系图绣像》(二卷八册)、《摄阳群谈》、《杜骗新书》、《海岛漫录》等二十七种中日图籍。

此后的续作有愈演愈烈之势。《椿说弓张月·续篇》开头又是《拾遗考证》一篇,考证琉球的地理位置和岛屿分布状况。再如《椿说弓张月·拾遗篇》附言又以十几页数千字考证"金毗罗名号并安井金毗罗之事"。《椿说弓张月·残篇》卷首劈头就是一篇《残篇引用旧说崖略》,老老实实地逐条罗列小说中所引用名物制度的出处和资料原文;更在卷末另附《为朝神社并南岛地名辨略》,遍考图籍中所记关于为朝神社的记载,加以梳理,最后整理出朝世系图谱一张列于文后。[①]

若是看了有考证癖的马琴在小说中所附的这些资料,我们不禁觉得半井桃水上述列举的"附记"内容简直太小儿科。当然,也可能由于半井连载小说的媒体是《朝日新闻》这样的日报,每日版面有限,很多时候不得不削足适履,或者把文献来源隐括于小说行文中。曲亭马琴的小说因为出版周期较长,有的长达年余,每次刊印可以附加塞进很多"私货"。其实读者是为了阅读故事,未必对这些繁琐、枯燥的考证文字感兴趣。逆用钱钟书先生的名言来评价,曲亭马琴的做法是不仅给读者"鸡蛋"吃,还让读者了解"鸡蛋"的生产过程和成分。

作为文学史的常识,我们知道坪内逍遥于明治十六年(1885)出版的小说理论著作《小说神髓》,其以马琴读本为主要批判对象。实际上,创作小说时,逍遥自身往往借鉴马琴读本的笔法。另外,现在早稻田大学坪内逍遥藏品中就有饗庭篁村于明治末年转让给逍遥的马琴著述收藏品[②]。

1889 年 12 月,饗庭篁村由《读卖新闻》转入朝日新闻社,是半井桃水在《东京朝日新闻》的同事,同为所谓"软派记者"。篁村以小说创作、戏剧评论和随笔、纪行闻名于世。饗庭篁村和坪内逍遥对马琴著述收藏的痴迷情形,一定程度上说明马琴著作在明治时期的流行程度。甚至可以说,马琴的读本哺育了明治"1868 年一代"文学青年[③],是他们创作中难以抹消的底色。

---

① 详见曲亭马琴著、后藤丹治校注本《椿説弓張月》上下册(东京:岩波书店,昭和三十三年)各篇考证部分。
② [日]柴田光彦:《饗庭篁村と坪内逍遙:曲亭叢書を通して》,《跡見学園女子大学紀要》31 号,1998—03—15,A15—A35 页。
③ [日]加藤周一著,叶渭渠、唐月梅译:《日本文学史序说》(下),开明书店 1996 年版,第 273~275 页。加藤周一在《日本文学史序说》中把曾把幕末维新以来日本的文学知识青年区分为四个代际,其中的"1868 年一代"是在明治维新前后出生的文学者和思想家,都可划入这一代知识青年中。他们成长于明治维新前后的二十年中,是伴随着明治国家建构过程成长起来的一代人,大都在新制度的学校中接受过西方式教育。但是,他们大部分人接受的初等教育的内容主要是继德川时代以来的汉学。因此,这一代明治青年虽然接受了西式教育,但还有素读汉籍的能力。当然,加藤周一在此处强调的是在近代日本整体西化的潮流中,汉文汉籍对明治青年一代的影响。而在我看来,"1868 年一代"在青少年时期,熟读江户通俗读物等各类杂书,也是他们的一大特征,并深刻影响着他们的人生和创作。

## 三、"太行山永福寺"绾合的文学传统与小说主旨

第一节中,我们把《续风吹胡砂》分为四大段落,介绍了这部小说的情节概要。其中第一大段落(第1—23回)的第7—22回是主人公元义达向其新结识的日本友人讲述自己的身世故事。关于其先祖源义经由日本亡命"满洲"长白山地区肇基创业、发枝开花的往事。而其自述中关于元义达父子二代当代生活的,仅在第18回后半至第22回,其重心又放在讲述本部小说主角元义达少年避难生涯和接受教育的种种故事上面。

其中讲到,因为清廷的迫害,义义达的父亲源义刚被捕遇害,乳母春氏怀抱源氏血脉自东直门逃出北京城,"几次险些跌入稻田,又多次险些被土馒头扳倒",在清冷的月光下[①]翻山越岭逃至清京城东北部之"太行山永福禅寺",被寺院住持惠然和尚藏匿在禅堂中,躲过搜捕,但春氏在捕丁逼迫下自尽身亡。

以上是元义达亡命至"太行山永福寺"的简要概述。其中元义达三至十三岁的少年生涯都在此"太行山永福寺"中度过,这一部分虽然仅有两回的篇幅,但清晰说明元义达三岁之前的家庭变故和教育经历,叙事重心放在对如"赵氏孤儿"般的源氏孤儿的教育问题上,因为这关系到元义达是否具有成为"英雄人物"的资质这一问题,在闯荡江湖、建功立业、说服对手的过程中,凭着这少年时期的天资加勤奋的训练获得的能力,才能旗开得胜,马到成功一般地所向披靡。

提及文学中的"太行山""永福寺",读者大概马上会想起《水浒传》和《金瓶梅》这两部前后相续的明代"奇书"。尤其在《金瓶梅》中,"永福寺"更是有结构该书的功能。《金瓶梅》最知名的评点者——清人张竹坡在《金瓶梅读法》开首即提示说:"起以玉皇庙,终以永福寺,而一回中已一齐说出,是大关键处。"[②]

此外,《金瓶梅》中的玉皇观、永福寺又是佛道两家思想在小说中的具象符号,开篇"十兄弟热结玉皇观",而书中主要人物大多都归结于永福寺,或是死因所出,或是埋骨之所,正如张竹坡所说的:"《金瓶梅》是两半截书,上半截热,下半截冷;上半热中有冷,下半冷中有热。"这热与冷,分别对应道家与佛教在现实实践上代表的世俗性和超脱性。

然而,相对于《金瓶梅》中"永福寺"这一高度符号化的文学地理空间。"太行山"作为现实的地理实存,在历史与文学中交错的情形格外复杂。概言之,在中国的白话文学系谱上,"太行山"更经由《水浒传》的传播而被人关注。

以人们熟知的"水浒故事"来说,成为定本以前的"水浒故事"其实来源纷繁,众说异辞。这还要从"水浒故事"的源头之一,所谓"宋江三十六人"故事说起。

### (一)"太行山梁山泊":作为前史的"水浒故事"

研究《水浒传》成书过程和故事来源的学者,早就注意到水浒故事的早期形态其实并非后世的由天罡、地煞之数合称的一百〇八,而是三十六。南宋周密在《癸辛杂识续集》中曾引

---

① 小说后文在21回写到"三月十三"是元义达乳母春氏的忌日,那么其家遭祸当在是年三月二十日傍晚;因此小说行文有"上弦月静照太行山"之句(第19回)。
② 朱一玄编:《金瓶梅资料汇编》,南开大学出版社2012年版,第425页。

用龚圣与作《宋江三十六赞》。龚氏《赞》前有序文,多为人引用来证明宋江三十六人故事在宋代已经流传,同时说明宋江等人的故事早在宋代已经成为画家的题材。更重要的是龚圣与所作赞中有五人的赞语涉及"大(太)行",即这五人或发迹或活动于太行山一带,引述如下:

> 玉麒麟卢俊义:白玉麒麟,见之可爱;风尘大行,皮毛终坏。
> 浪子燕青:平康巷陌,岂知汝名?大行春色,有一丈青。
> 船火儿张横:大行好汉,三十有六;无此火儿,其数不足。
> 神行太保戴宗:不疾而速,故神无方;汝行何之,敢离大行?
> 没遮拦穆横:出没太行,茫无畔岸;虽没遮拦,难离火伴。①

这些赞语明显提到"三十有六"字样,后人也就把他们统称为"宋江三十六人"故事。

与龚圣与画赞提供的信息相关,和他同时或者稍晚出现的《大宋宣和遗事》②中也记述有宋江三十六人故事,其中一个段落,就是后来《水浒传》中最精彩段落晁盖等人"智取生辰纲"的雏形,只是文字要简要许多。

但对本文所论话题来说,最有意义的是《宣和遗事》中所述杨志等十二人押送花石纲之事,其情节大大不同于后来《水浒传》中的杨志形象及其归处。

> 先是朱勔运花石纲时分,差着杨志、李进义、林冲、王雄、花荣、柴进、张青、徐宁、李应、穆横、关胜、孙立十二人为指使,前往太湖等处,押人夫搬运花石。那十二人领了文字,结义为兄弟,誓有灾厄各相救援。李进义等十名运花石已到京城;只有杨志为在颍州等候孙立不来,在彼处雪阻……
>
> 那杨志为等孙立不来,又值雪天,旅途贫困,缺少果足,未免将一口宝刀出市货卖。终日价无人商量。行至日晡,遇一恶少后生,要买宝刀,两个交口厮争,那后生被杨志挥刀一斫,只见颈随刀落。杨志上了枷,取了招状,送狱推勘。结案申奏文字回来,太守判道:"杨志事体虽大,情实可悯。将杨志诰札出身,尽行烧毁,配卫州军城。"断罢,差二人防送往卫州交管。正行次,撞着一汉,高叫:"杨指使!"杨志抬头一觑,却认得孙立指使。孙立惊怪:"哥怎恁地犯罪?"杨志把那卖刀杀人的事,一一说与孙立。道罢,各人自去。那孙立心中思忖:"杨志因等候我了,犯着这罪。当初结

---

① 朱一玄、刘毓忱编:《水浒传资料汇编》,南开大学出版社 2002 年版,第 20~22 页。但在清末蒋瑞藻《小说枝谈》卷上"缺名笔记"条中说醉耕堂本《水浒传》(清初本)"所有出象,均题陈章侯画。自宋江至徐宁,凡四十人,须眉生动,象各有赞"。其中所引六人画赞却是这般:"鲁智深:老僧好杀,昼夜一百八。扈三娘:桃花马上石榴裙,锦伞英雄娘子军。柴进:哀王孙,孟尝之名几灭лена。武松:中大义,斩嫂头,啾啾鬼哭鸳鸯楼。吴用:彼小范老,见人不早,曳石悲歌,张元吴昊。"(引文见上书第 611 页)可见非如龚圣与赞语,皆为四句四言,共十六字;而是杂言句式,人各不同。由此可以推知,为此类图画作赞语的也不只是前述龚圣与一人,而此类图画在当时社会应该是很流行的消遣物,具有图画故事的功能。更大的可能是本为"宋江三十六人"故事所配的图画,类似后来绣像本或插画本《水浒传》。

② 〔日〕狩野直喜著,汪馥泉译:《中国俗文学史研究底材料》,上海文艺出版社 1992 年影印本,第 145 页。关于此书的成书时间,学界存在争议,如狩野直喜曾认为:"如可说是《水浒传》底蓝本的《宣和遗事》,普通以为是宋人之作,"士礼居丛书"中辑入的记着是覆宋本;可我不以为这书是宋人之作……这书实是元时的作品,《士礼居》辑本也不信它是覆宋本。"但有人坚持为南宋人所作,参见沈伯俊主编:《水浒传研究论文集》(中华书局 1994 年)相关诸文。

义之时,誓在厄难相救。"只得星夜奔归京师,报与李进义等知道杨志犯罪因由。这李进义同孙立商议,兄弟十一人,往黄河岸上,等待杨志过来,将防送军人杀了,同往太行山落草为寇去也。①

杨志等十二人原为公务员,由于义气为重,为了兄弟而抛却官职,落草为寇,这就远远不同于《水浒传》中的杨志——心心念念为祖上脸面,忍受屈辱至为谋一官职。李进义为首的一干弟兄的去处,如下划线标识的部分,他们"同往太行山落草"去了。我们知道北宋都城设在开封,正在黄河边上,太行山东南一带。因此杨志等人决定脱离体制之后,首选避难的去处其实是靠近都城的太行山区,而不大可能远途跋涉前往山东的"水泊梁山"。

其实,在《宣和遗事》中把落草太行山的杨志兄弟十二人,与梁山泊关联起来的人物是宋江。书中继写花石纲乱政迫使公务员纷纷离职之后,还写到民间反抗权势而产生的"盗贼":

是年,正是宣和二年五月。有北京留守梁师宝,将十万贯金珠、珍宝、奇巧段物,差县尉马安国一行人,担奔至京师,赶六月初一日为蔡太师上寿(接下来即前引生辰纲故事,不赘)。有那押司宋江接了文字看了,星夜走去石碣村,报与晁盖几个,暮夜逃走去也……且说那晁盖八个,劫了蔡太师生日礼物,不是寻常小可公事,不免邀约杨志等十二人,共有二十个,结为兄弟,前往太行山梁山泊去落草为寇。②

再后来生辰纲事件事发,宋江怒杀阎婆惜,领得朱仝、雷横,并李逵、戴宗、李海等九人,直奔梁山泊,寻那哥哥晁盖,故事舞台完全转为梁山泊。可见在《宣和遗事》中,"乱自上作"的主旨已经显露,而走出体制和起自民间的不同群体,也因为相同的处境而被叙事者安排到一起。只是如《水浒传》中揭示的,起自山东的"盗贼"群体更有群众基础,在故事的演变中,故事舞台逐渐集中到"梁山泊"一端,"太行山"群体的来源遂被人遗忘。

## (二)从反抗暴政到抗击辽金侵略的根据地:太行山符号功能的变迁

《宣和遗事》反映的杨志十兄弟落草太行山一事,著名史地学家贾敬颜曾有精审的考证。其中,关于"太行好汉三十有六",贾氏认为:

《建安虞氏至治新刊全相平话三国志》上说:黄巾破后,刘备赴任安喜县,县尉"为太山贼寇极多",故命刘备将领本部大军镇压。后来,定州太守办事不公,张飞打杀了督邮,于是"刘备、关、张、众将兵都往太山落草"。朝廷得悉此消息,董成出奏:刘备不反,此皆十常侍悬秤卖官所致;如将十人杀讫,带了"首级往太行山,便招得弟兄三人"。可见太山是太行山的误书【或别书】。又,张飞三出小沛一节,通过关羽之口,亦道出了他们在太行山"为贼三载"的事。

《雁门关存孝打虎杂剧》第三折,黄巢道白曰"因大唐开其选场,某乃上朝应举,唐天子嫌某貌丑,退出不用。某在太行山落草为寇"云云。

---

① 朱一玄、刘毓忱编:《水浒传资料汇编》,南开大学出版社2002年版,第38~39页。
② 朱一玄、刘毓忱编:《水浒传资料汇编》,南开大学出版社2002年版,第40页。

《古今小说》卷四十《沈小霞朝会出师表》中,沈小霞对妾闻氏说道:"过了济宁府,便是<u>大行山</u>(《今古奇观》十三回作太行山)、梁山泊,一路荒野,都是响马出入之所。"①

上述引文中,首先应注意,太行山从民间暴政抵抗场所逐渐演变为抗金义军集结地的过程。由阶级矛盾转变为民族矛盾的过程中,民众情感发生极大变化,尤其是后世据此演绎出来的杂剧、小说,对中国国民集体无意识的构建起其中重要作用。此外,与"水浒故事"相关联,《沈小霞朝会出师表》是明中晚期的故事,其中太行山、梁山泊依然是分开的,且联名并称。这说明了什么问题呢?贾敬颜认为:

> 此种现象的发生,应该同太行山在这段时间所处的特殊的地理位置和历史环境分不开……特别是在两宋之交,太行山竟是抗金的一大根据地;以后又是北方人民打击女真统治者的重要游击区。基于这些原因,它竟成了统治者心目中一个疾病,一处祸害,把它诬蔑为"强盗"出没的地方,视为畏途。久而久之,在人们的认识上,只要有人反叛朝廷,不管什么朝代的故事,演述者必然让他走上太行山;而太行山以外,还有那个久已闻名的豪杰之士一向聚义的地方——梁山泊。于是,相隔遥远、一东一西(但都在华北地区,黄河中下游地区)的梁山泊与太行山,便被人们人为地拉扯在一起了。②

日本学者佐竹靖彦接续这一思路,从黄河冲积形成的华北平原大水洼——梁山泊——开篇讨论水浒故事的舞台,他指出:"历史上真实的宋江,出现于北宋即将灭亡的宣和元年(1119)至宣和三年(1121)之间,但不清楚其是否与梁山泊有关联。倒不如说,盗贼活跃于梁山泊,是在推翻北宋的金国(1115—1234年;由狩猎、农耕民族女真族建立的王朝)势力向南扩张的南宋初期,他们作为抵抗金国入侵的忠义军而名留青史。"③佐竹靖彦考证说,太行山曾是松林密布的高山深林区,有利于"盗贼"——汉族抗金势力的活动。因此,"太行山"这一空间意象,是与辽、宋、金之边界区域发生的冲突和抵抗紧密关联的。

### (三)抵抗契丹的英雄杨业及杨家将的归宿:太行山

其实,在《水浒传》百回本"征辽"这一故事出现之前的民间文学世界中,有不少抒发汉人郁愤的民族英雄故事。我们可以推测这些故事是《水浒传》征辽故事的起源。例如杨家将故事(涉及宋初抵抗契丹的英雄杨业事迹的小说和戏曲)以及采用同一言说模式的种家将故事。

杨(继)业、杨延昭父子为北宋初人,以抗辽事迹而闻名于世。其史事在当时已流传于世,欧阳修《文忠集》卷二十九中有《供备库副使杨君墓志铭》一文,其中称:"父子皆为名将,其智勇号称无敌,至今天下之士至于里儿野竖,皆能道之。"④而经"靖康之耻",康王南渡于临安建南宋,激于家国丧乱和民族意识,坊间盛行对杨氏一门故事的演义、流播,见于南宋罗烨《醉翁谈录》的就有《杨令公》《五郎为僧》等话本。⑤

---

① 贾敬颜:《水浒数事》,《社会科学辑刊》1980 年第 2 期。
② 贾敬颜:《水浒数事》,《社会科学辑刊》1980 年第 2 期。
③ [日]佐竹靖彦著,韩玉萍译:《梁山泊——〈水浒传〉一百零八名豪杰》,中华书局 2005 年版,第 8 页。
④ (北宋)欧阳修:《供备库副使杨君墓志铭》,《欧阳修全集》,中华书局 2001 年版,第 444 页。
⑤ 张春晓:《两宋民族战争本事小说戏曲故事演变》,暨南大学出版社 2013 年版,第 12~13 页。更详细的论述参见该书。

关于杨家将故事对《水浒传》的影响,正如书中所描述的,青面兽杨志自称是杨令公(即杨业)的后代,南宋罗烨《醉翁谈录》所载"朴刀"即善使大刀的武侠中有"青面兽"的名字,由此得知它由来已久。

《清平山堂话本·杨温拦路虎》中的杨温,闯荡江湖,后来做了节度使。据《水浒传》七十八回,随高俅去征剿梁山泊的十个节度使,"旧日都是绿林丛中出身,后来受了招安,直做到许大官职",其中就有杨温、徐京、李丛吉等人。

在《杨温拦路虎传》中,因棒术高超而深受杨玉赏识的杨温,前往东岳泰山参加庙会比武擂台赛,打死山东夜叉李贵。事实上,帮助了杨温的杨玉之父,正是洗劫了杨温,抢走其妻的盗贼头目杨大王杨青。强抢他人妻子作山寨"压寨夫人"的情节,在水浒戏和《水浒传》中常常出现。

徐梦莘的《三朝北盟会编》记述金军对华北入侵之事,其中就可见魏州(即北京大名府)、博州一带颇有势力的杨天王的名字,说不定他就是杨大王杨青的前身。

从故事内容来看,主人公杨温虽为杨家将的后代,却自称"拦路虎"。"拦路虎"大概是指"拦住的老虎",所以其本意是指劫道的强盗。他身背这样的绰号,自然也不会是什么品行端正的人。反观杨青绰号"秃尾虎",同伙杨达绰号"细腰虎",明显都不是规矩老实人。也许杨家将的这些后裔们过度地投身到盗贼"好汉"世界中,造成以他们存在为契机的征辽故事不可能成立。

这也引起我们对明人所编八卷本《杨家将演义》最后一节的注意,这一版本的杨家将故事收尾于"杨怀玉举家上太行",其故事是说杨家第五代杨怀玉恨奸臣张茂构陷杨家,遂扮作强人,夜入张府"将家属尽皆杀之",然后为避祸举家迁居太行山。神宗皇帝遣周王前去召还,受到拒绝,杨氏一家在太行山上,"命手下伐木作室,耕种田地,自食其力",又发布告示,约束家兵曰:"不许下山掳掠民财,为一清白百姓,遗留芳声于后代,使人皆称我家是个忠臣,退隐岩穴而非叛乱贼臣,不归王化者。"① 这最后的声明,自然是说书人必须"劝善"的言辞。而值得注意的是,杨家所去地方恰恰是脱离王化秩序范围的太行山。

因此,若从宋元故事中"太行山"这一空间符号的演变来看,太行山从反抗暴政、拒绝王权统治的避世之地,到纠缠于民族冲突的抗战根据地,整体上呈现的是边缘与中心对抗,无论其对抗的权势代表——对内的王权暴政,或是对外的强权入侵——发生怎样的转化,这一对抗的格局都是存在的。

这样看来,半井桃水在《续风吹胡砂》中让元义达到"太行山永福寺"这一双重的"出世"场域避难,可谓精妙。自宋元以降,太行山本为反体制势力的象征;进而在汉族士人心中,又是抵抗异族之象征。由此元义达在未来甲午战争中间,选择与满清王朝和日本明治政府的双重疏离,也就显得并不突兀。

另一方面,无论是在"宋江三十六人故事"还是"杨家将故事"中,"太行山"这一空间符号既是反体制势力的象征地,又是反抗暴政、脱离王权秩序的"桃花源",隐含着"自立为国"的意义。可以推想,要想生存下去,它必然要游走于各方势力之间,以开辟自己的生存空间,也很有可能走向其初衷的反面——重新遵从强权逻辑,介入现实争霸。僧人所居寺院,本为方外之地,虽属"王土",又是王法的"飞地",不受王法制约。通观《续风吹胡砂》中关于"永福寺"的描述,实在毫无佛教教义上的"出世"之感。无论是处理乳母春氏的葬仪,还是对元义达的教育安排,都遵从世俗世界的礼俗。这一点与其发想的来源《金瓶梅》拉开了距离。何

---

① (明)佚名:《杨家将演义》,人民文学出版社2013年版,第213页。

况拯救了元义达的永福寺主持惠然和尚,竟然是留居中国的日本人,这一种族因素,尤其增添了《续风吹胡砂》故事的张力维度。

## 小　结

歌德和马克思在 19 世纪前半叶,分别基于跨民族的文化交流和资本主义"世界市场"的开拓认识到世界文学时代的降临。[①]

事实上,近些年国内外学界重新探讨"世界文学"时已经注意到作为概念的"世界文学"见于 1790 年维兰德翻译的《贺拉斯书简手稿》(德国学者维茨 1985 年的研究)。维兰德用这个词指称贺拉斯时代(公元前 1 世纪)的修身养成,即罗马的"都城品位",也就是"世界见识和世界文学之着色"。在修订稿中,维兰德用"世界文学"替换了原先译稿中的法语"politesse"(礼俗),此处"文学"乃见多识广的"世界人士"之雅兴。此处"世界"也与歌德的用法不同,指的是"大千世界"的教养文化。[②]

在此意义上,回顾汉字圈文化交流的情形,汉字、儒家经典、唐诗宋词和明清小说成为这一区域共享的教养文化,更不要说在西学东渐过程中,汉译西书成为东亚世界"近代化知识转型"的基础。在文学领域,17—19 世纪中国明清小说在东亚区域的传播和接受,可以说存在着一个基于汉字的中国文学及其"衍生物"而形成的"汉字圈世界文学",曲亭马琴所呈现的汉字圈文化交流现象可看作其最高阶段。

此外,如果把中日甲午战争视作 19 世纪殖民主义全球扩张在东亚区域的集中呈现,是继美国革命、法国革命后欧洲殖民势力东进引发东亚区域"边疆危机"的再一次"反复"。那么,"一身二世"的半井桃水这一时期创作的《续风吹胡砂》,是表征时代的作品,在承续传统与迎接"现代文学"的夹缝中努力作调适,反而为我们重审"世界文学"提供了新的契机。

(责任编辑　苏永延)

---

[①] 分别参见艾克曼编《歌德谈话录》1827 年 1 月 31 日的谈话和马克思、恩格斯合著《共产党宣言》(1848)相关论述。

[②] 方维规主编:《思想与方法——地方性与普世性之间的世界文学》,北京大学出版社 2016 年版,第 9 页。

厦大中文学术汇展

*Journal of*
*Chinese Studies,*
*Xiamen University*

# 百年回溯，书海遗珍
## ——读《任尔西东：〈国语学草创〉原理》有感

汪银峰

（长春师范大学　文学院）

19世纪末20世纪初，是中国学术史上非常特殊的时期，在旧说与新学碰撞、中学与西学融汇的大背景下，中国学术的各个领域涌现诸多大师级的人物，他们留下大量不朽的学术名著，奠定了中国现代学术的基础。站在世纪之交，回首百年中国学术的发展，我们会发现有些著作已成为中国近代学术史上闪耀的明星，成为经典之作，但也有些著作被历史的灰尘所遮蔽，后人已逐渐忘却了它们。21世纪是强调创新的时代，只有"守正"，才能创新，梳理学科发展，撰写学术史，这是我们需要进行反思的。

翻开历史的尘封，有些著作重新进入我们的视野，比如胡以鲁《国语学草创》。胡以鲁，字仰曾，浙江定海人，1906年留学日本，先于日本大学攻读法政科，获法学士学位，后又进入东京帝国大学博言科，获文学士学位。回国后先后任教于浙江高等学校、北京法政专门学校、北京大学、北京民国大学、北京师范学校等，担任教育部"读音统一会"会员，司法部参事。《国语学草创》是胡以鲁目前所见唯一一部语言学著作，也被学界称为中国第一部理论语言学著作，其出版标志着中国理论语言学的诞生。[①] 但可惜的是，《国语学草创》出版后，百年来未见重新刊印，直到2014年山西人民出版社出版《近代名家散佚学术著作丛刊》，才以影印方式刊印该书。更令人遗憾的是，我们已逐渐淡忘《国语学草创》，甚至语焉不详。殊不知该书出版后，当时学术界评价非常高，1918年《大公报》称"其书价值尤在《马氏文通》之上"，而直至今日，《马氏文通》仍是我们现代语言学的经典之作，其地位无法撼动。《大公报》为何给出如此之高的评价呢？胡以鲁《国语学草创》究竟是一部什么性质的语言学著作？在当时为何有如此大的影响？时隔百年我们应该如何来评价它？如何定位该书在中国语言学史上的价值和地位？诸多疑问有待解答。2021年，厦门大学李无未、李逊出版《任尔西东：〈国语学草创〉原理》，该书是目前国内外第一部全面系统梳理、解读胡以鲁《国语学草创》理论原理的专著，该书作者立意高远，视角宏大，充分挖掘了胡以鲁及《国语学草创》在中国现代语言学理论研究上的重要价值，同时解答了学术界多年来关注的诸多问题。

《任尔西东：〈国语学草创〉原理》开篇，作者以"切问百年疑阙：胡以鲁之于章黄之学"为序，提出了亟待解答的十五个疑问，引人深思。如何来解读胡以鲁的《国语学草创》呢？作者带着这些疑问去抽丝剥茧，庖丁解牛，分析解读胡以鲁的《国语学草创》，可从这篇序言入手，因为这可见作者解读胡以鲁《国语学草创》的重要路径和基本模式。正文共分十三章：第一

---

① 邵敬敏、方经民：《中国理论语言学史》，华东师范大学出版社1991年版，第3页。

章《〈国语学草创〉:胡以鲁汉语语言学理论价值及意义》,第二章《〈国语学草创〉:汉语语言学理论第一书"原型"》,第三章《〈国语学草创〉:语言起源、进化与汉语声音论》,第四章《〈国语学草创〉:从世界语言分类看汉语特征》,第五章《〈国语学草创〉:汉语词汇发展变化之观念》,第六章《〈国语学草创〉:汉语心理语法理论模式》,第七章《〈国语学草创〉:从汉语方言史谈到汉语标准语》,第八章《〈国语学草创〉:汉语方言分区理论"初啼"及"原型"》,第九章《〈国语学草创〉:汉语上古音理论及罗马字标记意义》,第十章《〈国语学草创〉:宋人三十六字母理论及罗马字标记"原型"》,第十一章《〈国语学草创〉:由文字而论"言文一致"与"言文背驰"》,第十二章《〈国语学草创〉:译名、借用语及义译理论》,第十三章《〈国语学草创〉:中国接受西方普通语言学理论方式》。最后的附录以横排版的形式对胡以鲁《国语学草创》进行了标点整理。可见该书按照《国语学草创》的结构框架,结合作者的诸多疑问和思考进行安排和布局,该书是目前国内外第一部系统而全面研究胡以鲁《国语学草创》的著作,在全面分析研究的同时,作者站在学术史大背景下,客观评价了胡以鲁《国语学草创》在中国普通语言学理论、汉语语言学理论研究中的重要价值和地位。纵观全书,其非凡之处主要体现在以下三个方面。

## 一、体大思精的框架理念——第一次全面解读胡以鲁《国语学草创》"国语学"体系

首先要回答胡以鲁《国语学草创》究竟是一部什么性质的著作?目前学术界普遍认为该书是中国第一部普通语言学理论著作,但作者从该书书名入手,结合该书内容的标题关键词认为"国语学"是胡以鲁理论体系建构的核心:"胡以鲁建构'国语学'体系,内涵十分丰富,尽管涉及许多普通语言学理论问题,但均以讨论中国国语语言学不同于其他国家语言学的'特异之处'为主要目的,比如独特的汉语音韵学、汉语方言分区、汉语句法理论、汉语语义学等观念。"①黎锦熙也从国语学角度肯定该书的开创之功:"至于国语学,更是向来所无,民国初年,胡以鲁氏始著《国语学草创》一书,而有学自此始。"②黎锦熙《国语学讲义》提到胡以鲁还有一部《言语学讲义》,黎锦熙在该书中分别论述"言语学"和"国语学"这两个概念,这从侧面进一步印证了胡以鲁《国语学草创》的"国语学"性质。因此李无未认为将胡以鲁《国语学草创》定性为中国第一部汉语语言学理论著作符合胡以鲁构建此书理论体系的原意,这对我们客观评价该书在中国理论语言学史上的价值也有积极作用。

其次是"全面解读"。1918年《大公报》介绍该书时,称"其书价值尤在《马氏文通》之上",胡以鲁《国语学草创》为何获得如何高的评价呢?这一点值得我们去认真思考。李无未、李逊以《国语学草创》框架为基础,结合作者的诸多疑问和思考客观地解答了这一历史性的疑问。胡以鲁《国语学草创》关注的问题恰恰是汉语语言学研究中的核心问题,比如语言的缘起、进化,语言的分类,标准语,语言与方言,语言与文字,等等。李无未认为胡以鲁的研究意识是超前的,在诸多问题上都有开创性,比如胡以鲁是中国学者中用罗马字给宋人三十六字母拟音的第一人;他也是最早用罗马字给章太炎《成均图》上古音韵部拟音的学者;胡以

---

① 李无未、李逊:《任尔西东:〈国语学草创〉原理》,厦门大学出版社2022年版,第29页。
② 黎锦熙:《国语学讲义》,商务印书馆1919年版,第1~2页。

鲁抛弃了比较语言学的语言"谱系"理论,从语言类型学的角度将世界语言分为综合语和分析语两大类;胡以鲁从社会语言学及方言地理学视角研究汉语方言及标准语,使中国第一次具有现代意义上的汉语方言史意识;再如从汉语字词音节结构特性去研究"同源词"问题,摆脱印欧语的研究视角,突破马建忠欧美语法学理论思维模式,建构汉语心理句法理论,等等。通过作者全面而系统地解读,我们得以客观了解《国语学草创》在汉语理论语言学史上的重要价值,《大公报》之高度评价"洵不诬也"。

## 二、交错纵横的思想源流——追根溯源,挖掘胡以鲁"国语学"思想体系来源

全面解读非常重要,但解读之后应有反思,为什么胡以鲁《国语学草创》有如此超前的研究意识,能够站在世界语言学研究之巅提出诸多有开创性的学术问题?胡以鲁《国语学草创》中提及诸多东西方语言学典籍,如上田万年《言语学》、广池千九郎《中国文典》、藤冈胜二《国语研究法》、保科孝一《言语学讲话》、甲柏连孜《汉文经纬》《语言学》,等等,《国语学草创》与这些著作之间是否有学术关系?有什么样的学术关系?李无未考证胡以鲁东京大学"在学证书"及相关史实,认为胡以鲁学术思想的来源是日本现代语言学第一人、东京大学教授上田万年以及上田万年的学生保科孝一、藤冈胜二。胡以鲁考入东京帝国大学博言科学习语言学,师承上田万年,在学期间还受到上田万年学生保科孝一、藤冈胜二的影响。《任尔西东:〈国语学草创〉原理》第二章对日本上田万年国语学理论进行了分析,通过与胡以鲁"国语学"理论体系进行比较,认为虽然两者研究对象不一致,论述的角度也不一致,但两者关注的理论问题较为相似,所以不可否认上田万年的国语学理论是胡以鲁国语学思想来源之一。在此基础上,李无未进一步挖掘上田万年国语学的"原型"是德国甲柏连孜的《语言学》《汉文经纬》,尤其是《汉文经纬》所特有的"东洋语言学"理论意识,明显超出同时期的许多西方学者,甲柏连孜语言学理论对于上田万年构建"东洋语言学"学术格局产生重要的影响。胡以鲁师承上田万年,对上田万年著作中提到的西方语言学著作非常熟悉,特别是德国甲柏连孜的语言学研究成果,对胡以鲁国语学理论的构建具有不可忽视的学术影响。或者我们可以说,胡以鲁以上田万年国语学理论体系为媒介,吸收了西方诸多语言学理论研究成果,从而成就了胡以鲁"无问西东"的学术气势。同时,也不应忽视胡以鲁与国学大师章太炎的学术关系,在日本留学期间,胡以鲁与鲁迅、周作人、钱玄同、黄侃等人一起,参加了章太炎诸多国学讲座的学习,胡以鲁学贯中西,既有深厚的国学基础,又受东西方语言学理论的熏陶和影响。所以李无未认为胡以鲁《国语学草创》"国语学"理论体系具有多向融通的"兼容性",从思想来源来看,具有多重学术渊源,"胡以鲁《国语学草创》在兼容东西方语言学理论的同时,创造了现代中国汉语语言学研究的一个奇迹,把现代中国语言学研究推向了一个更高的层次,开启了一个属于中国汉语语言学理论研究的新的时代"。①

这种"追根溯源"的学术理路,贯穿于《任尔西东:〈国语学草创〉原理》一书中,在解读胡以鲁国语学思想体系的同时,通过横向纵向比较,挖掘其思想的来源及影响。比如胡以鲁从

---

① 李无未、李逊:《任尔西东:〈国语学草创〉原理》,厦门大学出版社2022年版,第58页。

语言结构形式类型角度出发,将语言类型分为综合语和分析语,这突破了比较语言学的"谱系"分类法,从"同构"关系来寻求共同性,已经有语言类型学的雏形。对胡以鲁语言分类思想的源头,李无未通过详细分析,揭示了其与甲柏连孜、藤冈胜二、叶斯柏森的学术关系。再如在《国语学草创》汉语心理语法理论模式、汉语方言分区理论、宋人三十六字母罗马字标音理论的解读中,对其思想体系的来源及形成,都试图挖掘其背后的因素,作者称之为"原型"。通过"追根溯源",我们才能对胡以鲁国语学思想体系有更全面、更深入、更系统的认识,这样才能更客观地评价胡以鲁及其《国语学草创》在中国语言学史上的重要地位。

## 三、历久弥新的学术影响——重新评价胡以鲁及《国语学草创》

李无未、李逊对胡以鲁《国语学草创》"国语学"思想体系的全面解读,使我们了解到胡以鲁国语学理论体系是在吸收东西方语言学理论的同时结合中国传统小学的精华而形成的,直到今天,胡以鲁的诸多观点都具有超前意识。那么,作为中国第一部汉语语言学理论著作,我们应该如何来评价它?应该将其放在什么样的历史背景下去评价?这是需要我们进一步反思的关键问题。

李无未高屋建瓴,为我们提供了两个观察的视角:其一,将胡以鲁《国语学草创》放在中国本土的"章黄汉语言文字学"学术流脉中去观察。胡以鲁师承国学大师章太炎,在《国语学草创》中经常可以看到胡以鲁对章太炎传统小学思想的继承和发扬,可以说这是胡以鲁"国语学"理论体系的明显特色,以中国传统小学"元素"作为重心,以汉语上古音理论作为枢纽。但李无未认为胡以鲁不同于黄侃,他结合了传统汉语上古音理论与现代语音学理论,使其更符合现代学术范式,其观念和学说丰富并充实了章太炎的上古音理论体系。因此,我们不能忽视胡以鲁在章太炎上古音理论体系阐发和建构上的重要贡献。为客观而公正地评价胡以鲁在章黄学派中的重要地位,李无未打了一个比喻,将章太炎汉语言文字学上古音学说比作一驾马车,在其上古音学说的"庞大理论体系"中,"黄侃、胡以鲁就是其'庞大理论体系'车体之左右二轮,右边一个车轮是近代式汉语上古音学,左边一个车轮是现代式汉语上古音学"。[①] 其二,将胡以鲁《国语学草创》放在世界汉语语言学史研究中去考察。胡以鲁根植于中国传统小学,吸收东西方语言学理论思想,结合汉语的语言事实,系统建构中国自己的汉语语言学理论,体现了胡以鲁强大的文化自信,不照搬,不套用,"真正建立起中国自己的普通语言学理论体系,并与西方及日本抗衡,这从客观上开启了中国学者研究自己的普通语言学理论的时代,这是极为重要的理论语言学学史大事件"。[②] 欧阳哲生在谈到民国学术的历史定位时,强调:"应既重视这时期学术转型过程中西学输入有关的'影响'研究,同时有意凸显传统学术在现代新学术产生过程中的'支援'作用,以及'内据'的性质。"[③] 这也是民国学术不同于清代学术的显著特征。

同时,李无未认为对胡以鲁《国语学草创》的定位和评价,不应该仅仅局限于学术史范

---

[①] 李无未、李逊:《任尔西东:〈国语学草创〉原理》,厦门大学出版社2022年版,第269页。
[②] 李无未、李逊:《任尔西东:〈国语学草创〉原理》,厦门大学出版社2022年版,第389页。
[③] 欧阳哲生等:《多维度视阈下的民国学术发展》,《史学理论研究》2020年第1期。

畴，而应该将其置于更为广阔的社会背景下去思考。胡以鲁《国语学草创》为什么会在清末民初这样一个历史大背景下产生呢？我们认为既有内因，也有外因。清末国家羸弱，社会动荡，西方列强虎视眈眈，清政府风雨飘摇，民族危亡，有识之士痛定思痛，谋国家富强，必先开启民智，倡导切音运动，开启了国语运动的先声。胡以鲁留学日本时放弃法律学而改为专攻语言学，除了受章太炎传统小学教育的影响外，强烈的民族责任感也不可忽视。归国后，胡以鲁积极投身国语运动，担任教育部读音统一会会员，这些行迹都可以证明这一点。正如李无未所言："通过国语彰显民族节气，为自己的国语而感到自豪，提升民族自尊心，以助中华崛起。"[①]胡以鲁要建立中国自己的国语学理论体系，救亡图存，启蒙民众，引起国人对国语的重视，这是内因。胡以鲁留日期间受业于上田万年，非常熟悉上田万年所构建的日本语国语学，其国语学理论体系是想要建立以日本语为中心、覆盖周边广大地区的"东洋语言学"格局，也是为了配合和服务日本政府"大东亚共荣圈"语言殖民战略。胡以鲁应该洞悉这一理论体系的危害性和破坏力，因此建立我们中国自己的国语学理论体系的愿望更为强烈，也更为迫切，体现了强烈的爱国热情，这是外因。所以，在更为广阔的社会历史背景下去认识胡以鲁及《国语学草创》，无论是内因，还是外因，"其政治上的意义大于语言学意义，也是应该看得到的"[②]。

## 余 论

掩卷思索，胡以鲁《国语学草创》可谓高调出场，但最终命运多舛，归于沉寂，令人扼腕叹息。《任尔西东:〈国语学草创〉原理》一书在序言中也提出这样的疑问，其实我们认为主要还是因为时代的缘故。19世纪末20世纪初，社会动荡，政局不稳，风云际会，你方唱罢我登场，为国家富强，时人对西学趋之若鹜，由此形成的价值取向也是以西贬中，以新胜旧，胡以鲁《国语学草创》以中学为本、中西结合的语言学理论体系不适合"全盘西学"的学科范式，逐渐被人们所遗忘。幸运地是，百年后的今天，胡以鲁《国语学草创》再次以高昂的姿态重新进入我们的视野，其语言学思想在新的时代仍旧散发着光芒，熠熠生辉，在中国近现代语言学理论研究史上，乃至民国学术史上，胡以鲁《国语学草创》都应该占有重要一席。站在世纪之交，回顾学术发展的历程，研究者的视野之宽、立意之高更显弥足珍贵，学术发展、学科创新，更要求"守旧"。《任尔西东:〈国语学草创〉原理》一书为我们进行了全面的解读，让我们看到一个鲜活的胡以鲁及中国第一部汉语语言学理论著作——《国语学草创》。

---

① 李无未、李逊:《任尔西东:〈国语学草创〉原理》，厦门大学出版社2022年版，第211页。
② 李无未、李逊:《任尔西东:〈国语学草创〉原理》，厦门大学出版社2022年版，第214页。

# 李婷文学术研究自述

李婷文

(厦门大学　中文系)

我从硕士时期开始对现象学美学和跨文化戏剧这两个美学和戏剧学方面的专门领域产生兴趣，作出从事学术研究的决定，并将这两个领域确定为主要研究方向。从 2011 年到现在，我走上研究道路已有十余年，发表学术论文 20 余篇，虽然尚未建立自己的理论体系，建树也十分有限，但研究的整体面貌已大致成形，也在前人的丰富启示下提出了一些创见。

其一，在美学方面，我主要关注现象学及其美学作为学术"移民"在英语世界的落地和衍变，及其与英美本土的分析美学主流的对话和融合。这个方向的选定得益于博士生阶段我的导师杨春时的建议和郭勇健老师、唐清涛老师的启发。当时现象学知识论及其与分析—心灵哲学的交流在英语世界方兴未艾，在国内却尚未获得足够的重视，我在修习相关课程时受到老师们的鼓励，开始在这个半明半暗的领域进行探索。后来研究逐渐形成框架，我以此为题在 2017—2018 学年得到前往英国剑桥大学哲学系访学的机会，跟随德裔教授安吉拉·布莱顿巴克(Angela Breitenbach)学习，博士论文《现象学美学在英语世界的本土化研究》也广泛借助访英期间有幸搜集到的大量材料和国内外专家们的反馈意见，形成终稿，通过答辩，并在 2022 年获得国家社会科学后期项目的资助，进入完善成书阶段。期间，为了推进研究和精进专业能力，我与现在牛津大学哲学系任教的美国当代存在论代表马克·华塞尔(Mark Wrathall)取得联系，于 2020—2021 年在牛津大学从事为期一年的博士后研究工作。由于新冠疫情在同年席卷世界，研究计划严重受限。但也因为疫情改变了全球工作和交流的结构，布莱顿巴克教授的弟子森图兰·布瓦南德拉(Senthuran Bhuvanendra)开办的剑桥现象学网上读书会得以延续至今，成为英语世界欧陆现象学研究的新鲜血液，也为我的研究提供许多支持，是我与英语现象学青年研究者交流的固定渠道之一。

现象学及其美学在英语世界是从欧洲舶来的哲学—美学样式，主要与纳粹掌权以来逃往北美及英国的欧陆流亡现象学家相关联。现象学传统最初在英美并未获得充分发展，直到 20 世纪 60 年代之后才找到真正的生长点，并在 80 年代之后，与经验—分析传统下的心灵哲学、认知科学以及分析美学/艺术学开展越来越频繁的对话与合作，在问题域和方法论上呈现出新的面貌，并以学术机构的形式得到确立。然而相比一度由现象学领军的欧陆，英美世界生长出的现象学及其美学路径为当代哲学/美学/艺术学研究贡献了重要议题和方法论，却未获得足够重视乃至承认，这限制了现象学及其美学跨语言文化发展的前景，也给研究者带来根本疑问：英美现象学美学是否具备足以独当一面的原创性和方法论价值？我在博士论文中以实证和跨学科研究为方法，对当代英语现象学美学的传统、当代语境，以及它与分析美学和认知科学的对话与合作，进行逐一考察与检验，以此探寻现象学美学在英语国家本土化过程中遇到的问题、表现出的特征,以及利弊得失,试图清晰构建现象学美学跨文化发展的地图和前景。

自20世纪初起,来自欧陆的现象学美学在英美的发展就一直受到阶段性关注,但直到2000年左右英语现象学美学才通过和认知科学及分析美学的广泛交叉融合,形成英美独有后分析现象学美学范式并趋于成熟。总体来说,截至目前,以英语世界现象学美学整体的来龙去脉和学理为研究对象的著述较少,这意味着该领域的前沿问题及其思路未得到正本清源和及时更新。我的研究系统性梳理英语现象学美学的"移民史"并从学理上评估其价值,是国内外较早对从20世纪初至今的英语现象学美学本土化历史和范式变异进行系统探究的成果。从留英期间开始,得益于资源库和国内外学者的互通有无,我发现、收集并使用大量未翻译的新材料,如2010年以来牛津大学出版的感知哲学系列、2015年以来Routledge出版的现象学美学系列,最晚近的材料更新到2023年12月。通过分析整理这些材料,我尝试充分把握英美现象学美学在与分析美学传统及认知科学沟通交融时经典问题的延续和推进,以及新领域、新问题、新思路的涌现。

基于以上努力,我认为自己在现象学美学方面的研究具有以下学术价值。首先,有助于反思和重构世界现象学的历史与地域谱系:现象学运动早于英语世界现象学的产生,但对现象学运动的反思与历史自觉产生于现象学向美国"移民"和发展的过程中。对此进行透彻思考有益于完善现象学的世界地图和整体历史、范式意识。其次,有助于探寻现象学发展与应用的前景:系统考量现象学在英语世界本土化时与分析—经验传统对话与合作,以及在认知和感知问题上的推进,有利客观评价和吸收英语现象学的经验教训,估测现象学在未来和在我国的发展和应用前景,并投入实践。再次,有助于重新认识和面对美学与艺术的困境:英语世界现象学美学试图回答当代艺术、传统美学和后现代理论提出的难题,以确定和开拓当今美学与艺术学的位置和前路。检验现象学美学的思路与解法是否真正有效,也有益于反思并面对艺术与美学的"危机"。最后,有助于在中国语境中探索审美与艺术的认知方面:尽管中国的心灵哲学有良好的发展现状和前景,但审美与艺术方面的认知问题未得到充分重视和探讨。对认知方面的拓展以及对英语世界现象学美学认知倾向的反思,有益于中国美学与艺术学建立和完善自己的话语,构建完备的理论体系。

其次,在戏剧学方面,我主要以1960年代残酷剧论"复兴"时的跨文化传播路径和产生的变化为主要研究对象。这个研究课题来自硕士期间导师周湘鲁教授的课程和指导给我的灵感,在形成研究议题和框架的过程中,厦门大学原人文学院院长周宁老师、北卡罗莱纳大学东亚系教授乐刚老师也给我启示和支持。我以该研究为题获得2016—2017年前往日本神户大学跟随法国美学专家大桥完太郎教授学习的机会,期间在广泛阅读海内外材料并与学者们深入交流之后,我的研究视野得到极大拓展,目光从残酷戏剧理论本体转向其在1960年代跨国戏剧文化政治运动中的衍变。这一思路得到对左翼理论与运动深感兴趣的大桥老师的支持与指点,并形成3篇外文论文和4篇中文论文,分别在国内外期刊和会议上发表。其中发表于《戏剧》学报的论文《残酷戏剧、感性革命与冷战中的精神分析话语》获2022年中华戏剧期刊联盟青年优秀奖。目前我正在准备申请该课题的国家项目。

20世纪初法国剧论家安托南·阿尔托(Antonin Artaud,1896—1948)公然反对亚里士多德戏剧典范,并提出"残酷戏剧"(théâtre de la cruauté)理论,认为戏剧应如实表现生存的残酷性,强调戏剧的仪式性、身体性和文化疗愈性。残酷剧论的文化批判和哲学反思意识在戏剧领域开风气之前,在阿尔托去世十年后的1960年代才被发现和高扬,以戏剧形式深刻介入社会政治,形塑了20世纪下半叶现代和后现代戏剧、哲学和文化。总体来说,国内外阿尔托研究展开充分、起步时间和阶段性发展特征不同,但都面临一个根本的质问:残酷剧论的戏剧史地位是否名不副实?如果剧论价值可以超越具体境遇,它为何没有在阿尔托生前得到足够重视?桑塔格、德里达和库尔等都指出,阿尔托的戏剧实践是不成功的,但无损于剧论在"复兴"中爆发生命力。对此,以宫宝荣先生为代表的学者对残酷剧论及其变体皆表示怀疑,认为它们的艺术贡献并不大。我在自己的研究中部分同意这一结论,但也提出不同思路:残酷剧论在红色六十年代的"复活"并非偶然,美国向欧洲"回流"的跨文化戏剧"旅行"与政治语境密不可分,戏剧革新的目标既是艺术的也是政治的,因此需并用艺术与政治的考量标准。在此标准下,1960年代的"阿尔托热"是一次关键的"理论旅行"事件,残酷剧论正是在跨文化"旅行"和社会参与中获得生命。后殖民理论家爱德华·萨义德(Edward Said)的"理论旅行"研究和比较文学变异学是我阐释"阿尔托热"的主要方法论依据。我的研究思路受到以上提及多位专家和高子文、李时学等同行老师的启发,在此基础上试图提出一些有一定创建的观点。

我认为自己的研究主要有以下贡献。首先,尝试直面针对残酷剧论及"阿尔托热"的根本质疑,用实证研究的方法还原剧论传播路径,采用艺术与政治并重的标准评判相关实践。在目前和正在撰写的论文中,我从历时和共时方面勾勒1960年代残酷剧论跨文化传播与回流的来龙去脉;分析和重估阿尔托式跨文化实践,坚持政治与艺术的评价标准不偏废原则。其次,这是国内和英语学界首次以比较戏剧和变异学为方法对1960年代的阿尔托式戏剧进行深入挖掘,系统性地探讨其跨文化嬗变的意义。我将残酷戏剧实践的跨文化变异看作使剧论获得并保持生命力的"理论旅行",对同时期左翼残酷戏剧的实践境遇、目标、方式和效果进行系统比较和阐释。最后,我尝试与经典同类研究商榷,以期推进对60年代残酷戏剧实践的社群性和集体性的重估。我深受詹纳龙政治"重影"论启发,但也对其新自由主义伦理模型进行反诘,避免谈整体和法西斯色变的陷阱。

以往的阿尔托研究虽注意到剧论"复兴"的文化语境,但倾向于把红色六十年代当作"背景",把"复兴"看作衍生物乃至误读,并剥离政治考虑,只从艺术角度探讨功过得失。我受到萨义德"理论旅行"论启发,倾向于用动态发展的历史本体论看待残酷戏剧,认为原文本固然重要,但1960年代的跨文化戏剧"旅行"才构成残酷戏剧的"生命",使其阐释学视野成型。"理论旅行"的本体论决定了梳理残酷戏剧"复兴"的来龙去脉、系统比较不同戏剧实践和同一戏剧实践在时间中的嬗变,及并用艺术与政治评价标准的重要性。2021年年底我开始从1960年代前期跨国戏剧的宏观政治表达进入对其裂变期媒介转型的探讨,即当性别、种族、第三世界移民等微观政治问题提上议程之后,媒介对社会的介入方式如何转型并生成新范式。目前这一研究阶段虽已形成4篇中文论文,在国内外会议上发表并修改投稿,但仍处在起步阶段,将在接下来继续展开。

同时,在接下来的研究工作中,我将逐渐打通现象学美学与戏剧学的研究领域,让两者产生更多对话和交融,为形成自己的理论体系而努力。

# 征文启事

《厦大中文学报》系由厦门大学中文系创办的中国语言文学学术研究丛刊。本着学术至上的原则，发表中国语言文学学科领域内的优秀学术论文，诚挚欢迎海内外学者惠赐嘉作。现将相关事项奉闻如下：

其一，本刊为半年刊，每年六月、十二月出版。投稿后一般在一个月内会接到有关稿件处理的通知。

其二，来稿限用中文发表，中文三万字以内。

其三，切勿一稿多投，本刊所收论文，以未发表者为限。来稿务必原创，凡涉抄袭、侵害他人权利之事，概由作者承担包括法律在内的一切责任。

其四，所有来稿皆由编审委员会送请二位相关学科专家匿名评审，通过者本刊有权决定刊登期次和顺序。

其五，每篇论文正文前须有三百字左右的中文摘要，三至五个中文关键词，需有篇名、作者名、摘要、关键词。

其六，来稿请附作者信息，包括姓名、单位、职称、邮编、通信地址、电话、电子信箱，以便联系。

其七，为提高工作效率，请尽量通过电子邮件提供稿件的电子版，特殊情况者可邮寄纸质文本。

其八，本刊刊登稿件均为作者研究成果，不代表本刊意见。来稿一经刊出，即付稿酬，并寄样刊三册。

其九，本刊已加入中国知网，凡不愿在中国知网上显示自己文章者，请事先告知本刊。本刊稿酬已含中国知网收录的稿酬。

其十，有意者请电邮 xdzwxb123@126.com，或电话 0592-218247，或邮寄中国福建省厦门市思明南路 422 号（361005）厦门大学中文系《厦大中文学报》编辑部索问文章具体格式。

**厦门大学中文学术新锐**

# 李婷文

1988年生，河南南阳人。厦门大学人文学院助理教授，文学博士，主要从事美学和戏剧研究，关注跨文化视野中的现象学运动和戏剧运动。主持和参与国家社科项目2项、教育部项目1项、省部级项目1项，在国内和国际学术期刊上发表相关论文22篇，译文2篇，3篇文章收入知名出版社发行的学术合集，在重要欧美和亚洲国际会议上发表英文论文10篇。《残酷戏剧、感性革命与冷战中的精神分析话语——解读生活剧团的阿尔托式戏剧》获2022年度中国戏剧学刊联盟青年优秀论文奖。受国家留学基金委资助，于2016年9月到2017年9月访学于日本神户大学，从事戏剧与美学研究；2017年10月到2018年10月访学于英国剑桥大学，从事现象学与分析美学研究。2020年1月到2021年1月，在英国牛津大学从事博士后研究工作，从事现象学美学与跨文化戏剧研究。